Simon Lee was born in Birmingh[...] Worcester College, Oxford (with an interlude in the Navy) where he read Modern Greats and acted with OUDS. Following two years in France, one at the Ecole Normale Supérieure, Paris, and a period in journalism, he took up a career in teaching, for the greater part at the Polytechnic of Central London and at the French Institute, where he still works. In addition to translation, he has published editions of Anouilh's *L'Alouette* and Giraudoux's *Electre* (both in collaboration with Merlin Thomas) and the second collection of *French Short Stories* in Penguin Parallel Texts. He has an active interest in the theatre. He and his wife, Monica, have a daughter and three sons.

David Ricks was born in London in 1936. He was educated at Merton College, Oxford, where he took a degree in philosophy, politics and economics. He then taught in France and, after further study at the University of London Institute of Education, at the French Lycée in London. He joined the British Council in 1967, serving subsequently in Morocco, India, Tanzania, Iran and – as director – in Italy and France. He has a strong interest in music, especially music of the twentieth century. He studied at the Royal Academy of Music and is an accomplished pianist. He is married – his wife, Nicole, is French and they have two grown-up sons.

Simon Lee and David Ricks were co-editors of the original *Penguin French Reader*, first published in 1967.

THE NEW PENGUIN
FRENCH READER

Editors Simon Lee and David Ricks

PENGUIN BOOKS

PENGUIN BOOKS

Published by the Penguin Group
Penguin Books Ltd, 27 Wrights Lane, London W8 5TZ, England
Penguin Books USA Inc., 375 Hudson Street, New York, New York 10014, USA
Penguin Books Australia Ltd, Ringwood, Victoria, Australia
Penguin Books Canada Ltd, 10 Alcorn Avenue, Toronto, Ontario, Canada M4V 3B2
Penguin Books (NZ) Ltd, 182–190 Wairau Road, Auckland 10, New Zealand

Penguin Books Ltd, Registered Offices: Harmondsworth, Middlesex, England

First published in this collection in Penguin Books 1992
3 5 7 9 10 8 6 4 2

Filmset in Times (Linotronic 200SQ)
Printed in England by Clays Ltd, St Ives plc

INTRODUCTION

This collection of texts – successor to the original *Penguin French Reader,* first published in 1967 – represents a personal choice of reading material illustrative of French living and writing. It is addressed not only to students of French but to all who are drawn to the country – its language and culture – and have a grounding in grammar and vocabulary, probably acquired at school, but who would like practice in dealing with the wide range of language used in France and the French-speaking world.

The texts have been selected from a variety of sources, some literary but many non-literary. Several have been chosen for their excellence as writing, but many simply because they exemplify particular kinds of language or areas of interest. The prevailing note is intended to be celebratory. They have been arranged, very broadly, in a sequence of increasing difficulty but otherwise their order, while recognizing undertones that sometimes link texts, reflects nothing more than an attempt to ensure a degree of variety or contrast from one passage to the next. Notes are given at the end of each text, helping the reader as unobtrusively as possible with any difficulties not readily resolved by reference to a good, up-to-date paperback dictionary. For this purpose, the editors have taken as their standard both *The Collins Paperback French Dictionary*, first published in 1988, and *The Penguin French Dictionary,* first published in 1985, which are in many respects complementary.

Where possible, explanations are given in French, but where this would be cumbersome, translations are provided. The meanings conveyed are of course specific to the text concerned, their purpose being to help the reader along rather than to provide general information about vocabulary or grammar. Frequently – as with sub-standard language, where levels of acceptability can vary between French and English – it is not so much word-for-word correspondence as equivalence that is sought. Biographical details of authors have not been included – this would hardly be relevant to the book's purpose – but an exception is made in the case of poems and poetic writing, selected unashamedly with a view to including French-speaking communities other than France. At the end of the book, there is an index of authors and sources and an index of subject-matter, allowing readers to follow their tastes and interests.

The book may be used for study at different levels of achievement or alternatively read for pleasure. It can be used by groups working with a teacher – for comprehension, discussion, précis and abstract-writing, translation, reconstruction or other needs – or by individuals studying on their own. But it is hoped that many readers will find it a book they can dip into at any time with profit and enjoyment.

THE NEW PENGUIN
FRENCH READER

[1]

Elle faisait les cent pas sous les platanes de la cour de récréation, avec   1
la directrice de l'institution Jeanne-d'Arc. La directrice m'avait dit de
les attendre dans la cour, pendant qu'elles parlaient. Mes camarades
étaient rentrés en classe à la sonnerie de deux heures moins cinq, et je
les regardais, là-bas, derrière les carreaux, assis à leurs pupitres, sans   5
moi. J'essayais d'entendre ce qu'elles disaient, mais je n'osais pas me
rapprocher d'elles. Annie portait son vieux blouson de cuir sur une
chemise d'homme.

Et puis elle a laissé la directrice et elle a marché vers moi. Nous
sommes sortis tous les deux par la petite porte percée dans le mur, qui   10
donnait sur la rue du Docteur-Dordaine.

– Mon pauvre Patoche… Ils t'ont renvoyé…

J'avais envie de pleurer, mais en levant la tête vers elle, j'ai vu
qu'elle souriait. Et cela m'a rassuré.

– Tu es un mauvais élève… comme moi…   15

Oui, j'étais rassuré qu'elle ne me gronde pas, mais un peu surpris,
tout de même, que cet événement, qui me semblait grave, la fasse
sourire, elle.

– Ne t'inquiète pas, mon vieux Patoche… On va t'inscrire dans une
autre école…   20

Patrick Modiano: *Remise de peine*
(Editions du Seuil, 1988)

12 Patoche: diminutif de Patrick.

[2]

'Welcome to France', a lancé Philippe Cozette à Graham Fagg, qui lui   1
a répondu 'bonjour mon ami' avec un léger accent d'outre-Manche.
Le Français en salopette beige et casque blanc et l'Anglais en T-shirt
et pantalon orange, casque jaune, se sont alors donnés l'accolade, et se

5 sont présentés mutuellement. 'Vive la France', a ajouté Fagg et les
   deux hommes qui se tenaient par les épaules ont levé leur casque vers
   la voûte, répondant aux hourras de l'équipe française qui ponctuait ce
   moment symbolique où la Grande-Bretagne était réunie au continent.
       La poignée de main historique avait eu lieu quelques minutes plus
10 tôt. A 12h12, la dernière paroi séparant les deux parties du tunnel de
   service était percée. On était alors à 15,6 km de la côte française et à
   22,3 km de la côte anglaise à quelques dizaines de mètres sous la mer.
   Graham Fagg, large sourire aux lèvres, était alors apparu sous les
   applaudissements des deux équipes de part et d'autre. Suivit une
15 longue poignée de main avec Philippe Cozette puis l'échange traditionnel des drapeaux nationaux.
       Une fois le trou agrandi à hauteur d'homme et les présentations
   faites entre les deux ouvriers, Cozette, 37 ans, a offert à son homo-
   logue britannique un ruban tricolore au bout duquel pendait un petit
20 morceau de craie bleue, cette roche à travers laquelle sont creusées les
   galeries. Puis ce fut le défilé des poignées de main protocolairement
   établi.
       Les premiers moments d'émotion passés, les ouvriers étudiaient
   alors les méthodes de construction d'en face: la voûte d'ores et déjà
25 bétonnée côté français était comparée à la charpente métallique britannique. Enfin les ouvriers français, guidés par Michel Delebarre,
   prenaient la route vers le puits anglais alors que l'équipe britannique
   avec à sa tête Alastair Morton, vice-président d'Eurotunnel et Jacques
   Mellick, ministre délégué chargé de la Mer, montaient dans une drai-
30 sine, pour regagner le sol français.

Nicole Buyse dans *Libération*,
3 décembre 1990

14 de part et d'autre: des deux côtés. 21–2 protocolairement établi: selon les formes
et par rang. 24 d'ores et déjà: dès lors. 26 Michel Delebarre: ministre des
Transports à l'époque. 29 ministre délégué chargé de la Mer: *minister with special
responsibility for maritime affairs*. 29–30 draisine: *gang car*.

[3]

L'inhumation a eu lieu le mercredi. Je suis arrivée à l'hôpital avec   1
mes fils et mon ex-mari. La morgue n'est pas fléchée, nous nous
sommes perdus avant de la découvrir, un bâtiment de béton sans
étage, à la lisière des champs. Un employé en blouse blanche qui
téléphonait nous a fait signe de nous asseoir dans un couloir. Nous   5
étions sur des chaises alignées le long du mur, face à des sanitaires
dont la porte était restée ouverte. Je voulais voir encore ma mère et
poser sur elle deux petites branches de cognassier en fleur que j'avais
dans mon sac. Nous ne savions pas s'il était prévu de nous montrer
ma mère une dernière fois avant de refermer le cercueil. L'employé   10
des pompes funèbres que nous avions eu au magasin est sorti d'une
pièce à côté et nous a invités à le suivre, avec politesse. Ma mère était
dans le cercueil, elle avait la tête en arrière, les mains jointes sur le
crucifix. On lui avait enlevé son bandeau et passé la chemise de nuit
avec du croquet. La couverture de satin lui montait jusqu'à la poitrine.   15
C'était dans une grande salle nue, en béton. Je ne sais pas d'où venait
le peu de jour.

L'employé nous a indiqué que la visite était finie, et nous a raccom-
pagnés dans le couloir. Il m'a semblé qu'il nous avait amenés devant
ma mère pour qu'on constate la bonne qualité des prestations de   20
l'entreprise. Nous avons traversé les quartiers neufs jusqu'à l'église,
construite à côté du centre culturel. Le corbillard n'était pas arrivé,
nous avons attendu devant l'église. En face, sur la façade du super-
marché, il y avait écrit au goudron, 'l'argent, les marchandises et
l'Etat sont les trois piliers de l'apartheid'. Un prêtre s'est avancé, très   25
affable. Il a demandé, 'c'est votre mère?' et à mes fils s'ils continu-
aient leurs études, à quelle université.

Une sorte de petit lit vide, bordé de velours rouge, était posé à
même le sol de ciment, devant l'autel. Plus tard, les hommes des pompes funèbres ont placé dessus le cercueil de ma mère. Le prêtre a mis   30
une cassette d'orgue sur le magnétophone. Nous étions seuls à assister
à la messe, ma mère n'était connue de personne ici. Le prêtre parlait
de 'la vie éternelle', de la 'résurrection de notre sœur', il chantait des
cantiques. J'aurais voulu que cela dure toujours, qu'on fasse encore

35 quelque chose pour ma mère, des gestes, des chants. La musique
    d'orgue a repris et le prêtre a éteint les cierges de chaque côté du
    cercueil.

Annie Ernaux: *Une Femme*
(Gallimard, 1987)

8 cognassier: *quince tree*. 15 croquet: *braid*. 28–9 à même le sol: directement sur
le sol.

[4]

1 C'est Ounissa le prénom, Larid le nom de famille. J'ai trente ans, à
   peu près. Mes parents étaient illettrés; quand ils sont venus en France,
   on leur a demandé: 'Elle a quel âge?'. Ils ont dit: 'A peu près deux ans
   et demi, trois ans.' Sur le livret de famille, il y a une année, mais pas
5 de date.
   A l'âge de huit ans, vous allez à l'école, on vous demande votre
   date de naissance. J'ai pris le livret de famille, j'ai mis 12–12 devant
   1959. Je voulais une date d'anniversaire. Je voulais être née le même
   mois que mon amie, en décembre, et j'ai mis deux fois douze. On voit
10 bien que ce n'est pas la même écriture.
   Le premier jour d'école, j'avais très mal, parce que j'y suis allée
   toute seule. Les autres avaient leurs parents. En même temps, j'ai été
   tout de suite prise par une maîtresse qui m'a accueillie, qui m'a
   réchauffée. C'est une chance que n'ont pas les enfants de harkis dans
15 les villes. Cela se passait à la campagne: j'étais la seule enfant
   d'immigrés à trente kilomètres à la ronde. Il y avait un détail marrant:
   ma mère m'avait percé les oreilles avec des épingles à nourrice, il fallait les garder une semaine. Je suis allée à l'école avec des épingles à
   nourrice dans les oreilles! Vous imaginez les enfants! Cela a été la
20 première douleur de ma vie. Et ensuite: 'Tu as un drôle de nom, comment tu t'appelles?' On m'appelait la négresse. Maintenant, on dirait
   l'Arabe; c'était la campagne.
   Je me souviens très bien qu'à sept, huit ans, je me disais: 'L'école,
   c'est ma chance, c'est ma voie de sortie.' Le français, je l'ai appris à

l'école. Cela me valorisait vis-à-vis de mon père... Il parlait très mal 25
français. Surtout, il ne savait pas écrire. La paperasserie, c'est moi qui
la faisais. Les formulaires de Sécurité Sociale... Vu que mes petites
soeurs étaient toujours malades, il y en avait une tonne! Les mots
d'absence, c'était moi aussi: 'Ounissa n'a pas été à l'école...' Le premier livre que j'ai acheté, c'était un dictionnaire. Je dormais dessus, je 30
me réveillais la nuit pour le lire.

La maison et l'extérieur, c'étaient deux mondes. Toute ma vie, j'ai
eu l'impression d'être déchirée entre deux mondes. La maison, j'y
étais le moins possible. Dormir, manger. Mes parents mangeaient
avec les doigts. J'avais une copine, et je copiais, j'imitais. J'allais 35
chez elle, je regardais où elle posait le couteau et la fourchette, le
verre. J'écoutais comment ils se parlaient entre eux. Les rapports entre
les hommes et les femmes n'étaient pas les mêmes que chez nous. La
femme avait le droit de parler.

Après la mort de mon petit frère, nous avons déménagé dix kilo- 40
mètres plus loin; ma mère voulait quitter l'endroit où mon frère était
mort. C'était une autre maison, un autre village. J'avais huit ans. Nous
étions plus près de l'école, c'était appréciable... C'est là que ça m'a
pris de devenir catholique. Par mimétisme, parce que mes petites
copines allaient au catéchisme et que je voulais les suivre. Cela n'a 45
pas été une sinécure. J'ai commencé à les suivre, à assister au
catéchisme; à l'insu de mes parents, évidemment. Quand je sortais, je
disais que j'allais jouer.

Mais ma mère était musulmane pratiquante, suivait le ramadan.
Mon père, non: il buvait du vin. Moi, je n'étais pas à la maison, et je 50
refusais tout en bloc. Ma mère me parlait de l'Algérie, je disais: 'Je ne
suis pas algérienne.' Je mangeais du jambon, du saucisson, par esprit
de défi. Ma mère l'acceptait, elle voulait que nous puissions choisir.
D'ailleurs, personne, parmi les enfants, n'est musulman. Cela n'a pas
été transmis. Moi, je ressentais un vide, et j'ai suivi les autres enfants. 55

La dame m'a dit: 'Ounissa, si tu veux continuer à venir au cours de
catéchisme, il faut que tu sois baptisée.' Je lui ai demandé comment
faire: il fallait un parrain et une marraine. Alors j'ai cherché un parrain et une marraine dans le village. Il y avait un vieux monsieur qui
habitait en face de chez nous, je lui ai demandé: 'Est-ce que tu veux 60
être mon parrain?' Il a dit oui, et il m'a expliqué ce que ça voulait
dire. J'ai trouvé aussi une marraine, et j'ai été baptisée à neuf ans. J'ai
communié à douze ans.

5

Pour le baptême, ils ne l'ont pas su, je l'ai fait en cachette. Pour la
65 communion, j'ai dérouillé, comme on dit. J'ai fugué: j'ai couché deux
nuits dans les blés, parce que mon père ne voulait pas accepter. Ils ont
tellement eu peur de me perdre qu'ils ont fini par céder. C'est ma
mère qui a plaidé pour moi, qui a fait passer la pilule.

Ounissa, ce n'est pas un nom chrétien. J'ai été baptisée sous le nom
70 de Myriam, c'est mon parrain qui a choisi.

Propos recueillis par Jean-Jacques Greif dans
Marie-Claire, mai 1990.

4 livret de famille: *official family record book*. 14 harkis: Algériens ayant servi
comme supplétifs dans l'armée française avant l'indépendance de l'Algérie.
24 voie de sortie: *way out*. 45–6 cela … une sinécure: cela … une mince affaire.
49 ramadan: neuvième mois du calendrier islamique pendant lequel les musulmans
pratiquent le jeûne entre le lever et le coucher du soleil. 65 j'ai dérouillé
(*colloquial*): *I had a hard time*; fugué: *ran away*. 66 dans les blés: dans les champs.

[5]

1   *On dit:*
La centrale de Tchernobyl était mal construite. Les installations
nucléaires françaises sont sûres et les mesures de sécurité y sont très
strictes.
5   *Nous disons:*
Il y a en France des réacteurs graphite-gaz proches du système utilisé à Tchernobyl et non pourvus d'enceintes de confinement: Chinon,
St Laurent-des-Eaux, Le Bugey. L'usine de retraitement de La Hague
et le surgénérateur Superphénix de Malville constituent deux des
10 installations industrielles les plus dangereuses du monde. S'il est vrai
que les mesures de sécurité sont très strictes en France (grâce en particulier à la pression des écologistes), nul pays ne peut se prétendre à
l'abri d'un accident. 1956: Windscale en Grande-Bretagne. 1979:
Three Miles Island aux Etats-Unis. 1986: Tchernobyl. Sommes-nous
15 infaillibles en France?

On dit:

La France a besoin de nucléaire pour son indépendance énergétique.

Nous disons:

Peut-on parler d'indépendance quand 60% de l'uranium qui ali- 20
mente nos centrales est importé du Niger et du Gabon et, en partie,
enrichi en URSS. Il existe d'autres sources d'énergie et des techniques performantes d'utilisation de ces énergies (éoliennes, réseaux
de chaleur, énergie solaire, récupération des rejets de chaleur industrielle, chaudières à condensation, centrales au charbon munies de 25
système de dépollution…). Enfin, avant de songer à produire, il serait
encore meilleur d'économiser (isolation thermique, arrêt des
gaspillages). Ainsi notre consommation actuelle pourrait être réduite
de 30% (source proche de l'Agence Française pour la Maîtrise de
l'Energie). 30

On dit:

Si on vous écoutait, on arrêterait les centrales d'un coup. Ce serait
une catastrophe économique.

Nous disons:

Aujourd'hui, nous ne demandons pas l'arrêt immédiat des centrales 35
nucléaires, puisque EDF a tout misé sur cette forme de production,
aux dépens des autres. Comme en Suède, nous demandons qu'on ne
construise plus de centrales et qu'on ne remplace pas celles en activité
quand elles seront hors d'usage.

Pendant la période de transition, il faut: 40

– renforcer les mesures de sécurité,
– obtenir une information indépendante,
– développer au plus vite les économies d'énergie et les autres
formes de production.

Extrait d'un tract distribué par le Secrétariat
national des Verts, novembre 1986

7 enceintes de confinement: *containment enclosures*. 8 retraitement: *reprocessing*.
17 nucléaire: énergie nucléaire. 24 rejets: *discharges*. 36 EDF: Electricité de
France.

[6]

1 Le pistolet Smith et Wesson chargé reposait devant moi dans son coffret sur une table basse. Je me servis une rasade de whisky. C'était le soir. J'avais erré toute la journée. La fatigue nerveuse m'épuisait. Je me mis à tourner en rond dans l'appartement. J'étais fermement
5 décidé à me tuer; en même temps j'avais envie que Blanche tentât de m'en dissuader. Cela m'était égal de mourir si j'avais l'assurance qu'elle en souffrirait et me regretterait. Je lui téléphonai. Au fond de moi, après la terrible scène de l'après-midi, j'espérais d'elle un cri d'amour, un mouvement de repentir, au moins une attitude soumise et
10 contrite. Au lieu de cela elle m'accueillit par des injures. Je la laissai se défouler. Quand elle se fut un peu calmée, je lui dis d'une voix grave:

– Blanche, j'ai quelque chose de très important à te dire.

– Quoi encore?

15 – Je vais mourir.

– Cela m'est bien égal. Je m'en fiche. J'en ai assez de toi et de ta jalousie. Tu peux aller au diable.

– Mais Blanche, je parle sérieusement, je vais me tuer.

Son rire nerveux résonna dans le téléphone.

20 – Tu n'en es même pas capable.

– Cela ne te fait rien?

– Si, cela me fait rire.

– Tu ne m'aimes donc plus?

– Crois ce que tu voudras, ça m'est égal.

25 – Tu es cruelle.

– J'en ai assez de tes plaintes.

Ce reproche m'ulcéra si fort que je raccrochai. Je tremblais de fureur. 'Quel monstre d'insensibilité, quelle égoïste, me dis-je à moi-même, comment ai-je pu aimer une créature aussi détestable?' Je ne
30 savais plus où j'en étais. Je ne voulais pas me tuer dans cet état d'agitation. La mort qui, un instant auparavant, m'apparaissait comme une contrée paisible devenait un territoire tumultueux. Le pistolet me fascinait. Où que j'aille dans le salon, même si j'en détachais mes yeux, je sentais sa présence. La violence qu'il contenait et qui
35 m'effrayait l'investissait d'un pouvoir surnaturel. Mon agressivité

contre Blanche se calmait. Je n'avais pas la force d'en finir sans m'être réconcilié avec elle. Je la rappelai.

   – Allô!

   – Ah, c'est toi. Alors tu n'es pas encore mort?

   – Pourquoi te moques-tu de moi?   40

   – Que veux-tu?

   – Pourquoi m'as-tu trompé?

   – Je n'en sais rien.

   – Tu vas le revoir?

   – Oui.   45

   – Tu l'aimes?

   – Non.

   – Ça ne te fait rien de me perdre?

   – Cesse de te lamenter. Tu veux m'apitoyer.

   – Blanche, écoute-moi, je te donne une dernière chance: jure-moi 50 que c'est la dernière fois, que tu ne le reverras plus jamais!

   – Je ne veux rien jurer.

   – C'est ton dernier mot?

   – Oui.

   – Tant pis, tu l'auras voulu!   55
Je raccrochai…

Jean-Marie Rouart: *La Femme de proie*
(Grasset, 1989)

4 tourner en rond: *move around aimlessly*. 16 je m'en fiche: *I couldn't care less*. 27 ulcéra: *stung*. 29–30 je ne savais plus où j'en étais: je ne savais plus quoi faire. 33 où que j'aille: *wherever I went*.

[7]

Les étrangers vivant en France sont entre 4 millions et 4,5 millions, 1 soit environ 8% de la population totale. Leur nombre exact est difficile à déterminer, en raison de la présence de clandestins et de la rareté des enquêtes statistiques.

   Le recensement général de 1975 donne un chiffre de 3 442 000.   5

Selon une enquête d'octobre 1976, à partir du nombre des cartes de séjour et des cartes de travail délivrées, les étrangers étaient environ 3,8 millions à la fin des années 70. Une évaluation du ministère de l'Intérieur, au 1er janvier 1981, indiquait que leur nombre avait
10 dépassé la barre des 4 millions.

En 1975, les Portugais composaient déjà la communauté étrangère la plus importante, avec près de 22% de la population immigrée. Toujours en tête, les Portugais seraient aujourd'hui près de 1 million. Viennent ensuite les Algériens (20%), les Espagnols (14,5%), les
15 Italiens (13,4%), les Marocains (7,6%), les Tunisiens (4,1%), les Yougoslaves (2%), puis dans l'ordre, les Turcs (1,5%), les Sénégalais et les Maliens. 60% des immigrés sont originaires d'Europe, 35% d'Afrique et 3,5% d'Asie.

Selon le recensement de 1975, la présence étrangère est surtout
20 sensible dans les régions d'Ile-de-France, de Rhône-Alpes et de Provence-Alpes-Côte d'Azur. Les trois régions regrouperaient plus de 55% de la population immigrée en France. Les villes où l'on trouve le plus d'étrangers sont: Grenoble (12,8% de la population totale de la ville), Paris (12%), Lyon (11,8%), Lille (8,1%), Marseille (7,9%).
25 Le nombre d'étrangers actifs était estimé, en 1980, à 1,7 million, soit 7,5% de la population active totale (26 millions) et 40,4% de la population étrangère en France. Le recensement de 1975 indiquait que les étrangers actifs se répartissaient ainsi: 26,8% dans le bâtiment et l'agriculture, 14,2% dans l'industrie des biens intermédiaires, 12,6%
30 dans l'industrie des biens d'équipement, 11,1% dans les services marchands. Selon une enquête de l'INSEE, en 1978, les étrangers employés à temps complet travaillent chaque année plus longtemps que les Français des mêmes catégories. Pour les ouvriers étrangers, le gain annuel déclaré par individu était, en 1978, inférieur de 6% à celui
35 des ouvriers français.

Le Monde, 9 avril 1982

Le recensement de 1990 révéla une stabilisation globale de la population étrangère – 3,6 millions contre 3,7 millions en 1982, mais qui masque une forte augmentation de la proportion des personnes origi-
40 naires d'un pays extérieur à la CEE – 64% en 1990 contre 57% en

10

1982 et 45% en 1975, c'est-à-dire principalement Maghrébins et Africains. Parallèlement, un grand nombre de Français sont considérés comme des étrangers par la société qui ne les perçoit pas comme 'intégrés'. C'est notamment le cas des enfants d'immigrés maghrébins qui, bien que nés français, restent davantage perçus comme des 45 'beurs' que comme des Français à part entière.

Mais cela concerne aussi les Français par acquisition, c'est-à-dire les personnes nées étrangères et ayant acquis la nationalité française au cours de leur vie: les naturalisés, leurs enfants et les enfants d'étrangers en France qui deviennent automatiquement français à dix- 50 huit ans. Si la population étrangère n'a pratiquement pas varié entre les deux derniers recensements, c'est essentiellement par le jeu de l'acquisition de la nationalité française: quelque 500 000 personnes – dont bon nombre d'origine italienne, espagnole ou portugaise – répertoriées comme étrangères en 1982 étaient devenues françaises en 55 1990, soit plus de 60 000 par an contre 35 000 au début des années 70. Ce mouvement d'intégration juridique a compensé les naissances d'enfants étrangers et les nouvelles entrées sur le territoire. Les étrangers s'intègrent aussi socialement. On constate une forte augmentation du nombre de mariages mixtes (26 209 en 1989, soit 60 +18%) et une augmentation des naissances de ces couples.

Le Monde, 6 novembre 1991

3 clandestins: *illegal immigrants*. 7 cartes de travail: permis de travail. 20 Ile-de-France: région parisienne; Rhône-Alpes: région du sud-est dont la ville principale est Lyon. 21 Provence-Alpes-Côte d'Azur: région du sud-est méditerranéen. 29 biens intermédiaires: *intermediate goods*. 30 biens d'équipement: *capital goods*. 30–31 services marchands: *retail trade*. 31 INSEE: Institut national de la statistique et des études économiques *cf. Central Statistical Office*. 32 à temps complet: *full-time*. 40 CEE: Communauté économique européenne (*EEC*). 46 beurs: arabes en verlan (*back slang*) déformé; Français à part entière: c'est-à-dire qui jouissent de tous les avantages et de tous les droits attachés à la nationalité française. 52 par le jeu de: par le fait de.

1   Mère Awa

Il paraît que maman est morte
Quelle importance
Quelle importance puisque je peux lui parler
5   A mon aise
Qu'elle me répond toujours
Avec son même sourire d'enfant
Pris en faute
Quelle importance puisqu'il ne se passe de nuit
10   Qu'elle ne me chuchote à l'oreille
Récite trois fois ce verset
Couche-toi sur le côté droit
Et dors
Il ne se passe de nuit sans qu'elle ne s'assure
15   Que ma journée sera belle à gravir
Il paraît que maman est morte
Pas pour moi qui écris ces lignes
Avec mes larmes
Ces lignes qu'elle ne sait lire
20   Avec ses larmes
Mais que son cœur assèche
Avec un sourire d'élue
Puisque je te vois là sous mes yeux
Puisque ta voix est la plus puissante
25   Sur terre
Sous terre
Qu'importe l'illusion de ceux qui t'ont couché
Sur le côte droit
Et que tu regardes de ton regard
30   D'enfant pris en faute.

Malick Fall: *Reliefs*
(Présence Africaine, 1964)

1 Awa: son prénom.
Malick Fall, 1920–78, né au Sénégal.

[9]

Si l'on examine les programmes des chaînes 1, 2 et 3 depuis environ 1
six mois, on s'aperçoit que *tous* les films classiques, ou vraiment si-
gnificatifs, et que *tous* les spectacles de qualité sont programmés à
partir de 23h30, parfois même à partir de 0h30. Je voudrais alors
savoir: 5
   – L'indice d'écoute est-il plus favorable à 23h30 qu'à 20h30?
   – Est-il judicieux de placer en concurrence, à la même heure pour
les trois chaînes, des spectacles également importants?

   Mais *surtout*: on ne cesse de déclarer que la télévision doit être un
instrument de culture pour les jeunes et aussi que l'on doit les plus 10
grands égards aux vieillards (et aux malades). Croit-on que les jeunes
qui doivent se lever souvent à 6h30 pour aller au lycée, que les vieillards et que les malades vont veiller jusqu'à 1h30 du matin pour voir
enfin un spectacle valable? Car qu'est-ce que l'on offre maintenant à
20h30? Des pièces de théâtre idiotes, du mauvais boulevard, des va- 15
riétés débiles et des téléfilms qui ont depuis un an incroyablement baissé de qualité et augmenté en vulgarité… Est-ce cela la culture pour les
jeunes et les bons sentiments pour les autres? Etait-il intelligent de
programmer toute la série des films de Charlie Chaplin à 23h ou
23h30? Fallait-il les réserver à l'élite intellectuelle qui, chacun le sait, 20
se couche à 2 ou 3 heures du matin?…

Lettre parue dans *Le Monde*,
20 janvier 1988

6 indice d'écoute: *audience rating*. 15 boulevard: théâtre de boulevard (*light
comedy*). 15–16 variétés débiles: *feeble variety shows*.

[10]

Prendre un taxi à Paris n'est pas une opération aussi simple qu'on 1
pourrait le croire. Il ne suffit pas de lever le bras ou de téléphoner
pour qu'il arrive. C'est bon pour le cinéma.

Le véhicule d'aujourd'hui se fait désirer. Le convaincre de tra-
5 vailler est une entreprise délicate. S'il pleut, s'il neige, si les vacances
commencent ou la journée finit, inutile d'espérer. Le pauvre chéri
s'est mis à l'abri. Les radios conseillent sèchement de rappeler une
dixième fois, les bornes clignotent en vain (une manie) et les files
d'attente des stations concurrencent celles des magasins soviétiques.

10 A chaque heure ses déplaisirs. Le matin, les voitures sont dans les
gares ou les aéroports. A midi, les chauffeurs déjeunent. L'après-midi,
ils s'impatientent dans les stations. 'Mais où sont passés les clients?'
A 17 heures, ils rentrent chez eux. Pour éviter les embouteillages. Les
malheureux usagers auront le choix entre prendre le métro ou piétiner
15 de longues demi-heures avant de voir arriver le sauveur.

– Vous allez où?

– A Auteuil.

– Ce n'est pas ma direction. Suivant.

Les personnes rejetées protestent: 'Ils choisissent leurs clients
20 maintenant? C'est un comble!' A ce moment précis, elles peuvent se
défendre. Il leur suffit de vérifier l'horodateur situé sur la plage arrière
de la voiture. S'il reste plus d'une demi-heure avant la fin de la
journée indiquée le taxi est en infraction. On peut porter plainte. Les
récidivistes seront radiés de la profession. Ce ne sont pas leurs con-
25 frères qui s'en plaindront. Ce genre d'individu leur fait du tort et les
places sont trop rares pour être gâchées.

Depuis 1967, en effet, le 'numerus clausus' (nombre limité) n'a pas
changé: 14 300 autorisations. Pas une de plus. Soit à peu près une
voiture pour 882 habitants. Il y a vingt ans, ce chiffre suffisait. Les
30 Parisiens étaient moins nombreux et la circulation encore fluide. Les
taxis prenaient jusqu'à trente personnes par jour.

Aujourd'hui, le nombre de prises en charge s'élève péniblement
jusqu'à dix-huit. Les chauffeurs sont obligés de travailler comme des
brutes (de dix à onze heures autorisées pour les salariés et les arti-
35 sans). Tout cela pour à peine 6 000 francs par mois. Augmenter le
nombre de taxis signifierait pour eux un terrible manque à gagner pendant les heures creuses. Ils seraient obligés de le compenser par plus
d'heures de travail encore. Qui aurait le cœur d'exiger de telles
mesures? Le problème reste donc entier. Pour l'instant.

Valérie Hanotel dans *Madame Figaro*,
10 janvier 1988

7 radios: radio-taxis. 8 bornes: *call lights (on telephones at taxi ranks)*. 9 stations:
stations de taxi *(taxi ranks)*. 21 horodateur: appareil indiquant la date et les heures
de service; plage arrière: *back shelf*. 32 prises en charge: *'fares', customers*.
39 le problème reste donc entier: *so the problem remains unsolved*.

[11]

'Je vais faire un panier de champignons.' Le 31 octobre dernier, à 8   1
heures du matin, Yvan Avinens, cinquante-neuf ans, garde champêtre
des Matelles, un village à vingt kilomètres au nord de Montpellier,
salue un voisin et gagne la garrigue.

Il ne reviendra jamais. Et les battues ne donneront rien. Le soir   5
même, c'est la population du village, inquiète de son absence, qui
se mobilise. Le lendemain, les gendarmes, les pompiers et une section
de militaires interviennent. Au total près de trois cents personnes
explorent méthodiquement une garrigue que le garde champêtre,
enfant du pays, connaît comme sa poche. Un hélicoptère tourne   10
jusqu'à la nuit. Des spéléologues fouillent ravins et avens. En pure
perte.

Mais les habitants apprécient la bonne humeur de ce célibataire
joufflu: 'C'est un bon vivant, incapable de la moindre vacherie,'
rappelle le patron du Chez Jo, l'unique bar dans ce village médiéval   15
tout de pierres sèches. Alors, pendant des semaines, les recherches
continuent sans relâche, par petits groupes. Un ratissage systématique. On a même fait appel à des radiesthésistes des environs. Une
bonne dizaine. 'Tous disent qu'il est mort mais indiquent des secteurs différents,' résume Gilbert Boulet, le beau-frère du garde   20
champêtre.

Ce retraité est à la tête du dernier carré d'obstinés qui poursuivent
aujourd'hui encore les investigations. Des cousins, des amis, des
jusqu'au-boutistes.

Le groupe des participants aux recherches s'est réduit. Mais son   25
absence tourne à l'obsession. 'Depuis cette veille de Toussaint, on
n'arrête pas d'en parler, d'y penser', précise un 'papet'... Mercredi
soir, la succession d'Yvan Avinens a même été évoquée à la mairie.

Du bout des lèvres. Allez donc remplacer quelqu'un qui n'est pas offi-
30 ciellement mort, et surtout qui reste si présent dans le village.

Qu'a-t-il pu arriver au garde champêtre une fois passée la ceinture
de villas en construction qui boucle le village? Une chute dans une
combe touffue? Un accident de chasse, comme certains habitants le
suggèrent? Un coup de folie suivi d'une fugue? S'est-il suicidé?
35 Yvan Avinens était cardiaque. Il devait subir une opération des
coronaires. Ses proches le sentaient inquiet. Quelques jours avant sa
disparition, au cours d'une partie de cartes, il avait lancé: 'Si un jour
je m'en vais, vous ne me retrouverez pas.'

Jean-Louis Cianni dans *Le Figaro*,
22 janvier 1988

2 garde champêtre: *rural policeman*. 4 garrigue: broussaille du pays méditerranéen.
11 avens: puits naturels. 18 radiesthésistes: *diviners*. 22 carré d'obstinés: *band of
diehards*. 24 jusqu'au-boutistes: personnes qui vont jusqu'au bout de quelque
chose. 27 papet: pépé. 33 combe: ravin. 36 coronaires: artères coronaires.

[12]

1 Ce n'est plus le capitalisme, qui traverse une phase d'euphorie
idéologique après l'effondrement du communisme. Ce n'est même
pas la droite, dont la gauche s'est beaucoup rapprochée au nom des
rigueurs de la gestion. Ce n'est plus l'Allemagne, sans laquelle on ne
5 pourrait pas construire l'Europe. Ce n'est pas l'Amérique, qu'on a été
bien content de trouver pour stopper l'hégémonie de Saddam Hussein
sur le pétrole du Moyen-Orient. Ce n'est plus l'URSS, depuis la peres-
troïka. L'ennemi, c'est le Japon!

L'expansionnisme commercial des industriels japonais s'est doublé,
10 au cours de la dernière décennie, d'un expansionnisme financier. Le
Japon ne se contente plus de vendre ses produits (sans acheter les
nôtres). Il rafle les terrains, les immeubles, les usines, les entreprises
dans les grands pays industriels. Il s'introduit dans le capital des
grands groupes internationaux ou passe des accords avec eux, comme
15 avec Mercedes, par exemple, en Allemagne.

Rien ne paraît pouvoir endiguer cette formidable poussée japonaise

16

dans le monde. Encore faut-il en méditer les raisons. Car le Japon n'impose à personne le choix de ses produits. S'il les vend, c'est parce qu'ils sont adaptés aux goûts des consommateurs, qu'ils sont de qualité et d'un prix abordable. Le Japon réussit mieux que d'autres 20 simplement parce qu'il est meilleur que les autres.

On lui reproche de 'tricher'. C'est-à-dire de ne pas respecter les règles du jeu du commerce international. C'est vite dit. Car s'il suffisait de 'tricher' pour inonder le monde de ses produits, beaucoup de pays l'auraient fait depuis longtemps… On connaît des cas de protec- 25 tionnisme caractérisé au Japon. Mais la France a les siens. Par exemple, elle limite à 3% du marché de l'automobile les importations de voitures japonaises (alors que celles-ci détiennent 15% du marché allemand et 30% du marché américain).

Ce n'est pas en nous enfermant dans nos frontières que nous résis- 30 terons à la concurrence japonaise. Au contraire. Le monde entier fait pression sur le Japon pour qu'il ouvre davantage ses frontières. Mais on ne lui fera pas acheter des produits de mauvaise qualité ou trop chers.

De même que l'avance technologique des Etats-Unis, à la fin de la guerre, n'a pas empêché les Japonais de rattraper les Américains dans 35 de nombreux domaines, l'avance actuelle des Japonais ne nous interdit pas de travailler mieux pour les rejoindre. L'aiguillon de la concurrence japonaise est indispensable au développement du reste du monde. Exactement comme les Anglais, les Allemands et les Américains nous ont aiguillonnés dans le passé. 40

Cela ne nous interdit pas de négocier rudement avec le Japon. Mais il serait absurde de nous fermer à lui; à ses produits, sans lesquels notre niveau de vie serait plus bas; à ses capitaux, sans lesquels nos investissements seraient moindres; à ses techniques, sans lesquelles les nôtres seraient insuffisantes. 45

Le Japon n'est pas l'ennemi. C'est le concurrent qui nous stimule ou le partenaire qui nous aide. La réponse aux défis qu'il nous lance n'est pas chez lui mais chez nous. D'ailleurs, quel intérêt aurait-il à ruiner le reste du monde? Dans cette hypothèse, il n'aurait plus de clients. 50

Jean Boissonat dans *La Croix*,
20 mai 1991

26 caractérisé: *clear-cut.*

1 Jean-Charles Willoquet, 46 ans, est tombé pour l'éternité, dimanche
soir, tué d'une balle dans la tête par un policier, à Alençon.
Accompagné d'un ami, Alain Guilleminot, 29 ans, il avait pénétré de
force chez Rosa Kahn, 81 ans, présentant une carte de police à cette
5 veuve d'antiquaire. Les deux hommes avaient téléphoné le matin, pré-
textant une enquête sur les cambrioleurs manouches. Rosa Kahn,
méfiante, n'a pas voulu les laisser entrer. Ils l'auraient alors poussée
de force; une jeune fille de quinze ans a vu la scène et prévenu la
police.
10 18h35, le brigadier Jean-Yves Vergne pénètre le premier dans
l'appartement. Il surprend Guilleminot et tente de le plaquer au sol.
Guilleminot tire, le brigadier est touché à l'abdomen. L'homme
parvient à s'échapper car Willoquet est apparu, tirant quatre coups de
feu qui ne touchent personne. Puis Willoquet se retranche au premier
15 étage pendant que les agents retournent à leur voiture demander du
secours. Nouveaux tirs. Puis le silence. Il est 19h. Jean-Charles
Willoquet est étendu, une balle dans la tête.
Willoquet naît le 31 août 1944 à Dompierre-sur-Besbre, près de
Moulins. Son père conduit des locomotives; sa mère sert dans un bar à
20 Nevers. A quinze ans, Jean-Charles devient apprenti-coiffeur. A seize,
il obtient son CAP et commence à manier le ciseau dans différents
salons. A vingt ans, il se marie. Première union, dont il aura un
garçon, Stéphane. En 1965, il part pour le service militaire. Première
anicroche répertoriée: il déserte avec un copain. Le tribunal des forces
25 armées de Metz le condamne à quatre mois. Puis il retourne aux
ciseaux. Et il commence quelques coups: cambriolages de résidences
secondaires. En 1968, des complices le balancent. Cinq ans de prison,
dont trois avec sursis. A sa sortie, il reprend son métier, suit des cours
pour préparer le championnat de France de coiffure.
30 En 1972, Jean-Charles gagne 1300 francs par mois, plus les pour-
boires, mais le goût du risque est le plus fort. Cambriolages,
braquages. Et une réputation: 'Très aventurier, très casse-cou.' En
mars 1973, il rencontre Martine Cabanes, 20 ans. Elle .ient la caisse
d'un bar-tabac à Paris. Amours (William naîtra en 1974). Le couple se
35 joue *Bonnie and Clyde*. Hold-up, vols, rackets.

Cela ne dure pas. A l'été 1974, Jean-Charles est coincé à Paris. 'On peut le qualifier d'ennemi public numéro un,' dit alors le directeur de la PJ qui l'arrête. Son casier compte en fait une vingtaine de hold-up dans des banques et des bureaux de poste, réalisés entre 1972 et 1973, ainsi qu'une 'tentative d'homicide volontaire sur agent de la force 40 publique'. Il retourne en prison.

Un an plus tard, Willoquet réalise son gros coup. Le 8 juillet 1975, alors qu'il est détenu, il comparaît devant la 14e chambre correctionnelle de Paris, pour un délit mineur: vol de voiture et falsification de chèques. Une avocate pénètre dans le prétoire, en robe noire, et bran- 45 dit une grenade: 'Que personne ne bouge ou je fais tout sauter.' C'est Martine, libérée de prison deux mois auparavant. Madame Willoquet – ils se sont mariés le 28 février 1975 à la Santé – tend un pistolet à son époux. Monsieur Willoquet menotte le président Cozette et le substitut Michel et les contraint à le suivre. Deux gendarmes tentent 50 de s'interposer. Un coup en l'air, puis Willoquet vise: les gendarmes Guillaume et Germanaud sont sérieusement blessés. Le petit groupe s'engouffre dans une Fiat de location et disparaît. On retrouvera la voiture dans un parking de Belleville, les deux magistrats attachés au volant. 55

L'évasion fait la une des journaux, mais la liberté ne dure pas: le couple est repris à l'automne. Jugé aux assises en mars 1977, Willoquet part pour treize ans derrière les barreaux. Il sort le 27 décembre 1989.

Michel Henry dans *Libération*,
11 décembre 1990

6 manouches: gitans. 21 CAP: certificat d'aptitude professionnelle. 32 braquages: *hold-ups*. 38 PJ: police judiciaire *cf. Criminal Investigation Department*. 43–4 chambre correctionnelle: *criminal court*. 45 prétoire: *court*. 48 la Santé: prison parisienne.

1 La Lufthansa vient de procéder à une étude statistique pour répondre à
la question que tout le monde se pose: prendre l'avion est-il de plus en
plus dangereux? Pour la compagnie allemande, la réponse est caté-
goriquement 'non'. Elle s'est penchée sur les chiffres collectés dans le
5 monde occidental depuis 1959, date d'entrée en service des avions à
réaction véritablement fiables.

Que ressort-il de cette étude? Tout d'abord, si l'on observe une
légère augmentation du nombre d'accidents au cours de ce dernier
quart de siècle, 'cette augmentation est sans commune mesure avec
10 l'énorme accroissement des heures de vol effectuées'. Plus précisément, on enregistrait en 1964 un accident pour 560 000 heures de vol.
Cette proportion est tombée à un accident pour 930 000 heures en
1974, et à un accident pour 2 150 000 heures de vol en 1984. Ainsi la
moyenne des années comprises entre 1959 et 1984 se situe
15 aujourd'hui à un accident pour 720 000 heures de vol.

La Lufthansa estime que 65% à 70% des accidents sont dus à des
erreurs de pilotage, donc humaines. Si l'on y ajoute les défauts de fabrication ou les fautes d'entretien, cela conduit à plus de 90% des accidents imputables directement au 'facteur humain'. Restent environ
20 5% de problèmes purement techniques et environ 3% d'aléas
météorologiques. Quant aux périodes de vol les plus dangereuses, la
compagnie conclut que 60% environ des accidents se produisent lors
de l'approche et de l'atterrissage, 20% au décollage et 20% en plein
vol.

25 Le responsable allemand de la sécurité en vol n'accorde aucune
valeur aux palmarès attribués aux compagnies, aux marques d'avion
ou aux aéroports. 'Ce n'est pas la même chose de desservir un continent comme l'Australie, immense, avec peu de montagnes et un ciel
favorable, et la Colombie!' Il estime d'autre part que 'les dispositifs
30 de lutte contre l'incendie sont plus importants que la marque de
l'avion'. Quant aux aéroports, il constate que le nombre d'accidents
n'est pas proportionnel à la dangerosité technique: 'A Hongkong, où
l'approche peut être considérée comme dangereuse, il y a peu d'accidents car les pilotes font très attention.'

Une statistique que la Lufthansa n'a pas faite, c'est la différence des 35
risques selon la place dans l'avion. 'C'est trop aléatoire, affirme-t-on.
Dans la catastrophe de Manchester, ce sont les passagers à l'arrière
qui ont péri brûlés. Dans le Boeing japonais, les quatre rescapés
étaient également à l'arrière. Tout cela ne prouve rien. On peut aussi
bien soutenir que la place la plus sûre est au-dessus des ailes, parce 40
que c'est le point d'équilibre, ou à l'arrière, parce que c'est la structure la plus solide. Tout cela est éminemment subjectif et ne dépend
que des circonstances de la catastrophe. La seule chose que je puisse
affirmer, car c'est une donnée statistique, c'est qu'un voyageur pris
dans un accident d'avion a une chance sur deux de s'en tirer.' 45

Roger Cans dans *Le Monde Dimanche*,
8–9 septembre 1985

37, 38 catastrophe de Manchester, Boeing japonais: accidents qui ont eu lieu peu
avant la parution de cet article.

[15]

La maison de Natyk 1

S'asseoir
comme un inconnu
poser les mains
sur la table 5

du regard
simplement
demander asile
et permission

user du pain 10
et du feu
qu'on n'a pas faits
soi-même

ramasser les miettes
15   à la fin
            pour les porter
            aux oiseaux

            ne dire
            qui l'on est
20   d'où l'on vient
            ni pour quoi

            réserver la parole
            à autre chose
            et mettre sa chaise
25   à la fenêtre

Mohammed Dib: *Feu beau feu*
(Editions du Seuil, 1979)

Mohammed Dib, né à Tlemcen, Algérie, en 1920.

[16]

1   Je ne me rappelle pas de quelle façon, dans la cuisine de *Winterhouse*,
    avec maman et Pascal, on en est venu à parler cheveux. Coupe de
    cheveux, quoi. Bref, Pascal a dit qu'il ne supportait pas les femmes
    aux cheveux courts, et même qu'il ne permettrait jamais à la femme
5   qu'il aime (et Odile de tendre l'oreille) de porter les cheveux courts.
        'En effet, a dit maman. Ce n'est pas très féminin.'
        Pascal n'a pas acquiescé. A noter que c'était indélicat de sa part
    puisque maman, par pure convenance car ce sujet la laisse indifférente
    comme tous les sujets qui ne traitent pas directement de parfumerie,
10 abondait dans son sens. Je prends souvent Pascal en flagrant délit
    d'indélicatesse, en dépit des sourires et des baisemains.
        'Il ne s'agit pas de cela, a-t-il précisé. Non. C'est personnel. Les
    cheveux longs provoquent en moi… une émotion. J'aime leur odeur
    légère.'

J'ai dit:

– Légère, légère… Et quand ils sont sales?

– On les lave, a répliqué Pascal.

– C'est fatigant de laver les cheveux longs. De ce côté-là, les cheveux courts sont plus pratiques.

– Pratique… Quel mot odieux!

Je crois que j'ai commencé par traiter Pascal de phallocrate. D'une part, au nom d'une 'émotion' provoquée par la plaisante 'odeur' des cheveux longs, il refusait aux femmes le droit d'avoir une coiffure pratique, c'est-à-dire, si on regarde le fond des choses, de vivre librement (de la même façon qu'au XIXe, au nom d''émotions' provoquées par les tailles fines et les poitrines rebondies, les hommes enfermaient les femmes dans des corsets); et d'autre part, Pascal se permettait de m'interdire – puisque 'la femme qu'il aime', pour l'instant, ça m'a tout l'air d'être moi – d'agir à ma guise en ce qui concerne ma coupe de cheveux…

Ces arguments, il les a accueillis avec un sourire méprisant et l'air de dire: 'Tiens, tiens, mais elle *pense*, maintenant, la petite Odile? Comme elle est gentiment maladroite! Comme elle est délicieusement sotte! Comme j'aime son petit air pédant!'

Je me suis mise en colère et, bien sûr, j'ai bafouillé, ce qui a eu pour conséquence directe de redoubler ma colère. Pascal, dont l'expression hautaine et ironique avait cédé la place à une moue ennuyée, s'est levé, m'a tapoté l'épaule, m'a dit que c'est moi qui devrais écrire, on publiait beaucoup de ces 'sortes de choses' en ce moment. Et il est sorti, son cahier sous le bras.

Ça n'a fait ni une ni deux: je suis montée dans ma chambre, j'ai pris de l'argent dans mon portefeuille, je suis allée chez un coiffeur, j'ai passé une demi-heure au milieu de vieilles peaux qui lisaient *Point de Vue,* à remâcher ma colère. Enfin je me suis assise dans un fauteuil, j'ai fermé les yeux et j'ai dit:

– Coupez tout.

Patrick Besson: *La Maison du jeune homme seul*
(Albin Michel, 1986)

5 et Odile de tendre l'oreille: et Odile a tendu l'oreille. 7 à noter que: il est à noter que. 8 par pure convenance: par politesse. 41 ça n'a fait ni une ni deux: je me suis décidée sur le champ. 43 vieilles peaux: *old bags.* 43–4 *Point de Vue: Point de Vue – Images du Monde,* hebdomadaire illustré de la vie mondaine, surnommé 'le journal des princesses'.

1   Le sentiment de l'insécurité est entré dans notre vie. Rares sont les Français qui n'ont pas été victimes – ou témoins – d'un quelconque cambriolage. Il y a toujours eu des malfaiteurs, mais l'élévation du niveau de vie fait qu'il y a de plus en plus de choses à convoiter, donc

5 à voler. Et les conséquences du vol devenant, pour les victimes, relativement moins dramatiques, la passivité collective augmente. Si on vous vole votre sac, votre voiture ou votre téléviseur, vous serez furieux et exigerez des châtiments exemplaires. Toutefois cela ne vous empêchera pas de vivre…

10   Mais la délinquance peut évidemment prendre bien d'autres formes – infiniment plus violentes et dommageables. Et justifier ainsi une véritable obsession. Comme si une armée cachée de brigands rôdait autour des honnêtes gens. Ces brigands, qui sont-ils? Comment devient-on délinquant? Cette question a déjà suscité bien des

15 hypothèses. On a invoqué des déterminations d'ordre social (la délinquance serait une forme spontanée de révolte des pauvres et des exploités) ou psychiatrique (il y aurait une 'personnalité' criminelle). Le livre que vient de publier Maurice Cusson, professeur de criminologie à l'université de Montréal, *Délinquants pourquoi?* apporte

20 des réponses différentes et fort intéressantes.

    Sa thèse peut se résumer ainsi: nous sommes tous des délinquants. Les délinquants sont des gens comme vous et moi, ayant les mêmes envies et les mêmes réactions. Mais, direz-vous, il y a entre eux et nous une différence essentielle: le passage à l'acte. Eux volent, nous

25 pas. Eh bien, pas du tout. Plusieurs enquêtes menées dans des collèges canadiens, américains, scandinaves et anglais sur ce que l'on appelle la 'délinquance cachée' – celle qui demeure impunie – montrent que la quasi-totalité des élèves reconnaissaient avoir commis au moins une fois dans leur vie des actes délictueux (vols, actes de violence ou

30 de vandalisme). Le nombre des délits avoués est pratiquement le même quelle que soit l'origine sociale des collégiens.

    Maurice Cusson invite le lecteur à un peu d'introspection. 'Lequel d'entre nous n'a rien volé? Qui n'a pas empoché l'argent trouvé dans un porte-monnaie? Quel "intellectuel" n'a pas volé un livre à la

35 librairie ou à la bibliothèque? Que celui qui n'a pas péché jette la pre-

mière pierre…' Non, les délinquants ne sont pas des monstres, mais des gens tout à fait normaux. La différence entre les 'vrais délinquants' et les 'honnêtes gens' ne serait pas dans le fait de commettre des méfaits, mais dans celui de persévérer. On constate, en effet, dans les enquêtes citées, que la 'délinquance cachée' diminue avec l'âge et 40 s'atténue fortement vers dix-sept–dix-huit ans. La délinquance serait donc une manifestation normale de l'adolescence, une façon de s'exprimer en jouant avec le feu. Une sorte de jeu d'enfants.

Il apparaît, en effet, lorsqu'on parle avec de jeunes délinquants, que l'acte même de voler est plus important que le butin en lui-même. Ce 45 qui compte c'est l'excitation du geste, le défi lancé, la possibilité que donne le vol de jouir sur l'instant d'un bref plaisir. Les délinquants sont des gens qui aiment l'action, les émotions fortes. Ce ne sont pas des inactifs ou des empotés. A l'école ils ne peuvent pas rester en place. Ils ne sont pas nuls, mais indisciplinés et incapables de fixer 50 leur esprit. Plus tard, ce ne sont pas des chômeurs ou des oisifs. Ils se dépêchent au contraire d'occuper de petits emplois (vendeurs, garçons de course, garçons de café, forains…) qui peuvent rapporter vite, tout en donnant une certaine indépendance. Mais des emplois instables, sans perspective de promotion et où ils ne font pas de vieux os. La 55 caractéristique principale des délinquants est en effet d'être incapables de faire des projets, de penser à l'avenir. Tout, tout de suite: telle est leur devise. Ne supportant ni retard ni frustration, ils font tout pour assouvir au jour le jour un insatiable besoin de mouvement et de plaisir. 60

Frédéric Gaussen dans *Le Monde Dimanche*,
20 septembre 1981

2 quelconque: *commonplace*. 11 dommageables: nuisibles. 15 déterminations: *determining factors*. 25 collèges: *high schools*. 29 actes délictueux: délits. 30 pratiquement: en réalité. 49 empotés: peu dégourdis. 52–3 garçons de course: *messengers*.

[18]

1   Madame Nochère a aujourd'hui quarante-quatre ans. C'est une femme toute petite, un peu boulotte, volubile et serviable. Elle ne ressemble absolument pas à l'image que l'on se fait habituellement des concierges; elle ne vocifère ni ne marmonne, ne vitupère pas d'une 5   voix criarde contre les animaux domestiques, ne chasse pas les démarcheurs (ce que d'ailleurs plusieurs copropriétaires et locataires auraient plutôt tendance à lui reprocher), n'est ni servile ni cupide, ne fait pas marcher sa télévision toute la journée et ne s'emporte pas contre ceux qui descendent leur poubelle le matin ou le dimanche ou qui 10   font pousser des fleurs en pots sur leur balcon. Il n'y a rien de mesquin en elle, et la seule chose que l'on pourrait lui reprocher serait peut-être d'être un peu trop bavarde, un peu envahissante même, voulant toujours tout savoir des histoires des uns et des autres, toujours prête à s'apitoyer, à aider, à trouver une solution. Tout le monde 15   dans l'immeuble a eu l'occasion d'apprécier sa gentillesse et a pu, à un moment ou à un autre, partir tranquille en sachant que les poissons rouges seraient bien nourris, les chiens promenés, les fleurs arrosées, les compteurs relevés.

    Une seule personne dans l'immeuble déteste vraiment Madame 20   Nochère: c'est Madame Altamont, pour une histoire qui leur est arrivée un été. Madame Altamont partait en vacances. Avec le souci d'ordre et de propreté qui la caractérise en tout, elle vida son réfrigérateur et fit cadeau de ses restes à sa concierge: un demi-quart de beurre, une livre de haricots verts frais, deux citrons, un demi-pot 25   de confiture de groseilles, un fond de crème fraîche, quelques cerises, un peu de lait, quelque bribes de fromage, diverses fines herbes et trois yaourts au goût bulgare. Pour des raisons mal précisées, mais vraisemblablement liées aux longues absences de son mari, Madame Altamont ne put partir à l'heure initialement prévue et dut rester chez 30   elle vingt-quatre heures de plus; elle retourna donc voir Madame Nochère et lui expliqua, d'un ton à vrai dire plutôt embarrassé, qu'elle n'avait rien à manger pour le soir et qu'elle aimerait bien récupérer les haricots verts frais qu'elle lui avait donnés le matin même. 'C'est que, dit Madame Nochère, je les ai épluchés, ils sont sur le feu'. 'Que 35   voulez-vous que j'y fasse?' répliqua Madame Altamont. Madame

Nochère monta elle-même à Madame Altamont les haricots verts
cuits et les autres denrées qu'elle lui avait laissées. Le lendemain
matin, Madame Altamont partant, cette fois-ci pour de bon, redescen-
dit à nouveau ses restes à Madame Nochère. Mais la concierge les
refusa poliment.   40

Georges Perec: *La Vie mode d'emploi*
(Hachette, 1978)

6 démarcheurs: *door-to-door callers*. 23 un demi-quart (de beurre): un demi-quart
d'un kilo, c'est-à-dire 125 grammes.

[19]

Michel est content, soulagé en tout cas. Il a enfin retrouvé, voilà trois   1
mois, un emploi qu'il espère stable. Il s'y plaît et s'y sent déjà à l'aise
et productif. Il fait de la gestion administrative chez un administrateur
de biens immobiliers. Originaire de Valence, il travaillait dans une
société de distribution alimentaire de la région Rhône-Alpes, qui a   5
déposé son bilan voilà quatre ans. De petits boulots déqualifiés en
contrats à durée déterminée, ce juriste titulaire d'une maîtrise de droit
privé s'est retrouvé agent de maîtrise. C'est dur, mais, avec quatre
jeunes enfants, il n'est pas question de faire la fine bouche. Sa femme,
enseignante d'anglais, a dû se remettre à travailler comme institutrice.   10
   Il explique: 'Dans ma région, le marché de l'emploi est saturé pour
un juriste. Or les cadres de province sont dans une impasse s'ils ne
trouvent rien sur place. A Paris, on ne recrute guère de provinciaux,
on préfère des Parisiens et, avec l'attraction qu'exerce la capitale, les
entreprises ont l'embarras du choix.' Il évalue à 70% les emplois de   15
cadre concentrés en région parisienne. Autre problème: les jeunes
juristes ont des formations beaucoup plus complètes que ceux de sa
génération. Naturellement, les recruteurs leur accordent la préférence.
   Il a vécu cet emploi comme une chance: 'C'est capital de pouvoir
entretenir sa famille, gagner sa vie, être stable, ne pas craindre le   20
lendemain. Aux yeux des enfants, c'est sécurisant. Un papa chômeur
est vécu comme très angoissant.' Pourtant, sa situation n'a rien

27

d'idyllique. Michel travaille à Paris et sa femme est restée à Valence. 'Nous voulions nous enraciner dans une région, faire souche. Nous avons une maison, un jardin à 10 kilomètres de la ville; les enfants ont leurs copains, leur vie, ma femme son travail; personne n'a très envie d'habiter Paris.'

Tous les vendredis soir, Michel prend le TGV pour retrouver sa femme et, le dimanche après-midi, il fait le trajet en sens inverse. Hébergé jusque-là par ses beaux-parents parisiens, il cherche un studio pour se loger, mais, avec les prix des loyers parisiens et celui du train, une partie de son salaire va s'évaporer. Il ne se décourage pas pour autant: 'L'essentiel, c'est d'avoir du travail; on résoudra les autres problèmes petit à petit. Vu le marché de l'emploi, on n'a guère le choix.'

Vivre séparé de sa femme et de ses enfants, c'est ce que Marc, chargé de l'exportation de Cebal, filiale d'emballage de Péchiney, n'a pas voulu. Aussi, lorsqu'en 1983 la direction de Péchiney a décentralisé et envoyé les commerciaux rejoindre la production en usine, il n'a pas eu l'idée de s'installer à Dijon. 'Je prends le TGV à Paris tous les matins à 7h14; je suis à 9h à mon bureau à Dijon; le soir, même manœuvre en sens inverse; je quitte Dijon à 18h34 et je suis à Paris 1h40 plus tard.' Son entreprise prend en charge ses frais de transport. A quoi passent les trois heures et demie quotidiennes de train? A lire les journaux et à... travailler. 'Je prépare ma journée dans le train le matin, j'étudie mes dossiers. Le soir, au retour, c'est la même chose. Finalement, on est aussi confortablement installé dans le TGV que dans son bureau.'

Son choix a, certes, des motifs familiaux et sa femme, chargée des relations publiques d'une maison de haute couture, n'avait aucune envie de s'arrêter, pas plus que ses trois enfants de changer de lycée. Mais, aussi, un certain confort professionnnel. 'Je voyage énormément dans le monde entier. Or les avions internationaux partent tous de Paris. De toute façon, j'aurais dû passer la nuit précédant mon départ à Paris.' Bien dans son métier, père heureux, Marc s'affirme ravi de son sort, qui nécessite, il faut l'avouer, une santé solide et une organisation sans faille: avec humour, il reconnaît avoir les deux.

Liliane Delwasse dans *Le Monde*,
26 juin 1991

4 Valence: ville dans la vallée du Rhône au sud de Lyon. 6–7 De petits boulots déqualifiés en contrats à durée déterminée: *after moving between casual, low-grade jobs and short-term contracts*. 7–8 droit privé: ensemble des lois qui régissent les rapports entre les individus. 8 agent de maîtrise: *supervisor*. 9 faire la fine bouche: se montrer difficile. 21 aux yeux des enfants, c'est sécurisant: *it gives the children a feeling of security*. 24 nous voulions nous enraciner: nous voulions prendre racine; faire souche: fonder une famille. 28 TGV: train à grande vitesse. 37 Péchiney: grande entreprise nationalisée produisant de l'aluminium. 39 commerciaux: *commercial staff*.

[20]

J'ai assisté à une réunion organisée par le parti communiste à l'occasion de la sortie d'un livre qui traitait des femmes. C'est Georges Marchais qui menait les débats. Il nous a expliqué pendant un bon quart d'heure que la cause de tous nos maux c'était le grand capital, qu'une fois le grand capital abattu il n'y aurait plus de problème des femmes. Ensuite il a passé la parole à l'assemblée. Je me suis levée et je lui ai demandé: 'Ne croyez-vous pas qu'une fois le grand capital abattu il restera encore pour les femmes un grand capital en caleçon qui s'appelle l'homme?' Toute l'assistance, qui était presque entièrement composée de femmes, a applaudi et a éclaté de rire. Une femme à la tribune s'est levée et, toute rouge, indignée, a riposté: 'Pas de ça ici. Nous au parti, nous sommes tous égaux, il n'y a pas de différence.' Je lui ai fait remarquer alors qu'il n'y avait pas autant de femmes que d'hommes au bureau du parti. Georges Marchais a mis de l'eau dans le vin de la dame et a avoué qu'ils avaient parfois du mal à nommer des camarades à des postes de responsabilité parce que ces camarades étaient des femmes…

Une de mes meilleures amies, inscrite au parti, à laquelle je racontais cette histoire, m'a dit: 'La proportion des femmes membres du bureau du parti est égale à la proportion des femmes qui votent communiste.' Je lui ai demandé si la proportion des barbus ou des myopes au bureau correspondait à l'électorat communiste qui est barbu ou myope…

29

C'est pareil au PS, c'est même pareil à l'extrême gauche. Quant au
25 reste n'en parlons pas, c'est encore le XIXe siècle.

Marie Cardinal: *Autrement dit*
(Grasset, 1977)

2–3 Georges Marchais: secrétaire-général du Parti communiste français à l'époque.
14–15 a mis de l'eau dans le vin de la dame: *took the wind out of the lady's sails.*
15 avaient… du mal: *had trouble.* 24 PS: Parti socialiste.

[21]

1 Divorcer, quand on est paysan, c'est en même temps quitter la terre ou
bien renoncer aux projets d'avenir, tant une petite exploitation familiale repose sur les épaules d'un couple, tant les tâches de l'homme,
comme celles de la femme, y sont à la fois définies et complémen-
5 taires.

Yvette est née à la ferme. Elle a épousé un paysan. Ils vivent avec
leurs deux enfants, et les grands-parents, sur une exploitation de poly-
culture comme on en trouve tant dans les marges du sud-ouest du
Massif Central. Tous sont charmants et vivent la journée entassés
10 dans une pièce commune qui sert de cuisine, de salle à manger, de
lavoir, sur un vieux parquet mariné par le temps.

Yvette a quarante ans. Elle étouffe. Bien sûr, elle aime son mari,
elle aime ses enfants, les parents sont charmants mais, aujourd'hui,
tout cela n'est plus suffisant pour rendre une femme heureuse, même
15 à la campagne. Impossible de prendre des vacances, impensable de
vivre ailleurs, et autrement. Un cercle vicieux, où Yvette étouffe dans
ce qui est sa raison de vivre.

Dans un autre cadre, dans un autre milieu, Yvette serait partie: 'Toi,
tu as de la chance, tu vis,' dit-elle à Marie, une Parisienne divorcée,
20 qui en voit de dures avec ses deux enfants qu'elle élève seule. Marie,
c'est le bol d'air, l'image de l'ailleurs inaccessible. Divorcer? cela ne
veut rien dire pour Yvette, même si, dans un autre cadre, dans un
autre milieu, le divorce aurait pu constituer une nouvelle base de
départ. Alors Yvette a pris des vacances, les seules possibles, les

seules qu'on ne puisse lui reprocher, car prescrites par le médecin: 25
dépression nerveuse, trois mois d'hospitalisation à 30 kilomètres de là.

Un an plus tard Yvette parle de ce séjour à l'hôpital comme de
vraies vacances, dont elle revenait chaque fin de semaine pour une
visite à la maison, au mari et aux enfants. Le cercle s'est agrandi par
la venue d'un autre bébé, conçu à la sortie de la clinique, sinon sur les 30
conseils, du moins avec la bénédiction des médecins: les recettes anti-
divorce qui ne marchent plus en ville gardent encore quelques vertus à
la campagne.

Maryse Lapergue dans *Autrement Revue*,
janvier 1983

11 mariné: altéré. 20 qui en voit de dures: *who has a tough time of it*. 21 le bol
d'air: *a breath of fresh air*.

[22]

– Ce soir, nous vous emmenons dîner à Coco-Beach!   1

La voix de Neal était claironnante au téléphone. Il n'avait plus
aucun accent américain, même quand il a prononcé Coco-Beach.

– Nous viendrons vous chercher à votre hôtel à partir de huit heures.

– Et si nous nous donnions rendez-vous quelque part à l'extérieur? 5
ai-je proposé.

– Non, non... C'est beaucoup plus simple de passer à votre hôtel...
Nous risquons d'être un peu en retard... A partir de huit heures à
votre hôtel... Nous klaxonnerons...

Il était inutile de le contredire. Tant pis. Je lui ai répondu que j'étais 10
d'accord. J'ai raccroché et je suis sorti de la cabine téléphonique du
boulevard Gambetta.

Nous avons laissé la fenêtre de notre chambre ouverte pour entendre le klaxon. Nous étions tous les deux allongés car le seul meuble
où l'on pouvait se tenir dans cette chambre, c'était le lit.   15

Il avait commencé à pleuvoir quelques instants avant la tombée du
jour, une pluie fine qui ne tambourinait pas contre le toit de zinc, une

31

sorte de crachin qui nous donnait l'illusion d'être dans une chambre
du Touquet ou de Cabourg.

20 – C'est où, Coco-Beach? a demandé Sylvia.

Du côté d'Antibes? Du cap Ferrat? Ou même plus loin? Coco-
Beach… Cela avait des résonances et des parfums de Polynésie qui
s'associaient plutôt dans mon esprit aux plages de Saint-Tropez:
Tahiti, Morea…

25 – Tu crois que c'est loin de Nice?

J'avais peur d'un long trajet en automobile. Je m'étais toujours
méfié de ces virées tardives dans les restaurants et les boîtes de nuit au
terme desquelles vous devez attendre le bon vouloir d'un des convives pour qu'il vous ramène en voiture chez vous. Il est ivre et l'on
30 se trouve à sa merci pendant tout le trajet.

– Et si on leur posait un lapin? ai-je dit à Sylvia.

Nous éteindrions la lumière de la chambre. Ils pousseraient la grille
de la pension Sainte-Anne et traverseraient le jardin. La propriétaire
ouvrirait la porte-fenêtre du salon. Leurs voix sur la véranda.
35 Quelqu'un frapperait à notre porte des coups répétés. On nous
appellerait.

'Vous êtes là?' Silence. Et puis ce serait le soulagement d'entendre
les pas décroître et la grille du jardin se refermer. Enfin seuls. Rien
n'égale cette volupté.

Patrick Modiano: *Dimanches d'août*
(Gallimard, 1986)

2 claironnante: forte et aiguë comme un clairon. 19 Le Touquet, Cabourg: stations
balnéaires de la côte de la Manche.

[23]

1 Alice Courouble a été arrêtée 'pour port indu de l'étoile', probablement le même jour que Jo. Elles ne se connaissaient pas et n'ont pas
vécu ensemble leur détention. Alice:

– C'était un heureux samedi éclatant de soleil. Suzanne arriva chez

moi, un journal à la main: 'Cette fois, ça y est! A partir de demain, je   5
dois porter une étoile jaune!'

Je restais atterrée.

On avait pourtant déjà parlé de ces étoiles. Les journaux en avaient
publié la photographie. Puis, les Juifs avaient dû aller les chercher au
commissariat de leur quartier, à raison de deux par personne et contre   10
remise de points textiles... J'avais cru à une menace, une sorte de
chantage qui n'irait pas jusqu'à l'exécution, tant on a de la peine à
admettre une aussi niaise méchanceté.

Je m'entendis lui dire: 'J'en porterai une avec toi.'

Ce fut donc le samedi 6 juin que Suzy fixa son étoile sur sa jaquette.   15
Pour l'accompagner, j'empruntai un petit boléro de soie noire marqué
de l'étoile juive. Dans la rue les passants eurent la pudeur de ne pas se
retourner et firent mine de ne rien voir. Rue Saint-Jacques, un prêtre,
nous croisant, nous salua d'un large coup de chapeau. Un jeune
homme à lunettes nous serra la main. Je proposai à Suzanne de pren-   20
dre la rue Champollion pour arriver plus vite au métro, mais elle
voulut passer boulevard Saint-Michel.

Nous nous trouvions donc devant le Dupont Latin, le seul café du
quartier latin qui, avant les toutes premières mesures anti-juives et
sans y avoir été contraint, avait affiché dans toutes ses succursales: 25
'Chez Dupont, les Juifs sont indésirables.' Nous eûmes le temps
d'avoir une dernière vision du Quartier: cinq étudiants marchant de
front, canne en main, coiffés de canotiers de paille, ridiculisant la silhouette de Maurice Chevalier. Comme je me retournais pour les
regarder, j'entendis près de moi: 'Mesdames, vos papiers!'   30

France Hamelin: *Femmes dans la nuit*
(L'Harmattan, 1988)

1 indu: *unwarranted*. 10–11 contre remise de points textiles: *in exchange for cloth-
ing coupons*. 23 Dupont: chaîne de grands cafés parisiens qui n'existe plus.

[24]

1 Ils sont 34 200 jeunes Français comme Jean Hauck, dont les parents
résident à Aubervilliers, à effectuer leur service national outre-Rhin.
C'est le hasard qui, dans la plupart des cas, est à l'origine de cette
affectation dans les Forces françaises en Allemagne. Elle touche les
5 jeunes qui dépendent des bureaux de recrutement de Metz, Paris, Lille
et Lyon. Les Bretons et les gens du Sud-Ouest sont (a priori)
épargnés. Mais il suffit d'interroger quelques-uns des milliers
d'appelés qui débarquent des trains de permissionnaires le vendredi
soir en gare de l'Est pour se rendre compte que le bureau de recrute-
10 ment de Rennes aurait tendance à oublier cet a priori.

'Tous mes copains s'étaient retrouvés en Allemagne, je ne me faisais aucune illusion.' Lorsqu'en juin dernier Jean a reçu sa feuille
d'incorporation, il n'a pas été trop déçu. Pas déçu mais pas enthousi-
aste non plus. 'J'aurais préféré être affecté à Paris mais, pour cela, il
15 faut du bol ou du piston.' Et, comme la chance ne lui a pas souri et
que les relations lui manquent, il a, le 2 août 1989, franchi les portes
du 9e Régiment d'artillerie de marine, implanté sur les hauteurs de
Trèves.

Très vite, Jean s'est adapté. A la vie militaire comme à l'éloigne-
20 ment. 'Je pensais avoir beaucoup plus de difficultés à supporter ce
brutal changement.' Stéphane et Laurent, tous deux originaires de
Seine-et-Marne, arrivés deux mois plus tôt au 9e Rama, confirment:
'On s'y habitue d'autant plus vite et d'autant mieux qu'on ne pense
qu'à la permission de fin de semaine.' Le décompte est facile à faire:
25 quatre week-ends sur cinq dans la famille. Un trajet gratuit et trois à
payer (96 Francs). Avec sa solde (970 Francs et 30 DM), Jean ne
roule pas sur l'or, mais il ne se plaint pas.

Il retient de l'Allemagne que c'est un 'beau pays bien propre où les
gens sont très disciplinés', sans pour autant avoir visité grand-chose.
30 Il connaît Trèves pour y aller faire un tour une ou deux fois par
semaine. 'Les contacts avec les jeunes Allemandes sont très limités.
Dans les discothèques on est très vite repéré. On est mieux accueilli
au Luxembourg.' Le Grand-Duché, qui se trouve à proximité,
présente, il est vrai, un gros avantage: on y parle français.
35 Non seulement les 34 200 jeunes Français qui, chaque année, ser-

34

vent en Allemagne n'ont pas souvent l'occasion de se familiariser
avec la langue de Goethe mais, qui plus est, ils n'ont pas la curiosité
de découvrir le pays. 'Les visites se font le dimanche et, ce jour-là, on
est chez nous ou de garde,' résume Laurent. 'Les deux premiers mois,
on fait le tour des cafés, après, on préfère rester à la caserne entre   40
copains. On fait du sport ou on se retrouve au foyer. En attendant la
permission de fin de semaine. Qu'on le veuille ou non, on souffre du
mal du pays.' Jean, qui a interrompu son sursis pour 'faire son service' et être plus tranquille pour préparer un BTS en électronique,
ne gardera pas un mauvais souvenir de son séjour en Allemagne.   45
Mais…

Jocelyn Petitpas dans *Le Figaro*,
14–15 avril 1990

2 Aubervilliers: ville de la banlieue parisienne; outre-Rhin: en Allemagne.
14–15 il faut du bol ou du piston (*colloquial*): *you have to have luck or influence*.
16 les relations lui manquent: *he doesn't know the right people*. 18 Trèves:
Trier. 22 Seine-et-Marne: département de la région parisienne; Rama: Régiment
d'artillerie de marine. 44 BTS: brevet de technicien supérieur.

[25]

L'hiver est fini. Et quand au premier soleil fondent neige et glace,   1
s'évaporent aussi les mesures d'urgence pour les SDF (sans domicile
fixe). Les restos du cœur ferment leurs portes, les camions repas
cessent leurs rondes de nuit, les élans de générosité, les flashes de
l'actualité se font plus rares. Pourtant, les SDF ne disparaissent pas   5
avec le printemps. Et leur vie continue. Ne seraient-ils émouvants que
lorsqu'ils sont en danger de mort immédiate? Emouvants ou non, ils
sont là, dans les rues, sans abri et sans argent. Qui peut les ignorer?
  Depuis trois ou quatre ans, les associations humanitaires, les services de police, les éducateurs, les assistantes sociales sonnent   10
l'alarme: à Paris, les sans-abri sont de plus en plus nombreux. Sans
toit, souvent sans travail et sans aucune couverture sociale, les jeunes
de la 'génération cauchemar' sont partout. Provocants ou bien
avachis, plaintifs ou agressifs, ils sont dans la ville, et on les voit.

15   Place de la République, Adèle, dix-neuf ans, fait la manche. Elle vit
dans la rue depuis deux ans. Avec un sourire timide, elle explique:
'Le plus dur, c'est de dormir seule.' Chaque soir, Adèle se glisse sous
l'escalier d'un immeuble rue du Château d'Eau. De deux heures du
matin à six heures, elle y est à peu près tranquille. 'Après, dit-elle, ça
20   craint à cause de la concierge.' Alors, elle traîne dans Paris.

Place Saint-Michel, Martine, trente-deux ans, est inquiète, les dents
et les poumons, ça ne va pas. Elle vit de centre d'hébergement en centre d'hébergement depuis trois ans. Avant, elle avait un emploi, un
compagnon, un logement. Elle a tout perdu à cause de l'héroïne.
25   Epuisée, énervée, elle lance: 'J'ai arrêté la came. Mais je ne m'en sor-
tirai jamais si je n'ai pas un chez-moi.'

Etoile. Momo, vingt-sept ans, prend le bus. Il ne va nulle part. Il
tourne inlassablement de banlieue en banlieue jusqu'au soir. A minuit,
il s'allonge sur les banquettes de l'aéroport de Roissy. Lentement, il
30   murmure: 'Je veux vivre comme tout le monde ou bien ne plus vivre
du tout. Ça fait quatre ans que je galère. Je dois rayer cette vie de ma
mémoire. C'est une erreur, un cauchemar.'

Mais pourquoi tant de mômes se retrouvent sans rien, dans les rues
de Paris? Comment peuvent-ils avoir loupé leur vie avant de la com-
35   mencer? Pauvres par héritage, fils et filles des cités et des ghettos,
jeunes à la recherche d'un premier emploi, smicards, intérimaires,
toxicomanes et petits délinquants, la plupart ont manqué de tout,
d'argent, d'affection, d'une vraie éducation, et d'une bonne formation.
40   'Mon père n'a jamais eu un sou, ma mère buvait, et c'est toujours
moi qui prenais!' s'exclame Franck avec haine. Il a été viré à quatorze
ans.

Pour Nedjma, dix-sept ans, la route était toute tracée. La petite
voleuse toxico-alcoolo au visage d'ange, qui zone dans les squats
45   avec les zoulous des Halles, n'a fait que suivre les traditions familiales. 'Mon père boit, mes sœurs sont défoncées, mon frère est en
prison, il a descendu mon beau-frère. En foyer de la DDASS à partir
de huit ans, en famille d'accueil ou chez mes sœurs, je n'ai jamais
arrêté de cogner ou de fuguer. Je suis une galérienne qui vit dans la
50   rue. Je ne sais que voler.'

Gus, vingt-cinq ans, lui non plus n'a pas eu de chance. Un père
malade, une mère chômeuse, une scolarité qui plafonne au niveau
cinquième, et l'espoir qu'en quittant sa banlieue tout ira mieux. Mais

Gus vit dans un squat à Pigalle. Une bougie, un matelas, pas d'eau ni de chauffage. Pourquoi? Parce que quand on gagne le SMIC dans une 55 pizzeria, il est impossible de se loger dans la ville où les loyers flambent depuis dix ans. 'Avec mes économies, j'ai pu tenir deux mois à l'hôtel, explique Gus. Maintenant avec mon seul salaire, je ne peux plus. Vraiment. Je travaille comme un con, et ça me sert à quoi? De toute façon, je vis comme un chien.' 60

Georges-André, chauffeur intérimaire, Anita, secrétaire volante, Tony, garçon de café extra, et Diego, le coursier endetté, ont tous le même problème, une scolarité perturbée et des revenus insuffisants ou encore irréguliers qui ne leur permettent ni de louer un appartement ni de se payer l'hôtel. 65

Qu'ils aient un emploi, qu'ils soient toxico, galériens ou assistés, tous les jeunes sans-abri parlent de 'malchance' ou de 'malédiction'. Avec sa tête de déterré, Franck n'a pas obtenu l'emploi convoité de serrurier; Nedjma qui commençait un stage de réinsertion s'est fait fracasser la tête à coups de marteau par sa sœur; Momo, shooté à 70 l'alcool et aux médicaments, s'est fait salement renverser par une voiture dans la rue; Martine la toxico vient d'apprendre qu'elle est infectée par le virus du sida... Face à ces drames, ces jeunes lancent une provocation: 'J'en ai rien à foutre!' Une manière de refuser la pitié, de masquer leur impuissance, et la seule parade un peu digne 75 face à un destin qui les écrase et contre lequel ils pensent qu'ils ne peuvent rien. Ont-ils vraiment tort?

Lili Réka dans *Marie-Claire*,
avril 1991

3 restos du cœur: restaurants du cœur – mouvement bénévole lancé en 1985 pour fournir, en hiver, des repas chauds aux gens nécessiteux. 15 fait la manche: mendie. 19–20 ça craint: ça peut poser des problèmes. 22 centre d'hébergement: *hostel*. 25 came (*slang*): drogue. 27 Etoile: place de l'Etoile; Momo: diminutif de Maurice. 28 inlassablement: sans se lasser. 31 que je galère: que j'ai la vie dure. 35 cités: *municipal housing estates*. 36 smicards: *minimum-wage earners* (SMIC: salaire minimum interprofessionnel de croissance). 44 toxico-alcoolo: toxicomane et alcoolique; zone: traîne. 45 zoulous des Halles: (zoulous ou zulus) certains jeunes, appartenant à des bandes ainsi nommées, qui traînent dans le Forum des Halles à Paris. 46 défoncées: toxicomanes. 47 descendu: abattu; foyer de la DDASS: *local authority home* (DDASS: Direction départementale de l'action sanitaire et sociale). 48 famille d'accueil: *foster family*. 48–9 je n'ai jamais arrêté de cogner ou de fuguer: *I've never stopped getting into fights or running away*. 49 galérienne: laissée-pour-compte. 52–3 niveau cinquième: classe de cinquième - la deuxième année

de l'enseignement secondaire. 56–7 flambent: montent en flèche. 61 secrétaire volante: 'temp'. 62 coursier: *messenger*. 70 shooté: *doped*. 71 salement: *nastily*. 73 sida: *AIDS*. 74 j'en ai rien à foutre (*vulgar*): *I couldn't care less*.

[26]

C'était l'aube…

1 Le petit hameau qui avait dansé toute la nuit s'éveillait peu à peu. Au son des flûtes de roseau, les bergers conduisaient les troupeaux dans la vallée, tandis que les jeunes filles encore somnolentes se suivaient sur le sentier tortueux de la fontaine. Dans la cour du marabout, un
5 groupe d'enfants autour du feu de bois, chantonnait des versets du Coran.

Musique de Cora

C'était l'aube…

Combat du jour et de la nuit. Mais celle-ci, exténuée, n'en pouvait
10 plus; lentement elle expirait. Déjà à l'horizon, quelques rayons de soleil teintés de rouge, illuminaient les derniers nuages tels de gros bouquets de flamboyants en fleur.

Musique de Cora

C'était l'aube…

15 Et là-bas, au milieu d'une vaste plaine aux contours de pourpre, une silhouette d'homme courbé défrichait: silhouette de Naman le cultivateur. A chaque coup de sa daba, les oiseaux effrayés s'envolaient et à tire-d'aile, rejoignaient les rives paisibles du Djoliba. Son pantalon de cotonnade grise battait l'herbe, trempée de rosée. Infatigable, il mani-
20 ait adroitement son outil, car il fallait que ses graines soient enfouies dès les premières pluies.

Musique de Cora

C'était l'aube…

Les mange-mil, dans les feuillages touffus des manguiers, vire-
voltaient, annonçant le jour. Sur la piste humide de la plaine, un   25
enfant courait, essoufflé, dans la direction de Naman avec, en ban-
doulière, son petit sac de flèches.

Keita Fodéba: *Aube africaine*
(Seghers, 1965)

4 marabout: tombeau d'ermite ou de saint de l'Islam. 7 cora: sorte de guitare.
12 flamboyants: arbres des tropiques à fleurs rouge vif (*flame trees*). 17 daba: outil qui sert à biner et à débroussailler. 18 Djoliba: rivière du haut plateau guinéen.
24 mange-mil: *weaver-birds*; manguiers: *mango* (*trees*).
Keita Fodéba, chef de troupe de danse, 1921–68, né en Guinée.

[27]

Notre pays dispose aujourd'hui de quelque 2 000 musées dont 33   1
nationaux et plus d'un millier classés ou contrôlés par l'Etat. En un
an, douze musées nouveaux ont été inaugurés ou mis en chantier. Du
Grand Louvre au Grand Palais, en passant par Orsay, le Jeu de
Paume, l'Orangerie, le Petit Palais et d'autres maisons de moindre   5
importance, le centre de Paris est en train de devenir une vraie mégapole de la cimaise. De 1982 à 1986, Jack Lang a triplé le budget des
musées, dans le même temps où il créait les Fonds régionaux
d'Acquisition, qui devaient enrichir les collections comme jamais. Sur
cet élan, les animations, les ateliers, les expositions itinérantes se sont   10
multipliées, la présentation des pièces, l'accueil et l'information du
public se sont améliorés presque partout.

Le résultat fut que, alors qu'on dénombrait 10 millions de visiteurs
en 1975, on en comptait 20 millions en 1985. Et, depuis, ce chiffre
annuel est en constante augmentation. Le Centre Georges Pompidou   15
voit défiler en un an près de 9 millions de personnes, le Château de
Versailles 4 millions, le Louvre 3 millions, le musée Picasso plus de
600 000, tandis que le musée d'Orsay enregistre 12 000 entrées par

jour. A ce rythme-là, ce n'est plus de la simple curiosité, c'est de la
20 passion. Ce n'est même plus de la passion, c'est de la rage.

Evidemment, tout le monde s'en réjouit sauf, pourtant, les visiteurs
eux-mêmes. Car, à la fin de la semaine, les files s'allongent de deux
ou trois cents mètres devant le guichet. Dans les couloirs et les
escaliers, c'est le brouhaha. Dans les salles, c'est la bousculade. On ne
25 peut plus prendre le recul nécessaire pour embrasser toute une toile.
On ne peut plus tourner autour d'une sculpture. Les rares cafétérias
intérieures sont assaillies du début à la fin, et même les toilettes ne
désemplissent pas.

Or il faut savoir que, sur les 62 musées de la capitale, 7 et non des
30 moindres ferment à l'heure du déjeuner, 9 n'ouvrent pas le dimanche,
16 observent les jours fériés. Et les autres relèvent le pont-levis à 18
heures au plus tard, sauf le Louvre pour certaines salles (18h30), le
musée d'Art moderne de la Ville et les deux Grévin (19h), le Grand
Palais, l'Institut du Monde arabe et la Cité des Sciences de La Villette
35 (20h). Certes, le mercredi, Orsay va jusqu'à 21h45, le musée d'Art
moderne et le Grand Palais poussent jusqu'à 22 heures. Mais il n'y a,
en tout et pour tout, que le centre national d'Art et de Culture Georges
Pompidou qui ait su s'adapter à la disponibilité de son public (de 12
heures à 22 heures en semaine, de 10 heures à 22 heures le samedi et
40 le dimanche). Même dans l'Ile-de-France, qui pourrait faire un effort
pour retenir les promeneurs de la belle saison, on ne trouvera pas un
seul des 43 musées qui ose dépasser la sacrosainte fin d'après-midi.

Etonnez-vous, alors, qu'on s'écrase devant la Joconde! Aux heures
de pointe, la RATP ajoute des rames et, les jours de fête, la SNCF
45 prévoit des trains supplémentaires. Les musées, eux, se retranchent
derrière leurs grilles. Cette civilisation culturelle, dont ils sont l'orne-
ment, l'orgueil, le fleuron, elle ne les concerne qu'aux heures de
bureau. Ils veulent bien qu'on les visite, ils ne veulent pas qu'on les
dérange.

50 Si le musée est devenu un service public, il faut donc l'ouvrir aux
heures de loisir, même s'il faut partiellement le fermer aux heures de
travail. Bien sûr, on devra investir beaucoup dans l'éclairage des
accès, des salles et, surtout, dans celui des œuvres exposées. La négo-
ciation avec les syndicats de gardiens sera longue et elle aussi coû-
55 teuse. Mais, si l'Etat l'emporte, les communes suivront. Et, par exemple, on imagine que toute institution du genre ne serait admise aux

avantages du classement que si elle était ouverte de 18 heures à 22 heures au moins. Vous verriez alors que les choses peuvent aller plus vite qu'on ne croit.

Maurice Fleuret dans *Le Nouvel Observateur*,
22 janvier 1988

6–7 mégapole: *megalopolis*. 7 cimaise: *art galleries* (*literally: picture rail*); Jack Lang: ministre de la Culture à l'époque. 9 comme jamais: *as never before*. 11 pièces: œuvres d'art. 27–8 ne se désemplissent pas: *are always full*. 33 les deux Grévin: les deux musées Grévin (*waxworks museums*). 40 l'Ile-de-France: la région parisienne. 41 la belle saison: l'été. 43 la Joconde: *the Mona Lisa*. 44 RATP: Régie autonome des transports parisiens (*Paris transport authority*); SNCF: Société nationale des chemins de fer français (*French railways*). 57 classement: *official listing*.

[28]

La colonisation de la population française par la télévision est entière-   1
ment accompli. On ne signale plus de poche de résistance. C'est ce qu'indique la troisième enquête sur *Les Pratiques culturelles des Français* réalisée sous l'égide du ministère de la Culture, la première datant de 1973 et la deuxième de 1981. On possède donc des éléments   5
de comparaison. Ils montrent que l'équipement a fait un bond specta- culaire: 89% des foyers ont la télévision couleur; 48% disposent d'une télécommande; 25% ont un magnétoscope. En 1981, on regardait la télévision en moyenne seize heures par semaine. La consommation est passée à plus de vingt heures. Les catégories les plus réfractaires   10
se sont rendues. Cadres supérieurs, Parisiens, 20–21 ans, étudiants ont été capturés. Le bulletin de victoire de la télévision est sans bavure.

Conquérante également, la musique. Sa consommation a doublé. Quintuplé chez les agriculteurs! On trouve une chaîne hi-fi dans 58% des foyers, 1 Français sur 3 dispose d'un Walkman. Impressionnant,   15
non? Ces nouveaux mélomanes écoutent essentiellement des chan- sons, mais aussi de la musique classique.

Parallèlement, la lecture s'effondre. L'enquête nous apprend qu'elle

est ressentie, en particulier par les jeunes, comme une activité désuète,
20 ringarde. Dans toutes les catégories, y compris les plus 'liseuses',
l'érosion est sensible. Le pourcentage de gros lecteurs jeunes est
tombé de 39 à 22% en moins de dix ans. Les Français, seuls au monde
dans ce cas, consomment aussi de moins en moins de quotidiens.

Quand personne ne lira plus de livres, on pourra toujours trans-
25 mettre des émotions par le film ou par la musique. Mais les idées, ça
passera par quel tuyau, les idées? L'abstraction? Elles exigent l'écrit.
Il restera quelques livres, les mêmes depuis Homère, plus quelques
ouvrages plus contemporains, mais ils seront utilisés par un petit nombre, voilà tout, comme il reste quelques équipages de chasse à courre.
30 Faut-il se désespérer? Dans les périodes les plus créatrices de notre
histoire, il y avait très peu de lecteurs en France, quelques milliers.
Aux Etats-Unis, la masse est quasiment illettrée, j'exagère à peine,
mais le pays a l'élite universitaire la plus brillante du monde.

Ce qui semble sacrifié à jamais, à travers cette enquête, c'est un
35 vieux rêve: la démocratisation de la lecture. Moi, ça me fend le cœur.
Mais je reconnais que la télévision, si elle tue la lecture, rend un service irremplaçable. Pendant qu'elle fonctionne, elle abolit l'angoisse
existentielle: 48% des spectateurs disent qu'ils l'ouvrent automatiquement en rentrant chez eux, sans consulter les programmes. Et il y a
40 ceux, surtout celles, qui ne la ferment jamais. Le phénomène est mondial. On a toujours l'illusion qu'en France… Eh bien, non! en France
aussi. Chère télévision…

Françoise Giroud dans *Le Nouvel Observateur*,
19–25 avril 1990

12 sans bavure: *perfect*. 20 ringarde: *naff*; les plus 'liseuses': qui lisent le plus.

[29]

1 Sans le zèle intempestif d'un garde-chasse fédéral, Gnognotte, une
superbe laie de 130 kilos, âgée de 9 ans, aurait encore eu de beaux
jours devant elle. Seulement, la loi en matière d'élevage de sanglier
est stricte. Pour détenir 'à domicile' une de ces bêtes, il faut, entre

autres, pouvoir mettre en permanence à sa disposition un hectare clos, 5
dont 75% doivent de surcroît être boisés.

Cette réglementation, Thérèse Carteron, qui habite dans le petit village des Aynans (Haute-Sâone), ne la connaissait pas quand, en 1982,
émue par le petit marcassin dont la mère malade était en train de
mourir, elle l'a acheté pour l'offrir à son fils de 12 ans, Dominique. 10
Surnommée Gnognotte, la jeune laie s'est vite adaptée à sa nouvelle
vie. Elle a eu droit à un collier avec son nom et son adresse, du pois-
son frais, des promenades avec les enfants du village. Bref, comme le
résume un conseiller municipal: 'C'était devenue une figure locale!'

Sous le coup, aujourd'hui, d'une procédure pour 'détention illégale 15
de sanglier' – que le tribunal de grande instance de Lure doit exami-
ner lors de son audience du 26 avril prochain – Thérèse Carteron ne
comprend pas. 'C'est maintenant une vieille dame, Gnognotte, il faut
la laisser tranquille!' s'insurge-t-elle. L'animal, parfaitement domes-
tiqué, n'a en effet jamais posé de problème ou causé de préjudice à 20
quiconque. Alors, pour défendre l'existence même de Gnognotte qui
n'a jamais vécu à l'état sauvage et ne survivrait pas si elle devait être
remise dans une forêt, les Carteron ont pris un avocat.

Le jour du procès, celui-ci ne sera d'ailleurs pas seul à plaider. Car
à l'instar des dizaines de personnes ou des sociétés protectrices des 25
animaux qui, de toutes les régions de France ont tenu à manifester
leur solidarité avec les propriétaires du malheureux 'sanglier de compagnie', Brigitte Bardot s'est emparée du dossier. Alertée par une
conseillère municipale de Vesoul, l'actrice a aussitôt qualifié la menace judiciaire qui pesait sur Gnognotte de 'cas immonde, incroyable 30
et invraisemblable' sur lequel elle ne ferait 'aucune concession'. Et la
directrice de la Fondation Bardot, Mme Sujansky, a précisé, après
avoir indiqué que son avocat viendrait apporter son soutien à son con-
frère du barreau local: 'Il y a énormément de sangliers apprivoisés,
ainsi que des faons. Mais si des situations similaires existent, c'est la 35
première fois que nous irons en justice. Jusqu'à présent, nous avons
toujours réussi à nous débrouiller pour trouver des solutions.'

En attendant l'audience tant redoutée, la mobilisation se poursuit
aux Aynans. Son expression la plus spontanée a été le mini-défilé que
les enfants du village ont organisé, en fin de semaine, avec quelques 40
pancartes et banderoles, après s'être réunis à l'école pour discuter de
l'affaire. 'Il faut laisser le sanglier tranquille, sinon il fallait le lâcher
il y a neuf ans. Nous pouvons témoigner que Gnognotte n'est pas

méchante, elle ne nous a jamais rien fait,' s'est révoltée Audrey, élève
45 en CM2. Espérons que le président du tribunal correctionnel de Lure
retiendra ces déclarations.

Jean-Pierre Tenoux dans *Libération*,
16 avril 1991

1 fédéral: c'est-à-dire employé par une fédération de chasse. 8 Haute-Saône:
département de l'est de la France. 16 tribunal de grande instance *cf. county court*;
Lure: petite ville dans la Haute-Saône, au pied des Vosges. 20 causé de préjudice:
harmed. 27–8 sanglier de compagnie: *pet boar*. 28 s'est emparée du dossier: *has
taken up the case*. 29 Vesoul: chef-lieu de la Haute-Saône. 32 Fondation Bardot:
fondation lancée par Brigitte Bardot pour protéger les animaux. 36 que nous irons
en justice: *that we'll go to court*. 45 CM2: cours moyen 2 – cinquième année de
l'enseignement primaire; tribunal correctionnel: *magistrates' court*.

[30]

1 J'ai tout le temps honte de mes parents. J'ai toujours rêvé d'être un
numéro planté sur la terre, sans origine. Maman est très gênante. Elle
ne porte ni gaine, ni soutien-gorge, ni épingles dans les cheveux. Elle
dit qu'elle déteste les contraintes. Dans la salle de bains, quand elle se
5 relève la nuit, elle fait du bruit. S'il lui arrive de nous punir, après,
elle vient nous demander pardon. On ne sait plus où se mettre. Elle est
là, devant nous, et ses yeux deviennent encore plus chauds, encore
plus bleus; elle dit:

– Mon pauvre chéri, tu as une mauvaise mère, une mère nerveuse,
10 une mère qui ne vous aime pas du tout.

Et elle rit. Nous, on soupire. Souvent, elle n'est même pas habillée
pour le déjeuner, elle se balade avec un grand décolleté de dentelles.
A table, elle annonce qu'elle n'a pas faim, il faut qu'elle maigrisse.
Ou bien, elle invente des régimes, pendant trois jours elle ne mange
15 que des figues, ou du riz à l'eau, ou du gruyère et elle se fâche pour
rien. Papa grogne, il préfère la voir engraisser un peu et devenir d'une
humeur plus douce. Alors maman jette sa serviette, elle part s'enfermer dans sa chambre. Cinq minutes plus tard, on l'entend pleurer. Je
suis sûre qu'elle pleure près du trou de serrure. Papa prend l'air

excédé, il ordonne sans conviction que l'un de nous aille consoler 20
maman. Claire est toujours volontaire. Claire aime maman à la folie.
Je l'ai vue recevoir des gifles avec un torchon mouillé sans bouger,
sans ciller, sans se plaindre. C'est maman qui s'est mise à sangloter
que Claire la tuait. Claire est la seule à qui maman ne demande jamais
pardon. 25

Claire Gallois: *Une fille cousue de fil blanc*
(Buchet-Chastel, 1969)

9 nerveuse: *highly strung*. 17 jette sa serviette: abandonne la partie. 20 excédé:
exasperated.

[31]

L'Enlèvement 1

Alors, tu viens, c'est le moment; voici la nuit sans lune.
– J'avais toujours rêvé qu'il ferait clair de lune.

Idiote, viens, mon carrosse à six bourriques attend sous la ramée.
– J'avais toujours rêvé de galoper en croupe. 5

Idiote, descends donc, j'ai tendu l'échelle de corde.
– J'avais toujours rêvé de tomber dans tes bras.

Idiote, viens, j'ai là pour te serrer deux manteaux de brocart.
– J'avais toujours rêvé d'être entièrement nue.

Idiote, viens, j'entends ton père qui s'éveille. 10
– J'avais toujours rêvé que vous tueriez mon père.

Idiote, viens, le jour pointe et nous allons vivre.
– J'avais toujours rêvé de mourir cette nuit.

Géo Norge: *Les Quatre Vérités*
(Gallimard, 1962)

4 ramée: feuillage.
Géo Norge, 1898–1990, né à Bruxelles.

1 Valérie a quitté l'école à l'aube de ses quatorze ans. Elle en avait par-
dessus la tête, et le regard qu'elle jette, par-delà les années, sur ses
professeurs n'a pas cessé d'être dur: 'Ils n'étaient bons à rien; ils faisaient leur métier, mais pas par amour.' Elle reconnaît que, de son
5 côté, elle n'y a guère mis du sien: 'Ils ne m'aimaient pas, parce que je
ne faisais aucun effort.' Quoi qu'il en soit, si c'était à refaire, elle
fuirait à nouveau ce lieu dans lequel elle s'est toujours sentie une
étrangère.

Pourtant, se mettre à travailler l'a obligée à renoncer à une activité
10 qu'elle aimait beaucoup: la natation. Elle passait à la piscine les après-
midi du mercredi et du samedi, les jours de vacances, et même une
partie de ses soirées. A quatorze ans, l'écolière qui ne faisait 'aucun
effort' était devenue championne d'Ile-de-France.

Du jour au lendemain, Valérie, propulsée dans le monde des tra-
15 vailleurs, a cessé d'aller à la piscine, et elle n'y est jamais retournée.
De cet abandon et de ce qu'il lui a coûté elle ne parle que parce qu'on
l'interroge. C'est la vie. Elle est trop raisonnable pour s'attarder sur ce
qui est douloureux mais – elle n'en doute pas – inévitable. 'C'était
pour mon avenir. J'étais bien obligée.'

20 Sa mère n'avait pas la religion des études. Elle aurait bien voulu
mener la petite au-delà de la cinquième, mais, puisqu'elle ne marchait
pas, mieux valait lui apprendre un métier. Le hasard de ses recherches
fit de Valérie une apprentie coiffeuse. 'Au début, ça me plaisait beaucoup.' Elle avait le sentiment d'apprendre quelque chose qui lui serait
25 utile. Le mardi matin et le jeudi, elle suivait des cours; le reste du
temps, elle travaillait au rythme de neuf heures par jour. 'Ils m'ont
vraiment exploitée,' dit Valérie de son ton tranquille. Passe encore si,
au moins, elle avait appris et pratiqué son métier. Mais 'j'étais tout
juste bonne à faire les courses; et puis le ménage, toujours le ménage.
30 Je nettoyais les vitres du salon, je balayais le trottoir; et puis la
patronne m'envoyait faire son appartement, promener son chien…'

Refuser de le faire? Non, elle n'y a pas pensé: 'J'étais jeune, je ne
raisonnais pas.' Cette belle patience n'a pas empêché la rupture de son
contrat d'apprentissage dans le courant de sa troisième année de tra-
35 vail. Une balade sur la moto d'un copain, une chute brutale, quatre

mois de soins et de convalescence. Au salon de coiffure, on fit savoir à la mère qu'on ne pouvait attendre. Protester, se défendre? Valérie n'avait aucune envie de se battre pour continuer à faire les ménages.

Sa mère finit par lui trouver une place dans un autre salon de coiffure. Nouveau démarrage à cinquante francs; mais au bout de quinze jours, un contrat d'apprentissage est signé, et, d'emblée, Valérie se voit octroyer cent francs par semaine. Le Pérou! Aujourd'hui, elle en est à près de sept cents francs par mois. 'J'ai drôlement monté en un an!' Si on remarque qu'au bout de trois ans et demi de pratique, cela ne paraît pas en rapport avec les services qu'elle est capable de rendre, Valérie répond que 'de toute façon, c'est comme ça'. S'indigne-t-on qu'il fasse humide en novembre et froid en janvier? De toute façon, elle se trouve plutôt bien chez son nouveau patron.

Et puis, elle s'est trouvée une nouvelle passion: depuis deux ans elle fait du cheval. Depuis toujours, elle en rêvait, et la chance a voulu qu'un centre équestre existe juste à côté de l'endroit où ses parents passent leurs week-ends en caravane. Dès le début, elle a consacré tout l'argent qu'elle gagnait au cheval, et, très vite, elle a passé ses journées de congé dans le centre. 'Les patrons sont vraiment gentils. Je les aime beaucoup. Je les aide, je brosse les chevaux le matin, j'accompagne des balades, quelquefois je donne des leçons de manège. Eux me logent, me nourrissent. Je sais ce que coûte la nourriture, et ce n'est pas rien!'

Pour être sûre de pouvoir monter le cheval qu'elle aime, Valérie l'a pris en 'demi-pension', ce qui lui donne un droit de priorité quotidien. Evidemment, elle ne peut en profiter que le dimanche et le lundi, ses jours de congé; mais, pendant ces deux jours, les 'patrons' du centre assouplissent en sa faveur les règles assez strictes de la demi-pension, et laissent à la petite amazone une grande liberté dans l'utilisation de son cheval. Elle n'est d'ailleurs pas la seule dans son cas: ils sont cinq ou six jeunes à passer là tous leurs instants de liberté, à dépenser tout leur argent sans calculer, communiant dans l'amour des bêtes, affamés de nature, de randonnées forestières, d'évasions fougueuses…

'L'ambiance est formidable. C'est comme une grande famille. On mange tous à la table des patrons. Je resterais bien tout le temps là-bas.'

Valérie est trop sage pour laisser son imagination s'envoler et ses rêves prendre le pas sur les réalités quotidiennes. Elle ne se fait

75 aucune illusion, par exemple, sur la possibilité de trouver un gagne-
pain dans l'équitation. Et pourtant, elle qui n'a jamais vécu ailleurs
qu'en ville rêve de vivre à la campagne. L'enfant des cités HLM ne se
sent vivre qu'au milieu des bêtes, des champs et des bois. 'Ici, il n'y a
pas de liberté.' Valérie a le cœur en fête. Elle a un copain très cher
80 avec qui elle compte se mettre en ménage l'hiver prochain, quand elle
atteindra ses dix-huit ans. Ensuite, sans doute, se marieront-ils. C'est
un jeune boucher employé dans un magasin qui se trouve juste à côté
du salon de coiffure. 'On se rencontre en sortant du travail. C'est
presque une tradition: les jeunes de la boucherie se marient avec les
85 coiffeuses!'

Marie-Claude Betbeder dans *Le Monde Dimanche*,
1 février 1981

13 Ile-de-France: la région autour de Paris. 21 cinquième: classe de cinquième – la
deuxième année de l'enseignement secondaire. 42 le Pérou!: la fortune! 60 'demi-
pension': c'est-à-dire qu'elle accepte de le nourrir et de s'en occuper – du moins
les jours où elle est là, les patrons, eux, fournissant box d'écurie et pré.

[33]

1 Fat Mat, Paulo, Twist, Gabi, Helno, Sirinix et Mellino forment le
groupe depuis le 1er septembre 1987. Moyenne d'âge: vingt-cinq ans.
Auparavant, trois d'entre eux participaient au spectacle équestre du
cirque Zingaro, d'autres étaient remailleurs ou baignaient dans le
5 punk alternatif.

Tous habitaient dans la rue de l'Ourcq, dans le dix-neuvième
arrondissement de Paris, et ont appris à se connaître en fréquentant les
discothèques du nord-est parisien. Ils ont confronté leurs sensibilités,
leur goût commun aussi bien pour la valse, la polka, la java que pour
10 le rock, le raï et le flamenco.

L'été de 1987, Fat Mat, Paulo, Twist et les autres, les cheveux
peints alors en vert, ont été mêlés à une bagarre dans un bal du dix-
neuvième où ils dansaient le break-dance: 'il faut que vous sortiez
d'ici, les Négresses vertes…', leur a soudain lancé un des vigiles

loués pour l'occasion par les animateurs du bal. Cette appellation, 'les   15
Négresses vertes', ils ont trouvé que c'était un bien joli pied de nez
dans une France multiculturelle et ils l'ont adoptée.

Les Négresses vertes, qui ont sur scène des allures de gangsters lati-
no-américains, jouent et chantent le son de la rue, le mélange des
races et des cultures, des assemblages aussi improbables que lè punk   20
allié à la valse, au blues, au flamenco, à la rumba et au raï.

Ils modernisent la chanson populiste des années 30, racontent de
petites histoires, celle de Zobi la Mouche, un brin coquine, et celle
d'un drame amoureux. Le groupe a commencé par jouer dans les
cours d'immeubles, dans le métro puis dans les boîtes de nuit avant   25
d'enregistrer un premier album (*Mlah*) pour une firme phonographique
indépendante de Saint-Ouen, Off the Track, dirigée par un Ecossais.
Celui-ci vient de signer un contrat de licence avec Rhythm King, un
petit bal britannique spécialisé dans la house music et qui qualifie les
Négresses vertes de 'groupe ethnique français très dansant'.   30

Claude Fléouter dans *Le Monde*:
Dossiers-Documents (*Chansons en France*),
juin 1989

4 remailleurs: travailleurs dans l'industrie du vêtement; baignaient dans: trempaient
dans. 8 confronté: constaté en comparant. 9 java: danse populaire de bal-musette à
trois temps. 10 raï: musique populaire algérienne alliant rythmes arabes et occiden-
taux. 12 bal: *club*. 14 vigiles: *stewards*. 16 un bien joli pied de nez: *a nice way of
thumbing one's nose*. 20 assemblages: mélanges. 23 un brin coquine: *a little bit
naughty*.

[34]

Les paquebots remontaient la rivière de Saigon, moteurs arrêtés, tirés   1
par des remorqueurs, jusqu'aux installations portuaires qui se trouvaient dans celle des boucles du Mékong qui est à la hauteur de
Saigon. Cette boucle, ce bras du Mékong, s'appelle la Rivière, la
Rivière de Saigon. L'escale était de huit jours. Du moment que les   5
bateaux étaient à quai, la France était là. On pouvait aller dîner en
France, y danser. (…) A cette époque-là, et ce n'est pas encore si loin,

49

à peine cinquante ans, il n'y avait que les bateaux pour aller partout dans le monde. De grandes fractions des continents étaient encore
10 sans routes, sans chemins de fer. Sur des centaines, des milliers de kilomètres carrés il n'y avait encore que les chemins de la préhistoire. C'était les beaux paquebots des Messageries Maritimes, les mousquetaires de la ligne, le Porthos, le Dartagnan, l'Aramis, qui reliaient l'Indochine à la France.
15 Ce voyage-là durait vingt-quatre jours. Les paquebots des lignes étaient déjà des villes avec des rues, des bars, des cafés, des bibliothèques, des salons, des rencontres, des amants, des mariages, des morts. Des sociétés de hasard se formaient, elles étaient obligées, on le savait, on ne l'oubliait pas, et de ce fait elles devenaient vivables, et
20 même parfois inoubliables d'agrément. C'était là les seuls voyages des femmes. Pour beaucoup d'entre elles surtout mais pour certains hommes parfois, les voyages pour se rendre à la colonie restaient la véritable aventure de l'entreprise. Pour la mère ils avaient toujours été, avec notre petite enfance, ce qu'elle appelait 'le meilleur de sa
25 vie'. (…)
Lorsque l'heure du départ approchait, le bateau lançait trois coups de sirène, très longs, d'une force terrible, ils s'entendaient dans toute la ville et du côté du port le ciel devenait noir. Les remorqueurs s'approchaient alors du bateau et le tiraient vers la travée centrale de
30 la rivière. Lorsque c'était fait, les remorqueurs larguaient leurs amarres et revenaient vers le port. Alors le bateau encore une fois disait adieu, il lançait de nouveau ses mugissements terribles et si mystérieusement tristes qui faisaient pleurer les gens, non seulement ceux du voyage, ceux qui se séparaient mais ceux qui étaient venus
35 regarder aussi, et ceux qui étaient là sans raison précise, qui n'avaient personne à qui penser. Le bateau, ensuite, très lentement, avec ses propres forces, s'engageait dans la rivière. Longtemps on voyait sa forme haute avancer vers la mer. Beaucoup de gens restaient là à le regarder, à faire des signes de plus en plus ralentis, de plus en plus
40 découragés, avec leurs écharpes, leurs mouchoirs. Et puis, à la fin, la terre emportait la forme du bateau dans sa courbure. Par temps clair on le voyait lentement sombrer.

Marguerite Duras: *L'Amant*
(Les Editions de Minuit, 1984)

12 Messageries Maritimes: compagnie de navigation qui autrefois desservait l'Extrême-Orient. 12–13 mousquetaires: voir *Les Trois Mousquetaires* d'Alexandre Dumas fils (1802–70). 29 travée centrale: *main channel*. 41 courbure: *curvature*. 42 sombrer: *sink*.

[35]

'Trop sec'. La chasse est ouverte depuis près de deux heures et les   1
chasseurs de Monêtier-les-Bains ne sont guère satisfaits. 'Les chiens
n'arrivent pas à prendre une piste. C'est trop sec. Regardez vos chaussures, elles ne sont pas mouillées. Ce matin, il n'y a même pas eu de
rosée.' Paul, Daniel, Régis et Pierre sont quatre des 160 chasseurs que   5
compte cette commune de la vallée de la Guisane. Dimanche matin, à
quelques unités près, ce sont 160 fusils qui se sont retrouvés sur le terrain.

Il y avait les chanceux, ceux qui ont été tirés au sort pour le premier
tour du plan de chasse au chamois. Et les autres, tout aussi amateurs   10
de gros gibiers mais qui devront encore attendre quelques jours ou
quelques semaines pour traquer l'éterlou ou l'adulte. Mais pour ces
chasseurs-là, pas question de grasse matinée le jour de l'ouverture.
Partis dans l'espoir de ramener un lièvre ou simplement 'pour sortir
les chiens', ils se sont levés bien avant l'aube.   15

En prenant le café, Paul expliquait à Régis les chasses d'antan.
Pierre acquiesçait de la tête. 'Il fallait voir l'ambiance. Le samedi soir,
c'était l'effervescence. On se retrouvait tous ici. On y allait en bande.
Maintenant, ce n'est plus pareil. Mais les chiens sont contents. Avant,
ils ne chassaient jamais à l'ouverture. Le premier jour, tous les fusils   20
étaient braqués sur le chamois et aujourd'hui, plan de chasse oblige,
les chasseurs redécouvrent d'autres gibiers.

Les trois braques d'Auvergne de Paul sont impatients. Le plus
ancien a deviné que le grand jour approchait quand son maître a préparé ses armes. Pour être de la fête, il a dormi une partie de la nuit   25
près de la voiture. Le brave chien ne lève plus guère et les années
pèsent sur ses os. Paul a dû l'aider pour monter dans le 4x4. Mais
qu'importe, il sera toujours de la partie. Celle-ci va commencer dans

la plaine du Casset, entre le chemin communal et la nationale, Régis y
30 a vu un lièvre voilà quelques jours. Paul ira d'un côté, Régis et Pierre
fermeront la tenaille en sens inverse.

Il est 6h40, l'ouverture sera officielle dans vingt minutes. Les deux
mains posées sur son volant, Paul attend. Une perdrix cacabe. Les
chiens l'ont entendue… et marquent l'arrêt, assis dans la voiture. Le
35 clocher du Casset s'est mis du côté des chasseurs et il sonne sept
heures avec dix minutes d'avance. La chasse va bientôt commencer et
chaque fourré sera inspecté par les chiens. Mais leur travail est dur,
très dur. Dans la terre aride, ils ont beaucoup de mal à repérer les
traces. La battue au lièvre sera infructueuse. Enfin, pas pour tout le
40 monde. L'animal a senti les chasseurs et a couru pour remonter les
torrents. Où un autre fusil le guettait…

Pendant deux heures encore, le groupe va fouiller la montagne,
grimper sur des pentes où seul le chamois va plus vite qu'eux. Sans
succès. Les chasseurs verront pourtant deux 'faisans du Sénégal' –
45 c'est ainsi qu'ils surnomment, avec ironie, les corbeaux. De retour
devant leurs voitures, ils choisiront d'aller 'faire un tour aux perdrix'.
Régis, l'observateur, les a repérées cet été. Elles hantent la plaine. Les
gallinacées seront au rendez-vous. Repérées par Daniel, elles s'envolent effarouchées. Paul a juste le temps de tirer dans le nuage
50 d'oiseaux qui décollent. Un perdreau gris retombera sur le sol. La
chasse vient d'ouvrir.

Xavier Davin dans *Le Dauphiné Libéré*,
10 mars 1991

2 Monêtier-les-Bains: village du département des Hautes-Alpes. 6–7 à quelques
unités près: *give or take a couple*. 10 plan de chasse: plan limitant le nombre de
personnes qui peuvent se réunir pour chasser certains types de gibier. 12 éterlou:
jeune chamois d'un an. 23 braques: *pointers*. 26 ne lève plus: ne lève plus de
gibier. 27 4x4: quatre-quatre (*four-wheel drive*). 29 nationale: route nationale.
33 cacabe: crie. 34 marquent l'arrêt: s'immobilisent. 48 gallinacées: oiseaux omni-
vores (ici les perdrix).

Saint-Coulitz, 354 habitants, est un village improbable long de sept   1
kilomètres, dans une boucle de l'Aulne, à trois kilomètres de
Châteaulin. Quand on arrive au bourg, il n'y a pas de bourg. Rien
qu'une petite église entourée d'un cimetière, quelques maisons aux
volets clos, une ancienne école devenue mairie. Dix habitants seule-   5
ment. Le reste de la population s'éparpille dans la campagne aux
lieux-dits: Kerviliou, Pennarrest, Troboa, Penallearguen, Kertanguy,
Gouermarc'h. Il n'y a ni bistrot, ni épicerie, ni pompe à essence, ni
cinéma, ni école, ni terrain de sport. Comment diable Kofi Yamgnane
– tout le monde l'appelle Kofi – a-t-il atterri ici?   10

Il est né au Togo, à Bassar, un village de brousse, à 400 kilomètres
de Lomé. Il n'est pas le fils d'un chef mais d'un petit paysan planteur
de cacao. Il n'y avait pas d'école dans son village. Il dit: 'Le plus
extraordinaire dans mon parcours, c'est pourquoi je suis allé à l'école.
Le reste est banal.' Il jouait dans les terrains vagues. Il voyait des gen-   15
darmes blancs circuler en Jeep de temps à autre, et puis, chaque
semaine, le père Dauphin, missionnaire, passer à vélo avec sa soutane
blanche, sa longue barbe et son casque colonial. Un jour il s'arrête, le
remarque, va voir le père de Kofi au marché et lui demande s'il
accepte que son fils quitte le village pour aller à l'école. Amane, le   20
père, dit: 'Moi, j'ai trimé toute ma vie pour n'aboutir à rien. Si vous
pouvez lui faire faire comme les Blancs qui ont réussi, je suis
d'accord.' Kofi part. Il réussit à l'école primaire, puis le bac au collège Saint-Joseph de Lomé en 1964. Il est admis en maths sup au
lycée Kerichen de Brest. C'est à cette époque qu'il rencontre Anne-   25
Marie, qu'il épousera en 1969 après avoir fait l'Ecole des Mines de
Nancy. Il dit: 'Le fait d'avoir épousé une Bretonne m'ouvre les portes
de l'intégration. C'est Anne-Marie qui m'a donné mon ancrage
social.'

C'est son premier ancrage. Il se tisse autour de lui un formidable   30
réseau de parents et d'amis. Son diplôme d'ingénieur va favoriser son
ancrage professionnel. Il est nommé à la direction départementale de
l'Equipement à Quimper. Sa femme est nommée professeur de maths
à Châteaulin. Ils achètent un terrain et construisent une maison à
Saint-Coulitz. A partir de ce moment-là, il dit qu'il est devenu M.   35

Tout-le-Monde. Il a une maison, il est marié, il a deux enfants. Il a du travail et des références. Evidemment, ce n'est pas le crachin breton qui va lui changer la couleur de la peau. Mais ça ne fait rien. C'est un haut gaillard, souriant, toujours disponible, intelligent, efficace, accueillant. Il n'y a pas une seule famille, pas une, de Saint-Coulitz qui n'ait eu besoin de ses services, au moins une fois, pour débrouiller des dossiers, intervenir auprès des administrations, écrire des lettres délicates et même tailler des haies. Un jour qu'il rentre de Quimper, en 1983, deux paysans l'attendent: 'Kofi, il faut que tu te présentes aux élections.' Kofi lève les bras au ciel: 'Oh! la la! Comment voulez-vous qu'un étranger soit élu ici?' Ici, même si on est originaire de Châteaulin on passe pour étranger, alors quand on vient du fin fond du Togo... Pour la première fois, il y a deux listes. C'est lui, sur la liste de gauche, qui recueille le plus de voix. Il se souvient que ce jour-là, il a vraiment pleuré, devant tout le monde. 'J'ai compris que le village m'avait adopté.' Aux élections municipales de 1989, c'est encore lui qui recueille le plus de voix et, pour la première fois depuis soixante-dix ans, la gauche remporte la mairie. Il est élu maire.

Premier objectif: Kofi et ses amis veulent créer la convivialité dans le village. Jamais il n'y a eu autant de fêtes, le Pardon de Saint-Coulitz, le 14 Juillet, un inter-villages... Avant, c'était en sommeil; cette année toute la commune est venue. Autre chose: à Saint-Coulitz, il y a 83 vieux de 65 à 82 ans. Quand Kofi regarde les anciens d'ici, valides, dynamiques, intelligents, il se dit qu'il a besoin de leurs conseils. Pour lui qui vient d'Afrique, ça va de soi. Au Togo, dans les villages, les vieux sont vénérés. Parce que ce sont eux qui ont la connaissance. C'est un pays de tradition orale. Les vieux sont la mémoire vivante du village. Un écrivain ivoirien a écrit: 'Lorsqu'un vieux meurt en Afrique, c'est une bibliothèque qui brûle.'

Un jour, Kofi est allé au club des anciens. Il a expliqué ce qu'il attendait d'eux: il veut créer un conseil des sages. Ils se sont écriés: 'Ce n'est pas possible! Toi, tu sais plein de choses, tu es intelligent. Qu'est-ce que tu veux que, nous, on t'apprenne?' Kofi a répondu: 'Il y a des choses que vous savez, pas moi. Faites des élections!' Ils ont discuté entre eux, fait du porte-à-porte pour avertir tout le monde. Aujourd'hui ils sont neuf, cinq femmes et quatre hommes. Ils se réunissent régulièrement. Ils sont élus pour six ans, comme le maire. Ils ont un rôle simplement consultatif, mais ils ont droit de parole et de regard sur tout. Un ancien maire a estimé d'abord que c'était un gad-

get, ensuite que c'était un comité de soutien à la municipalité de 75
gauche, enfin que ce conseil des sages aurait bientôt plus d'importance que les élus de l'opposition. Mais jusqu'ici il n'y a eu aucun dif-
férend avec le conseil municipal. 'C'est une bonne chose, dit Laurent
Nicholas, 82 ans, le doyen. On est mis au courant de ce qui se passe
dans la commune. Avant, on était dans le cirage. On ne nous 80
demandait jamais rien. Evidemment, on a été étonnés d'entendre parler de nous comme des sages.'

Ce conseil des sages a valu à Kofi un prix de civisme, remis le 4
avril: 50 000 francs qu'il a tout de suite reversés à la commune. A un
moment où la France est secouée par les problèmes de l'immigration 85
et cherche dans le brouillard des modèles d'intégration, Kofi est
devenu un symbole. Dans son discours, lors de la remise du prix de
civisme, le 4 avril, il a parlé de tolérance, d'hospitalité, de convivialité, de solidarité, de respect des anciens, du temps de vivre. Toutes
valeurs africaines qu'il voudrait intégrer aux valeurs françaises. Il dit: 90
'Je suis intégrationniste en douceur. Tranquille. On ne va pas chez les
gens pour imposer ses vues. Il faut respecter celui qui vous accueille.
En revanche, il faut demander à l'immigré ce qu'il peut apporter.'

Yvon Le Vaillant dans *Le Nouvel Observateur*,
12–18 avril 1990

1 Saint-Coulitz: se prononce 'Saint-Couli'. 2 Aulne: rivière de Bretagne.
3 Châteaulin: petite ville à 45 km de Brest. 23 bac: baccalauréat (*high-school leaving certificate*). 24 Lomé: capitale du Togo; maths sup: mathématiques supérieures,
classe de préparation aux grandes écoles scientifiques de l'enseignement supérieur.
26 Ecole des Mines: prestigieux établissement de l'enseignement supérieur, for-
mant des ingénieurs. 33 Equipement: *public works*; Quimper: ancienne capitale du
comté de Cornouaille, chef-lieu du département du Finistère. 39 haut gaillard: *tall,
strapping fellow*. 42 dossiers: questions administratives. 54 convivialité: *sense of
togetherness*. 55 Pardon: fête populaire d'origine religieuse en Bretagne.
63 ivoirien: de la Côte d'Ivoire. 67 plein de choses (*colloquial*): beaucoup de
choses. 70 porte-à-porte: *door-to-door canvassing*. 74–5 gadget: *gimmick*. 80 on
était dans le cirage: *we were in the dark*.
Epilogue: M. Kofi Yamgnane a été nommé secrétaire d'Etat aux Affaires Sociales
et à l'Intégration dans le gouvernement formé par Mme Edith Cresson le 27 mai
1991.

1 'Je te dis pas la folie au Sénat, l'autre semaine. Ça craint, leur histoire
de référendum. Les mecs de l'opposition flippent comme des malades.
Bonjour, les discours! On s'éclate sur tous les bancs. Mais le
Président reste cool. Il assure, ce mec…' On peut aisément imaginer
5 le bulletin d'informations d'Antenne 2 ou de TF1 prononcé dans la
langue usuelle des lycéens. Où va le français?

Des lycéens qui ne connaissent plus l'orthographe, dit-on. Et qui,
lorsqu'ils seront ingénieurs, pilotes de ligne, énarques, ou gérants de
pressing, travailleront, golferont et danseront en franglais. Du *brain-*
10 *storming* au *smurf*, il n'y a qu'un pas…

Bref, la langue française serait bien malade: rongée par une carence
orthographique généralisée, défigurée par les liaisons intempestives
des radios ou des télé-parleurs (pour ne pas dire des *speakers*), enflée
de jargons multiples (y compris celui des professeurs de français),
15 dénaturée par l'afflux du vocabulaire anglo-américain, maltraitée par
les jeunes, qui lui préfèrent le verlan, plus ou moins méprisée de tous
ses utilisateurs, sauf de l'Académie et de quelques correcteurs spécialisés dans le *rewriting*.

Ce diagnostic alarmant, périodiquement porté dans les salons
20 comme dans la presse, a pour lui les apparences. Mais peut-être seulement les apparences.

Oui, l'orthographe est malmenée, et le temps n'est plus où il fallait
faire moins de cinq fautes dans la dictée pour obtenir le certificat
d'études. A ce compte, on a maintenant le bac, voire la licence. Mais
25 pourtant, depuis l'époque du certificat, le nombre des illettrés n'a
cessé de diminuer. La maîtrise collective de notre difficile système
orthographique est sans aucun doute meilleure qu'il y a cinquante,
trente ou vingt ans.

Oui, le français emprunte sans compter à l'anglais. Le lexique de
30 base des sports les plus populaires (le football, le tennis) est anglais,
comme celui des techniciens de l'aviation, du pétrole, de l'informatique, du *show-business*…

'Parlez-vous franglais?' demandait déjà Etiemble, en 1964?
Larousse et Robert ont publié récemment, presque en même temps,
35 chacun, un dictionnaire des anglicismes: c'est un signe. Toutefois, on

a pu calculer que 2,5% seulement des mots nouveaux qui entrent dans notre langue en l'espace de dix ans sont d'origine anglo-américaine, et 5% d'origines étrangères diverses. Le reste provient des ressources propres au français.

Notre langue a du reste un remarquable pouvoir d'adaptation: qui devinerait, sans un dictionnaire étymologique, que *wagon, station, rail* et *tunnel* sont des mots anglais? Ou bien les mots d'emprunt sont techniquement nécessaires: quelques-uns sont traduits, naturellement ou laborieusement; beaucoup se francisent rapidement dans la prononciation, sinon dans l'orthographe. Ou bien, arrivés avec la mode, les emprunts disparaissent avec elle. Ou bien, encore, ce qui est en question, comme avec les horribles *fast food*, ce n'est pas tant le mot que la chose…

Henri Mitterand dans *l'Express*,
24 août 1984

1 je te dis pas…: vous ne pouvez pas imaginer; ça craint: cela peut avoir des conséquences fâcheuses. 2 flippent: ont peur. 3 on s'éclate: on se marre. 4 il assure: il est à la hauteur. 5 Antenne 2, TF1: chaînes de télévision françaises. 8 énarques: anciens élèves de l'Ecole Nationale d'Administration (ENA), établissement prestigieux qui forme les futurs hauts fonctionnaires. 9 golferont: joueront au golf. 10 smurf: danse d'origine américaine, caractérisée par des mouvements saccadés et des acrobaties au sol. 16 verlan: argot où l'on prononce les mots à l'envers – d'où verlan (*back slang*). 17 l'Académie: l'Académie française (fondée en 1634 et chargée de la rédaction d'un dictionnaire et d'une grammaire de la langue française). 20 a pour lui les apparences: *has appearances on its side*. 23–4 certificat d'études: certificat d'études primaires (*primary-school leaving certificate*). 24 bac: baccalauréat (*high-school leaving certificate*). 33 Etiemble: écrivain et universitaire, auteur d'un livre sur le franglais paru en 1964. 34 Larousse, Robert: maisons d'édition spécialisées dans les dictionnaires. 47 *fast food*: *fast-food restaurants*.

[38]

Les Européens consomment cinq ou six fois plus de produits audiovisuels fabriqués aux Etats-Unis que de produits fabriqués en Europe même, et il arrive que certains soirs, en France, la télévision offre, à la même heure, cinq spectacles d'origine américaine. On argue du bas

5　prix des produits américains. L'explication ne suffit pas. Les publics
des nations européennes souhaitent une TV nationale, mais ils
préfèrent les fictions américaines aux fictions provenant d'autres pays
européens. Telle est la triste vérité. Pourquoi l'identification est-elle
plus facile dans le premier cas que dans le second? Pourquoi se sent-
10　on plus proche des programmes américains que des programmes allemands ou italiens si l'on est français – et de même si l'on est allemand, italien?

Tout d'abord ces fictions américaines disposent d'un budget
copieux et, techniquement, elles sont souvent bien faites. Tapageuses,
15　brutales tant qu'on voudra, elles n'ont pas ce côté pauvre de la plupart
des fictions françaises, qui sentent l'imitation et le bricolage.

D'autre part, elles sont produites à l'intention d'un public
hétérogène, puisque les Etats-Unis sont un *melting pot*; elles convien-
nent donc mieux à une Europe, elle-même hétérogène: chaque public
20　national peut s'y retrouver plus facilement que dans les productions
de leurs voisins européens dont les cultures portent une marque
nationale bien plus forte.

Enfin elles bénéficient d'un prestige ancien: celui de Hollywood,
des westerns et de toute une culture qui a été, qui est encore, l' 'Autre'
25　de la vieille Europe. Toujours l'Amérique attire et surprend, mais non
pas comme une terre étrangère. Le public y a déjà logé une partie de
ses rêves. Il y a ses héros et ses démons; le paysage et la société des
Etats-Unis relèvent pour lui d'une sorte de folklore à la fois exotique
et familier, du Far West à Dallas.

> Jean-Marie Domenach: *Europe: le défi culturel,*
> (Editions La Découverte, 1990)

17 d'autre part: par ailleurs.

[39]

TÉLÉGRAMME

oui
je serai au rendez-vous
mais ne t'étonne pas
si je reste fermé comme une huître   5
si je demeure muet comme un peuple aphasique
je viendrai
mais il faut que tu saches
il y a longtemps que j'ai perdu l'usage de la parole
car ici on ne parle plus, on grogne   10
on ne se regarde même plus, on s'épie
ou on se fusille du regard
on ne s'aime plus
on se hait…
alors ne t'étonne pas ami   15
si je reste là devant toi
planté comme une plume rouillée oubliée sur un pupitre
tu me parleras peut-être de notre enfance
de ces mots que j'aimais tant
comme des fruits hors-saison   20
de ces oiseaux en liberté
qui nous amenaient la neige ou le soleil
de ces terres immenses qui prolongeaient nos corps
de ce grand air où nous voguions plein les poumons
mais tout ça   25
est bien loin
déjà
et si je te regarde avec de grands yeux délavés
comme on regarde un inconnu
je sais que tu me comprendras   30
ami

Hamid Tibouchi: *Poésie* (inédit), cité dans
Jean Déjeux: *Jeunes poètes algériens*
(Editions St Germain-des-Prés, 1981)

Hamid Tibouchi, né à Sidi Aïch en Kabylie (Algérie) en 1951.

1   Momo était un grand vieillard de quatre-vingt-sept ans dans un état
    général déplorable: insuffisance cardiaque majeure, artérite très
    importante des membres inférieurs avec amputation d'un orteil, mais
    étrangement lucide. Sa cataracte bilatérale lui interdisait lecture et
5   télévision, une arthrose le faisait atrocement souffrir. Il vivait seul.

    Quand je me suis installée et que je l'ai pris en main, tout de suite
    une puissante relation médecin-malade s'est installée. Cet homme très
    cultivé écoutait les informations, parlait de tout. Malgré son état, j'ai
    tenté un coup de poker. Je l'ai fait opérer de sa double cataracte: ou il
10 s'en sort et c'est tant mieux, ou il y reste et c'est tant mieux aussi, car
    las de cette fin de vie morose, il me demandait à chaque fois la piqûre
    salvatrice. Bref, l'intervention a réussi et Momo a pu à nouveau lire
    avec une loupe, et regarder la télé faute d'autres relations familiales.

    Et puis, Momo a présenté des coliques hépatiques. Sa vésicule
15 énorme contenait de gros calculs.

    Pendant six mois, ces 'cailloux', comme il disait, l'ont plus que
    chatouillé et il a présenté deux cholécystites. L'intervention était donc
    nécessaire. Mais cardiologue, chirurgien et anesthésiste n'ont pas
    voulu y toucher, le risque majeur étant qu'il ne supporte pas
20 l'anesthésie. Ce qui était sûr.

    A force, le Spasfon ne le soulageait plus. J'allais le voir tous les
    jours. Il en avait besoin pour survivre. Il déclinait à vue d'œil
    physiquement mais restait toujours très lucide. Il me pleurait l'injec-
    tion salvatrice. Son moral était au plus bas. Très ferme, je le faisais
25 marcher. Je lui disais que s'il se couchait, il ne se relèverait plus, etc.
    Et puis…

    Vendredi 17 février, je suis allée voir Momo comme tous les jours.
    Il n'était pas mal. Sa tension artérielle était bonne. Le cœur allait bien.
    La bronchite s'asséchait. Je l'ai averti que je reviendrai le voir lundi
30 20.

    Donc, lundi à 9 heures, je pars faire quelques courses chez T. où je
    croise Mme T. mère qui m'avertit que le pépé ne va pas. Et elle me
    dit:

    – Je ne suis pas docteur, mais dans huit jours, et encore…
35 Merde. Je ne peux pas le laisser un seul jour. Je vais chercher le

courrier, je prends la trousse et je monte voir Momo. Mme B., longtemps aide-soignante, m'a suivie pour 'se rendre compte'. Impressionnant Momo dans son fauteuil. Il est jaune. Mme B. me fait non avec la tête. Il baragouine. Sa tension artérielle a rechuté à 11. 'Mourir', c'est le seul mot qu'on comprend. Il me presse la cuisse de plus en plus fort. C'est la fin. Je le sais. Je lui parle doucement: 40

– Et alors Momo, qu'est-ce qui se passe?

– Mourir.

Ses yeux jaunissent. Pas question de le réhospitaliser. Je le lui réaffirme. On lui propose de se recoucher et il accepte. Il sait ce que ça veut dire. Je le lui ai exprimé clairement et fermement la semaine dernière. Il sait. Et il accepte. On le traîne plus qu'il ne marche, une dernière fois, jusqu'à son lit. 45

Alors, je n'hésite plus.

Corinne, la jeune fille que j'ai trouvée pour le garder, me dit: 50

– Faites-lui quelque chose.

Elle pleure. Momo est très attachant. Mme B. est très pessimiste et m'affirme aussi qu'il faut faire quelque chose. Alors, je n'hésite vraiment plus.

Je vais l'aider. Je vais lui prouver que je l'aime. 55

Je m'enferme seule avec lui dans sa chambre. Je m'assieds au bord de son lit face contre face. Il a ses lunettes, il sait que c'est moi et il sait ce que je vais lui dire:

– Momo, la piqûre, vous la voulez aujourd'hui?

– Il y a longtemps que je vous la demande. 60

– Oui, mais vous savez bien que c'était un jeu macabre que nous jouions avant, mais aujourd'hui, c'est sérieux, c'est grave.

– Oui, je veux.

– Momo, est-ce que vous savez que je vous aime très fort?

– Vous aussi, je vous aime, vous êtes une copine. 65

– Pour moi, vous êtes plus qu'un copain. Embrassez-moi.

– Ma figure est toute mouillée [de larmes].

– Ça ne fait rien.

Nous nous sommes étreints. Il m'a embrassée et je le lui ai rendu. Je l'ai serré dans mes bras. 70

– Momo, le geste que je vais faire, je veux que vous sachiez que c'est un geste d'amour. Le voulez-vous vraiment, c'est vous qui décidez.

– Oui, oui, oui, je le veux.

75   – Sachez bien, alors, que c'est par amour pour vous.

– Oui… Je vais vous signer une décharge.

– Non, Momo, ce n'est pas la peine!

Une dernière pression des bras, intense…

… Je fais rentrer Mme B. et Corinne pour qu'elles m'aident. On
80 prépare seringues, aiguilles, garrot, etc. Quand je m'approche de lui,
que je pose le garrot, un regard d'effroi ('Je sais que j'aurai peur une
dernière fois', a chanté Jacques Brel.)

– Qu'est-ce que vous faites?

– La piqûre, Momo, ai-je dit doucement. Si vous ne voulez pas, on
85 arrête.

– Si, je le veux.

Alors, on l'a faite. Il était 11 heures du matin. Après un coma
instantané et une rapide décérébration, Momo s'est éteint le mardi 21
février à 2 heures du matin.

> Témoignage d'une femme médecin en milieu
> rural dans *La Mort à Vivre*, enquête dirigée
> par Claudine Baschet et Jacques Bataille
> (*Autrement Revue*, 1987)

1 Momo: diminutif de Maurice. 2 artérite: inflammation d'une artère. 5 arthrose:
affection dégénérative des articulations. 9 coup de poker: tentative risquée.
11–12 piqûre salvatrice: piqûre qui le délivrerait de ses souffrances (salvatrice: qui
sauve). 14 coliques hépatiques: douleurs des voies biliaires. 17 cholécystites:
inflammation de la vésicule. 21 à force: finalement; Spasfon: marque de médicament. 23 il me pleurait: il m'implorait en larmes. 24 moral: *morale*. 28 tension
artérielle: *blood pressure*. 34 et encore: *if that*. 37 aide-soignante: *nursing
auxiliary*. 76 je vais vous signer une décharge: je vais signer un papier pour vous
décharger de toute responsabilité. 82 Jacques Brel: chanteur belge (1929–78).
88 décérébration: cessation des fonctions cérébrales.

[41]

1 'L'annexe de l'enfer!' L'emportement très méditerranéen d'un
Cannois du quartier de la Croix-des-Gardes n'aurait pu arracher un
sourire – même désabusé – à un pompier du Var ou d'ailleurs. Voilà
des semaines qu'ils s'arc-boutent sur leurs lances. Plus de deux mille

hommes se sont efforcés d'enrayer la progression du feu dans les   5
Maures... Bilan: au moins 20 000 hectares ravagés dans le massif.
Des camarades morts. Sans oublier les autres grièvement blessés, en
Corse, en Ardèche ou dans l'arrière-pays niçois.

Mais voilà, l'incendie n'est plus l'apanage de ces forêts qui abritent
quelques bûcherons, autant d'éleveurs, quelques vacanciers et de   10
vieux loups solitaires ou presque. Les flammes viennent lécher les
murs des cités, détruire un réseau téléphonique ou couper une
autoroute. La guerre de tranchées devient guérilla urbaine.

Dès le premier jour de l'été, exactement le 21 juin, le combat s'était
engagé pour les soldats du feu. Après les incendies de Bormes-les-   15
Mimosas, de la Londe, de Collobrières le mois dernier, voici que cette
semaine, c'était au tour de Cavalaire, de Flayosc, de Montauroux,
proche du massif du Tanneron, de Sainte-Maxime et du Cap Corse.
Plus de 3 000 hectares détruits dans l'île de beauté, qui a déjà enre-
gistré la mort d'un pilote de tracker. A Sainte-Maxime, la montagne a   20
rejoint la mer dans le même embrasement. Canadair, Fokker, hélicop-
tères bombardiers d'eau, pompiers, volontaires, se sont révélés incapables d'empêcher 12 000 hectares supplémentaires d'être calcinés.
Les bilans provisoires témoignent déjà de l'ampleur de la catastrophe.
La forêt méditerranéenne s'époumonera longtemps avant de retrouver   25
son maquis d'antan. Protégés par leur écorce – si elle n'a pas été
prélevée – les chênes-lièges reverdiront les premiers, les pins devront
attendre beaucoup, beaucoup plus longtemps. Il faudra trente ans pour
que la forêt retrouve l'aspect qu'elle offrait voilà trois mois.

A qui la faute? Aux pyromanes rarement pincés? A l'organisation   30
des pompiers? Aux broussailles négligées? A l'excès d'urbanisation?
Ou au contraire, à l'abandon des forêts? L'âcre odeur de cendres lais-
sera longtemps un goût amer à ceux qui n'avaient le plus souvent que
leur courage pour protéger leur maison. En attendant du renfort.

Les citadins ont compris l'envers du décor: les incendies ne   35
rougeoient plus seulement sur les collines. Cet été, sur la Côte d'Azur,
une affichette fleurissait sur les murs: elle présentait un Canadair et un
sécateur, en affirmant: 'Le plus efficace des deux n'est pas celui
qu'on croit.'

Charles Gautier dans *Le Figaro Magazine*,
29 septembre 1990

2 Cannois: habitant de Cannes. 3 Var: département du sud-est méditerranéen.
6 les Maures: hauteurs boisées du Var. 8 Ardèche: département du sud-est, sur la
rive droite du Rhône; niçois: de Nice. 9 apanage: privilège. 11 loups solitaires:
ermites. 13 guerre de tranchées: on creuse des tranchées pour enrayer l'avance du
feu. 15 soldats du feu: pompiers. 19 l'île de beauté: la Corse. 21 embrasement: con-
flagration. 20, 21 tracker, Canadair, Fokker: appareils utilisés pour combattre les
feux de forêt. 30 pincés: *nabbed*.

[42]

1 Alger. Saïd Barki est un homme heureux. Ce soir, lorsqu'il appuiera
sur le bouton rouge de son poste de télé, il pourra enfin échapper au
feuilleton égyptien de la télévision algérienne et choisir entre TF1,
Antenne 2, et la Cinq. Les pieds posés sur une poutre, la tête et les
5 épaules émergeant d'un trou ouvert au milieu des tuiles, il regarde le
technicien qui installe sur le toit l'antenne parabolique destinée à
recevoir les émissions de Télécom 1. Ensuite il ne restera plus qu'à
brancher le convertisseur, et relier au poste de télé les trois démodula-
teurs pour que les douze membres de la famille Barki rejoignent les
10 rangs du plus grand parti d'Algérie, le parti des 'paradiaboliques',
comme disent les islamistes.

    'L'installation me revient à 70 000 dinars, dit Saïd Barki, mais c'est
un bon achat. J'ai dix enfants, de 8 ans à 34 ans, et je veux que ma
famille sache ce qui se passe dans le monde. Avant d'ouvrir mon ate-
15 lier de serrurerie à Alger, j'ai vécu dix-huit ans en France, où j'étais
monteur en charpentes métalliques. Ce n'est pas à moi que les barbus
vont faire avaler leur propagande. Je sais parfaitement que ce n'est
pas avec des prières qu'on va moderniser l'Algérie. Ils me font penser
à ces chrétiens qui avaient condamné Galilée parce qu'il disait que la
20 Terre était ronde.

    'La folie des paraboles a commencé en 1986, lorsque l'influence
des intégristes a envahi notre vie quotidienne,' raconte Hassan, qui
refuse de livrer son véritable nom et qui a déjà installé plusieurs
réseaux de vidéo-distribution sauvage à Alger et dans la banlieue.
25 'Entre la nullité de la télé d'Etat et le terrorisme moral des barbus, les
gens étouffaient. Ils avaient besoin de voir et d'entendre autre chose.

Ils se sont tournés vers les télés françaises comme on ouvre une fenêtre.'

Aujourd'hui, selon un technicien, plus de 3 millions d'Algériens – un sur huit – regardent chaque soir les chaînes de télé françaises. Pris de vitesse par le phénomène, le gouvernement n'a pas eu le temps de réglementer l'invasion. Il se contente de limiter le diamètre des antennes à 3 mètres et de prélever une taxe de 350% sur le prix du matériel importé, la plupart du temps de fabrication française. 'Une bonne installation, avec une parabole française capable de recevoir trois chaînes et de desservir quelques dizaines de foyers, coûte au moins 300 000 dinars, explique Hassan. Les gens se réunissent en comités de quartier de 150 ou 200 personnes et chacun verse 4 000 ou 5 000 dinars pour financer l'achat de la parabole et le câblage des immeubles. Mais on trouve aussi sur le marché des paraboles familiales fabriquées ici, à base de fibre de verre et de papier d'aluminium. Ce sont les moins chères (moins de 50 000 dinars). Ce sont aussi les moins fiables. Mais c'est toujours mieux que la RTA. Je connais même des gens qui plantent des aiguilles dans les câbles de leurs voisins pour pirater les émissions du satellite.'

Extrait d'un dossier réalisé par Farid Aïchoun,
René Backmann Carole Barjon et Jean-Jacques
Chiquelin dans *Le Nouvel Observateur*,
31 mai–6 juin 1990

3,4 TF1, Antenne 2, la Cinq: chaînes de télévision françaises. 6 antenne parabolique: *satellite dish*. 7 Télécom 1: système de télécommunications par satellite qui transmet les programmes de la télévision française à l'étranger. 11 islamistes: *Islamic fundamentalists*. 12 l'installation me revient: l'installation me coûte. 16 les barbus: les islamistes. 21 paraboles: *satellite dishes*. 24 sauvage: *unauthorized*. 39 câblage: *cabling*. 41 papier d'aluminium: *aluminium foil*. 43 RTA: Radio-Télévision algérienne.

[43]

Cet incident aurait dû m'avertir du danger que courait Sam. J'avais remarqué pourtant à mesure que nous progressions le nombre impressionnant de chiens efflanqués qui rasaient les murs des rues vides. J'ai

bien rappelé vingt fois Sam, aimanté par le cul de l'un ou l'autre de
ces vagabonds et qui faisait mine de me fausser compagnie. La vingt
et unième fois – nous arrivions place Saint-Michel – il a disparu sur
les quais et je ne l'ai pas revu depuis. Je l'ai cherché toute la journée,
hagard, épuisé, devenu aphone à force de l'appeler. Je suis descendu
sur les berges de la Seine, j'ai remonté le quai d'Orsay, revenant
inlassablement sur mes pas, espérant le retrouver chaque fois que
j'apercevais une meute lointaine, cherchant sa pitance comme dans les
forêts de la préhistoire. Le soir, je me suis retrouvé place du
Trocadéro, je ne sais trop pourquoi. Je mourais de faim, et comme une
pâtisserie sans rideau de fer se trouvait là, j'ai fait exploser la vitrine
avec un pavé. Les pains étaient durs comme des massues de bois et
les gâteaux à la crème sentaient le fromage à pleines narines. Du
moins les biscuits étaient-ils intacts et en abondance, et j'ai trouvé
également dans une armoire deux bouteilles de sirop d'orgeat. J'ai
bâfré sur place jusqu'à l'écœurement. Puis j'ai fait provision de cakes
pas trop rassis et d'une bouteille de sirop, et je suis ressorti.

La nuit tombait. Je titubais de fatigue. Le vélo à la main, je me suis
avancé sur l'esplanade du palais de Chaillot, d'abord entre les deux
masses monumentales du théâtre et du musée bordées par une double
ligne de gracieuses statues dorées, puis jusqu'au garde-fou qui fait
face au Champ-de-Mars. Le pont d'Iéna, la Seine, l'Ecole militaire, la
tour Eiffel... Paris était là, vide, irréel, fantastique dans les lueurs du
couchant. N'étais-je pas le dernier témoin de l'énorme cité vidée de
ses habitants parce que vouée à un anéantissement imminent? Quel
allait être le signal de la destruction générale? La bulle dorée du dôme
des Invalides allait-elle éclater, ou bien serait-ce le formidable pénis
Eiffel arc-bouté vers le ciel sur ses quatre courtes cuisses qui soudain
débandé s'inclinerait mollement vers la Seine? Ma fatigue et mon
chagrin un moment dominés par ces songes apocalyptiques me
retombaient sur les épaules, cependant que l'obscurité phosphores-
cente de la nuit de juin grandissait. Dormir. Dans un lit. Monter dans
le premier immeuble ouvert, enfoncer la porte d'un appartement,
m'installer.

Michel Tournier: *Les Météores*
(Gallimard, 1975)

3 efflanqués: *emaciated*. 11 meute: *pack*; pitance: nourriture. 14 rideau de fer: *metal shutter*. 18 sirop d'orgeat: *barley water*. 19 jusqu'à l'écœurement: *till I felt sick*. 32 débandé: n'étant plus en érection.

[44]

Nous savons que l'écologie, dans le sens où ce mot est employé sou- 1
vent par nos contemporains, semble posséder un pouvoir magique. En
elle-même, l'écologie manifeste le souci tout à fait louable de restaurer le respect des hommes à l'égard d'une nature que le progrès technique des derniers siècles a gravement brutalisée et menace peut-être 5
de mort pure et simple. Au respect de la nature, l'écologie ajoute – et
cela aussi est tout à son honneur – le respect de l'héritage culturel
humain, des monuments, des jardins, des fontaines, des vieilles villes
et des vieux villages. En annexe, aussi, le souci diététique, la 'qualité
de la vie', la croisade contre la bureaucratie et les erreurs de la tech- 10
nique, la société de consommation. Programme, en apparence, limpi-
de, qu'on ne discutera pas, du moins je l'espère, en notant que s'il
incline aujourd'hui vers la gauche, il nous a été légué par la droite
réactionnaire des générations précédentes, amoureuse des temps
anciens, de la vie rurale, de la nourriture saine et simple, des saintes 15
traditions.

Mais, dans cette belle clarté, se glissent, il faut bien le dire,
quelques ambiguïtés, obscurités et contradictions. C'est ainsi que les
écologistes de choc, qui criblent de leurs flèches le matérialisme
quantitatif de notre société technologique, son efficacité cynique, son 20
culte de l'argent et du rendement, mènent une campagne simultanée et
virulente contre le pétrole et contre l'atome, criminellement polluants
l'un comme l'autre. Mais comment se passer, en même temps, des
centrales nucléaires et du pétrole? On peut considérer comme incer-
tain l'espoir selon lequel, en se privant volontairement du pétrole et 25
de l'atome, notre société retournerait tout droit à l'agreste bonheur des
bergers de Virgile. Après tout, l'homme s'est passé longtemps du pétrole et des centrales nucléaires.

En fait, l'homme ancien n'avait peut-être pas plus que nous le

30 respect de la nature. Il avait seulement moins de moyens efficaces
pour lui porter atteinte ou pour la détruire. Une menace lointaine,
mais réelle, d'épuisement des ressources terrestres, était déjà inscrite
dans les premières métallurgies, du cuivre et du fer, et les chèvres des
bergers de Virgile collaboraient avec l'érosion pour faire de futurs
35 déserts.

Si l'on veut pousser jusqu'à sa limite le respect de la nature et de
l'environnement, la seule société qui ne soit pas une société de
rentabilité ou de gaspillage, c'est la société de cueillette, mais pour
que la société de cueillette soit de nouveau possible, il faudrait réduire
40 l'effectif de l'espèce humaine, qui atteindra six milliards en l'an
2 000, à quelques dizaines de millions. Nos écologistes les plus réso-
lus sont-ils prêts à en mettre en œuvre les moyens?

Thierry Maulnier dans *Le Figaro*,
2–3 avril 1977

10–11 technique: *technology*. 12 du moins: néanmoins. 19 écologistes de choc:
militant environmentalists. 20 quantitatif: qui n'accorde de valeur qu'à la quantité.
26 agreste: rustique. 32–3 était déjà inscrite dans: s'annonçait déjà avec. 39 société
de cueillette: *hunter-gatherer society*.

[45]

1 Les Ghigo, épiciers, sont à l'affût. L'autre jour, c'est un vieux monsieur qui emportait un saucisson dans sa poche: la ficelle dépassait. La
veille, c'était un fils de gendarme qui cachait sous cape un paquet de
cacahuètes… Les filles des familles modestes, les veuves encore
5 alertes, lorgnent les produits de beauté. Les hommes louchent sur les
alcools. 'Nous n'allons pas à chaque fois appeler la police, le panier à
salade, dit M. Ghigo, propriétaire d'un magasin d'alimentation au
quartier de Villeneuve à Fréjus. Quand nous les attrapons, nous leur
demandons de ne plus revenir, et c'est tout.'

10 Ainsi, depuis onze ans, M. et Mme Ghigo ont l'œil à l'étalage:
'Nous en avons pris sur le fait des centaines.' Et, pour compliquer
leur tâche, s'exposant au risque du métier, ils vendent des bonbons à

deux pas du collège. 'C'est malheureux, mais les parents donnent presque toujours raison aux enfants.' Au fil des années, devant leurs trous de caisse, ils ont donc, organisé la répression des chapardeurs. 'Nous confisquons les cartables ou les manteaux et les parents viennent les chercher.' 'Il n'y a pas de mal à ça tout de même?' ajoute Mme Ghigo, vaguement inquiète aujourd'hui sur la valeur de la sanction.

Le 10 novembre 1978, une adolescente, âgée de quatorze ans, tente de passer la caisse avec deux paquets de caramels à 7,25 F. Une 'bonne' cliente a averti les Ghigo du manège. L'épicier tempête, menace la fillette qui pleure. 'Le manteau? Le cartable?' ce n'est plus assez. Le commerçant hurle et gesticule. Son bon droit fait un bruit d'enfer. La clientèle est attroupée. Les écoliers tremblant dans la boutique, de menus objets retrouvent leur place sur les consoles. La jeune fille voudrait se cacher dans un trou de souris. Ses parents sont des Guadeloupéens connus dans le quartier. 'Le manteau? Le cartable?' M. Ghigo se creuse la cervelle. Quelque diable lui glisse à l'oreille: 'Non, non, les chaussures, cette fois.'

La fillette rentrera donc chez elle sans souliers. Il était 5 heures de l'après-midi. La Rose des sables où elle habitait est à 300 mètres. C'était la sortie des écoles. 'C'était affreux. Je pensais que tout le monde me regardait. Une vraie marche au supplice…' Jacqueline S… portait des chaussettes blanches qu'elle salissait à chaque pas. Elle était devenue folle d'humiliation.

Une heure plus tard: la chambre vide et le vent dans les rideaux. Jacqueline, sans un mot, s'était jetée par la fenêtre du quatrième étage après avoir longtemps caressé son chien.

'A l'époque, nous aurions dû aller voir les parents, leur expliquer, disent aujourd'hui M. et Mme Ghigo, mais vraiment, croyez-vous qu'elle ait voulu se suicider à cause de ça?'

'Maintenant que j'y pense, dit Jacqueline S… c'était fou pour une raison pareille, mais sur le moment j'ai tellement souffert que j'ai voulu mourir.'

Elle est paraplégique et vit dans un fauteuil roulant. Chez les Ghigo, on ne saisit plus que les manteaux et les cartables. Jacqueline a quitté la cité: un quatrième, c'est bien haut pour une handicapée.

Christian Colombani dans *Le Monde*,
2 février 1983

8 Fréjus: ville dans le Midi méditerranéen, près de Cannes. 11 sur le fait: *in the act*. 15 chapardeurs: *pilferers*. 26 consoles: *display units*. 48 cité: *municipal flats*; un quatrième: un quatrième étage.

[46]

1 Je suis monté dans le car Greyhound, et j'ai entendu le silence s'établir autour de moi. Comme je tâtonnais le bord des dossiers de fauteuil de l'allée centrale, entre les valises posées par terre qui auraient aussi bien fait trébucher un clairvoyant, des mains qui se
5 voulaient charitables me poussaient vers l'arrière; j'ai abouti au fond, du côté des toilettes.

Les passagers s'installaient pour le voyage aussi sérieusement que s'ils partaient en avion. J'entendais des recommandations, des couvertures dépliées, des thermos qui s'agitaient.
10 J'avais pris à l'institution l'habitude de me passer de guide. Les chemins, là-bas, étaient balisés, et je les connaissais par cœur. Tout le temps que j'ai voyagé, j'ai dû repousser ces mains charitables, ces bras qui vous prennent de force pour vous conduire à votre place, vous faire descendre. Entre Santa Barbara et le Mexique, j'ai subi un
15 ancien pasteur, une assistante sociale célibataire, et deux membres de l'Armée du Salut. Ils m'ont imposé leur odeur sure, leur pépiement stupide, leur aide inutile. Je ne vois pas pourquoi je serais contraint à la fréquentation des professionnels de la charité.

Dans le car, je n'étais pas trop désorienté. Mais dehors? L'absence
20 de Mrs Halloween me faisait sentir le besoin d'une présence qui me permette de me repérer instinctivement, face au mystère des signaux que les voyants échangent pour eux seuls. Une minorité de passagers, dans les voyages, gardent avec moi une manière d'agir naturelle: celle formée des très vieilles dames, et des garçons de mon âge. Les unes et
25 les autres sont moins tenaillés par la peur d'être aveugle, sans doute: ils acceptent la cécité comme une chose proche, ou trop lointaine. Je découvrais toute une population d'amoureux refoulés, d'éducateurs timides, de travailleurs sociaux courant les routes des Etats-Unis à la recherche de jeunes en péril. J'avais toutes les peines du monde à

m'en dépêtrer. Dès la première question, le pasteur en retraite s'est 30
étonné de ce que je pouvais voyager seul. Pour échapper à ses con-
doléances, je descendais à chaque arrêt du car faire quelques pas sur
le bord de l'autoroute chauffée par le soleil.

J'avais oublié que la musique bruissait partout, sans arrêt, en
Amérique. Disco sourdine du poste du car, annonces chantées des 35
haut-parleurs des supermarchés, voyageurs baladant encore d'autres
sources musicales autour de moi. Tant de refrains se mêlaient, accom-
pagnant ma fugue.

Pour me débarrasser du pasteur, j'ai entamé une conversation avec
un garçon nommé Allan. Le car était arrêté à une station-service, au 40
début de l'après-midi, pas loin de San Diego. J'avais étudié la région
sur la carte en relief de l'institution, où l'autoroute était un profond
sillon entre les points figurant les villes. Allan venait de la côte Est, il
avait été étudiant; depuis deux ans, il ne voulait plus que se consacrer
à sa seule passion: le surf. 45

Il courait de plage en plage avec seulement un sac à dos, qui contenait sa tente, et deux planches de surf attachées l'une contre l'autre,
deux précautions valent mieux qu'une, qu'il faisait arrimer sur les
toits des cars. Chaque année, il accomplissait le tour du continent, en
suivant la vague idéale, qui se produit par certaines conjonctions de 50
marée et de latitude. Sa parole était brève, rauque. Il buvait des Cocas
avec moi, quand le car faisait le plein.

Allan descendait à Tijuana, à la frontière. Moi, qui avais d'abord
décidé de continuer au Mexique, j'ai renoncé en sentant la presse de
gens dans l'autocar mexicain, à la gare routière. Allan m'a proposé de 55
venir dormir avec lui sur la plage dans sa tente. Il avait fumé une de
ces cigarettes de marijuana avec laquelle il empestait l'air autour de
moi, mais je l'ai suivi.

Il avait trois ans de plus que moi; par indifférence aux critères sexuels des voyants, parce qu'on m'avait habitué à considérer comme 60
normal l'échange de mon corps contre un service, parce qu'aussi faire
l'amour était mon meilleur moyen de toucher quelqu'un jusqu'à le
'voir', j'ai fait avec Allan ce que je faisais avec Enrico.

Nous n'en avons jamais parlé ensemble, et Allan aurait de bonne
foi juré que c'était faux, si on lui avait fait la remarque qu'il couchait 65
avec un autre garçon. Il avait la peau craquelée par le soleil, une cica-
trice à la jambe, la marque d'une planche qui l'avait heurté. Le mate-

las pneumatique sentait le caoutchouc, Allan avait les cheveux raidis
par le sel.

70 Lui n'avait aucun complexe avec un non-voyant. Il n'y avait de
place, dans ses préoccupations, que pour une certaine vague qui gon-
fle et qui pousse un corps accroché à un morceau de bois.

Guy Hocquenghem: *L'Amour en relief*
(Albin Michel, 1982)

25 tenaillés: tourmentés. 30 m'en dépêtrer: m'en débarrasser. 34 bruissait: murmu-
rait. 35 disco sourdine: musique disco en sourdine. 36 baladant: traînant. 38 fugue:
fuite.

[47]

1 Plus on recrute de gardiens de musée, moins on peut ouvrir de salles.
La Direction des Musées de France et le public ont mis longtemps à
comprendre pourquoi. On en sait aujourd'hui un peu plus sur ce mystère. C'est parce que les gardiens de musée sont de santé fragile. On
5 les entend se demander à tout bout de champ: 'Quand est-ce que tu
prends tes jours de maladie?', dit un conservateur-adjoint. Les gardiens de musée ont le privilège d'attraper des maladies comme on prend
des vacances à la carte.

Sous prétexte que les musées sont surtout fréquentés par des
10 étrangers porteurs de maladies aussi exotiques que dangereuses, les
gardiens avaient même demandé une prime de microbes qui leur a été
refusée. C'est surtout à partir de Pâques que leur état général se
dégrade. Ils ne supportent pas la belle saison. Les musées nationaux
sont alors obligés d'embaucher des vacataires, des TUC, des
15 objecteurs de conscience qui préfèrent défendre nos chefs-d'œuvre
que nos frontières. 'On essaie de motiver les gardiens, dit M.
Mauduit, un responsable du Louvre. On a changé leurs noms et on les
recrute sur concours. Les gardiens-chefs sont devenus des agents
chefs de surveillance et ils sont tous titulaires du BEPC, les simples
20 gardiens s'appellent maintenant des agents spécialisés de la surveillance et ils doivent avoir le niveau de la quatrième. Fini les passe-

droits et les recommandations politiques d'autrefois.' Mais rien n'y fait. Un gardien ne travaille en moyenne que six mois par an. C'est ce qui explique que les musées soient souvent fermés pendant les week-ends et les fêtes, précisément les jours où le public aurait le loisir de 25 les visiter. On a tout essayé. A leur salaire (5000 francs pour un gardien-chef et 4300 francs pour un gardien) on a ajouté des primes dominicales et des surprimes d'été. Mais c'est justement le dimanche et l'été qu'ils ont la rate qui se dilate et le foie qui ne va pas.

Le gardien de musée a une pathologie particulière qu'aucun spécia- 30 liste n'a encore vraiment étudiée. La maladie se déclare chez lui de façon foudroyante. Il téléphone un matin d'une voix mourante au chef du personnel pour l'avertir qu'il est à l'agonie. Cette maladie profes-sionnelle n'est jamais mortelle. Le patient réapparaît quelques jours après avec un visage reposé qui est le symptôme rassurant de la con- 35 valescence. Il n'existe aucun vaccin contre cette affection. Le service de maîtrise qui tente de gérer le fonctionnement du musée est obligé de faire avec. Il ne peut jamais savoir combien il aura de gardiens à sa disposition le lendemain, ni combien de salles il pourra ouvrir. Comme dit un responsable: 'Il faut compter avec le facteur humain et 40 les épidémies saisonnières.'

François Caviglioli dans *Le Nouvel Observateur*,
22 janvier 1988

5 à tout bout de champ: *at every turn*. 6 jours de maladie: congés de maladie. 14 vacataires: employés temporaires; des TUC: de jeunes stagiaires des TUC (Travaux d'utilité collective *i.e. youth employment scheme*). 19 BEPC: brevet d'études du premier cycle – examen que l'on passe à la fin de la quatrième année de l'enseignement secondaire. 22–3 mais rien n'y fait: *but to no avail*. 26 5000 francs etc.: salaire mensuel. 27–8 primes dominicales: primes de dimanche. 28 sur-primes: *additional bonuses*. 36–7 service de maîtrise: *supervisory staff*. 38 de faire avec: *to put up with it*.

[48]

Mouvement du figuier la nuit sous la lune. On dirait, par une nuit 1 aussi calme, qu'il suffit toutefois d'attendre pour qu'un souffle se lève à un moment donné, faible comme une respiration, froissant les

feuilles de la vigne et du figuier qui font un bruit à la fois doux et cas-
5 sant, rêche, comme du papier. Alors on voit le figuier tout noir bouger
lentement, sereinement, le monde semble en lui un instant contenu, à
cause de ce léger mouvement au milieu du grand silence. Car il y a un
inhabituel silence, pas un passage de voiture, pas un aboiement. Il
semble qu'on recommence à voir, un arbre de nouveau semble la
10 chose la plus incompréhensible.

* * *

Dans les étroites rues de Riez, au matin, entre les maisons hautes de
quatre étages, sombres et sales, je ne pouvais cesser de penser au
théâtre de Shakespeare. L'impression était beaucoup plus intense que
dans bien d'autres bourgs ou villages de Provence simplement char-
15 mants ou pittoresques, souvent trop ruinés, ou au contraire trop
arrangés. Là, quelque chose du vrai XVIᵉ siècle semblait encore
présent; c'était sévère, presque sinistre, chevaleresque aussi et d'un
élan extraordinaire dans la noblesse et la saleté, sous un éclairage vio-
lent. Je ne parle que de deux longues rues parallèles cachées derrière
20 les places et les ruelles passantes; rues à moitié inhabitées, avec
d'énormes failles, parfois tout un immeuble effondré laissant les
maisons contiguës penchées sur le vide (de fins pilastres encore visi-
bles sur la paroi restée debout). De très loin, cela évoquait, par l'intensité du sentiment, Naples plutôt que la France. Ailleurs en Provence,
25 on goûte plutôt l'équilibre, la grâce, etc. Mais la haute Provence garde
encore des espaces d'une admirable sauvagerie, des villages perdus où
l'on se croirait, par l'âpreté du lieu, en Espagne.

Philippe Jaccottet: *La Semaison: carnets 1954–79*
(Gallimard, 1984)

Philippe Jaccottet, né à Moudon, Canton de Vaud, Suisse, en 1925.

[49]

1 J'ai été arrêtée en mars 44 par la Gestapo qui cherchait Pierre
Dejussieu, chef de l'Armée Secrète. Il se servait souvent de mon

appartement. Quelquefois, il apportait du sucre à ma mère pour qu'elle en fasse un fondant, dont il raffolait. C'était un militaire de carrière, général sorti du rang, je crois, bouillant, courageux et imprudent comme nous l'étions tous. 5

Je ne faisais pas partie des huiles, il est vrai, j'étais un petit pion quelconque utilisé comme agent de liaison dans un jeu de l'oie meurtrier. Mais, quelquefois, je me dis que, lorsque ma génération aura disparu, ce qui est en bonne voie, il ne restera personne pour dire: 'La 10 Résistance? Mais ce n'était pas comme ça!' Et elle entrera, figée à jamais dans le marbre de la légende, avec ses grands chefs et ses suppliciés.

Qu'est-ce que c'était? D'abord un refus. Ensuite une adhésion individuelle à de Gaulle. Certains ont contesté le chef de la France libre; 15 la piétaille, jamais. C'était une tension. Il n'y avait, cela va de soi, ni bureau, ni lieu de rencontre, les contacts étaient furtifs. On se retrouvait sur un banc, sous une horloge, il ne fallait jamais attendre qui n'était pas à l'heure, il pouvait avoir été pris. Chacun était désigné par un pseudonyme qui changeait à chaque alerte. Tout le monde ou 20 presque avait une couverture professionnelle, et plus qu'une couverture: un homme oisif était suspect. Et puis, il fallait vivre… Dans le groupe auquel j'étais intégrée, les permanents payés par Londres étaient rarissimes et conduits à cette situation seulement par l'obligation de la clandestinité. Les faux papiers pullulaient, les bons et les 25 mauvais. Les bons indiquaient comme lieu de naissance une ville où les registres d'état-civil avaient été détruits. Les amitiés étaient fortes, soudées par l'objectif commun et l'indéfinissable parfum de mystère qui a trahi beaucoup de résistants. Ceux-là avaient une façon de se vouloir 'dégagés' qui ne pouvait tromper personne. Ils cachaient 30 quelque chose.

Ceux qui ont participé à l'action clandestine n'étaient pas des espions, des professionnels de la dissimulation, mais des gens quelconques, n'importe qui, une poignée noyée dans la masse occupée, elle, à se procurer, dans quelque arrière-boutique, du beurre, du sucre ou du 35 jambon.

Françoise Giroud, *Leçons particulières*
(Fayard, 1990)

---

5 sorti du rang: *risen from the ranks*. 8 jeu de l'oie: *snakes and ladders*. 16 la piétaille: *rank and file*. 27 registres d'état-civil: *registers of births, marriages and deaths*. 29–30 de se vouloir 'dégagés': *trying to appear casual*.

[50]

1 Le succès grandissant rencontré par les médecines parallèles est un véritable phénomène de société. Les sondages révèlent qu'un Français sur deux a déjà recouru à ces thérapeutiques 'alternatives'. Et, si l'homéopathie, l'acupuncture et la phytothérapie recueillent sans con-
5 teste la majorité des suffrages, elles ne freinent en rien l'essor d'autres médecines parallèles comme l'ostéopathie, la chiropractie, la naturopathie, l'iridologie, la magnétothérapie et bien d'autres encore. Autre pilule dure à avaler pour les chantres de la médecine orthodoxe: 70% des utilisateurs de ces médecines alternatives les considèrent comme
10 efficaces pour le traitement des petites maladies courantes comme la grippe, le rhume, les douleurs et migraines, l'insomnie, les allergies ou les troubles digestifs. Affections qui représentent, au bas mot, entre 60 et 70% des consultations d'un médecin généraliste! D'ailleurs, ces derniers sont de plus en plus nombreux à faire appel, à titre complé-
15 mentaire, à l'une ou l'autre de ces médecines parallèles.

Malgré cela, et peut-être à cause de cela, les médecines parallèles font encore l'objet de très violentes critiques de la part des porte-parole de la médecine orthodoxe: 'On ne saurait qualifier ces pratiques de médecines; la plupart n'ont aucun fondement scientifique,
20 elles n'ont jamais pu faire la preuve de leur efficacité et elles sont parfois pratiquées par de dangereux charlatans.' Certaines de ces critiques peuvent être fondées. Mais il est aussi évident que le climat très passionnel qui prévaut entre défenseurs de la médecine 'officielle' et tenants des médecines 'alternatives' nuit à l'objectivité des débats.
25 Les polémiques et les querelles de chapelles font rage. L'agressivité des chantres de la médecine classique tient en partie au fait qu'ils sont fortement déstabilisés par le succès des médecines parallèles. Ils savent, au fond, que ce phénomène traduit un rejet partiel par le public de la médecine moderne. Traitements parfois inefficaces et souvent
30 toxiques et traumatisants, consultations 'à la chaîne', malade traité comme un animal de laboratoire, 'morcelé' en organes et en symptômes à soigner, absence d'écoute et de prise en compte des malades dans leur globalité physique et psychique: ces critiques, trop souvent fondées, expliquent que le public se tourne vers d'autres horizons.

Sous le choc de cette remise en cause, le corps médical 'orthodoxe' se 35
défend donc, comme il peut, par des attaques et des critiques qui ne
sont par toujours de bonne foi. Le public, quant à lui, ne s'est pas
encore débarrassé de certaines idées fausses: il a ainsi trop souvent
tendance à considérer les médecines parallèles comme des thérapeutiques 'douces' et naturelles, sans danger et effets secondaires. 40

Patricia Marescot dans *Que Choisir*,
numéro hors-série, décembre 1989

1 médecines parallèles: *alternative medicine*. 4 phytothérapie: *herbal medicine*.
5 elles ne freinent en rien: elles ne ralentissent pas du tout. 6 chiropractie: *chiro-
practic*; naturopathie: type de médecine qui soigne les maladies en utilisant les
moyens mis à disposition par la nature – l'eau, l'air, le soleil, les aliments. 7 iridologie: méthode de médecine fondée sur l'examen de l'iris; magnétothérapie: type
de médecine où l'on combat les douleurs par l'application de petits aimants.
8 chantres: *supporters, eulogists*. 12 affections: *ailments*; au bas mot: au moins.
18 on ne saurait: on ne peut. 23 passionnel: *impassioned*. 24 nuit: *from* nuire.
25 querelles de chapelles: *disputes between different schools of thought*. 32 absence
d'écoute et de prise en compte: *failure to listen and to take into account*.

[51]

Pour découvrir une région le vélo offre la vitesse idéale; on est plus 1
mobile qu'à pied mais on sent mieux le paysage qu'en voiture. Alors
pourquoi ne pas découvrir en ce presque automne les senteurs de la
Bourgogne, du Beaujolais, de l'Anjou (ou de tout autre pays de vin)
au moment des vendanges? C'est le moment où les lignes har- 5
monieuses des vignes qui serpentent le long des côtes ou des coteaux
prennent toute leur force dans le travail des vendangeurs, y compris
même si ce sont des machines qui avalent les ceps.

Si vous prenez au hasard vous pouvez revenir déçus après avoir
pédalé le long d'une route à forte circulation dans un paysage sans 10
grand charme. Les vignes sont un domaine que souvent les grandes
routes ignorent. Avant de partir il vaut mieux préparer son périple.
Une carte Michelin au 1/200 000e peut suffire si le relief y est
indiqué. Avec une carte plus détaillée, une IGN, le cyclotouriste pourra

15   repérer un parcours avec juste ce qu'il faut de relief, de forêt et de rivière selon son humeur du moment. En France il est rare que les plus
petites routes ne soient pas revêtues.

    S'il s'agit d'une première sortie à vélo, il est préférable de louer la
bicyclette; cela évitera des problèmes de transport. On trouve des
20   vélos à vitesses (indispensables) dans beaucoup de gares SNCF. Le
cyclotouriste chevronné préférera disposer d'un vélo à sa taille. La
bicyclette de randonnée légère et robuste capable de transporter des
sacs à l'avant et à l'arrière (il est plus facile de pousser que de tirer; la
règle d'or est deux tiers du poids à l'avant, un tiers à l'arrière) est
25   indispensable pour ceux qui veulent partir plusieurs jours. Un bon
demi-course beaucoup moins cher mais moins robuste, aux pneus plus
fragiles, suffira largement pour des balades à la journée.

    Ainsi un randonneur de Bourgogne pourra autour de Beaune décou-
vrir les routes sauvages des Côtes-de-Nuits entre Fussey et Nuits-
30   Saint-Georges et Vosne-Romanée ou au contraire les grands domaines
des Côtes-de-Beaune qui serpentent à perte de vue entre Aloxe-
Corton, Pommard ou Meursault. L'amateur de beaujolais s'offrira une
exquise promenade près de Villefranche-sur-Saône en partant de la
colline du Mont-Brouilly qui offre un panorama merveilleux sur le lac
35   puissant et tourmenté des vignobles des Côtes-de-Brouilly. Il pourra
remonter par les petites routes au relief difficile vers Fleurie, Chenas
ou Juliénas...

    Côté équipement, il ne faut pas céder à la tentation de la selle plus
large apparemment plus confortable, mais ce n'est qu'une apparence
40   dont on ne prend conscience qu'après plusieurs kilomètres. Le guidon
de course est souvent préféré, il permet de changer de position en
cours de route. Il ne faut pas négliger non plus les cale-pieds qui sans
bloquer le pied fonctionnent comme simples butoirs; ils sont très
utiles en montée.

Bruno Sillard dans *Le Matin*,
30 août 1987

13 1/200 000e: 1 cm pour 2 km. 14 une IGN: carte de l'Institut géographique
national. 17 revêtues: *properly surfaced.* 20 SNCF: Société nationale des chemins
de fer français *(French railways).* 26 demi-course: *tourer.* 28 randonneur: celui qui
pratique la randonnée (ici, à bicyclette). 32 beaujolais: vin du beaujolais. 43
butoirs: appuis métalliques, empêchant le pied de glisser et permettant une
meilleure prise.

Speak white   1
il est si beau de vous entendre
parler de Paradise Lost
ou du profil gracieux et anonyme qui tremble
    dans les sonnets de Shakespeare   5

nous sommes un peuple inculte et bègue
mais ne sommes pas sourds au génie d'une langue
parlez avec l'accent de Milton et Byron et Shelley et Keats
speak white
et pardonnez-nous de n'avoir pour réponse   10
que les chants rauques de nos ancêtres
et le chagrin de Nelligan

speak white
parlez de choses et d'autres
parlez-nous de la Grande Charte   15
et du monument à Lincoln
du charme gris de la Tamise
de l'eau rose du Potomac
parlez-nous de vos traditions
nous sommes un peuple peu brillant   20
mais fort capable d'apprécier
toute l'importance des crumpets
ou du Boston Tea Party
mais quand vous really speak white
quand vous get down to brass tacks   25

pour parler du gracious living
et parler du standard de vie
et de la Grande Société
un peu plus fort alors speak white
haussez vos voix de contremaîtres   30
nous sommes un peu durs d'oreille
nous vivons trop près des machines
et n'entendons que notre souffle au-dessus des outils

speak white and loud
35 qu'on vous entende
de Saint-Henri à Saint-Domingue
oui quelle admirable langue
pour embaucher
donner des ordres
40 fixer l'heure de la mort à l'ouvrage
et de la pause qui rafraîchit
et ravigote le dollar

speak white
tell us that God is a great big shot
45 and that we're paid to trust him
speak white
parlez-nous production profits et pourcentages
speak white
c'est une langue riche
50 pour acheter
mais pour se vendre
mais pour se vendre à perte d'âme
mais pour se vendre

ah!
55 speak white
big deal
mais pour vous dire
l'éternité d'un jour de grève

pour raconter
60 une vie de peuple-concierge
mais pour rentrer chez nous le soir
à l'heure où le soleil s'en vient crever au-dessus
        des ruelles
mais pour vous dire oui que le soleil se couche oui
65 chaque jour de nos vies à l'est de vos empires
rien ne vaut une langue à jurons
notre parlure pas très propre
tachée de cambouis et d'huile...

Michèle Lalonde: *Speak White* (extrait), 1965,
dans *La Poésie québécoise*, anthologie
(L'Hexagone, Montréal, 1990)

12 Nelligan: Emile Nelligan (1879–1941), le mieux connu de tous les poètes québécois, né à Montréal d'un postier irlandais et d'une pianiste canadienne-française. Son oeuvre, fulgurante, appartient à sa jeunesse. Il passa la plupart de sa vie interné dans des institutions psychiatriques. 15 Grande Charte: *Magna Carta*. 28 Grande Société: *Great Society* – devise politique de Lyndon Johnson, président des Etats-Unis, 1963–8. 36 Saint-Henri: quartier ouvrier de Montréal; Saint-Domingue: ancien nom de l'île de Haïti. 65 à l'est de vos empires: les anglophones habitent les quartiers ouest de Montréal. 67 parlure: parler, langage.

Michèle Lalonde, née à Montréal en 1937.

[53]

Paul Bonnet, le président de l'Université française de la truffe (oui, 1
elle existe…) est effondré: quatre 'honorables' conserveurs de la
vieille cité de Carpentras ont déguisé de vulgaires tubercules en
superbes truffes du Périgord.

La recette, révélée par *Le Provençal*, n'était pas très raffinée. On 5
prend une truffe d'été, dite 'truffe de Saint-Jean', qui se récolte de
juin à septembre en France, en Italie ou en Espagne. Cette *tuber
aestivum*, à la peau noire et à la chair blanche, n'est qu'un banal
champignon sans beaucoup de charme. On la trouve à Carpentras
pour 200 à 300 francs le kilo. Un peu cher, mais rien à voir avec la 10
truffe du Périgord, qui, comme son appellation ne l'indique pas, se
récolte essentiellement en Provence, de novembre à mars. Un diamant
noir de plus en plus rare: au début du siècle, la France en produisait
jusqu'à 1000 tonnes par an ; l'an dernier, tout juste 10 tonnes; et, cette
année, dit-on, moins encore. Ces temps de sécheresse n'arrangent 15
rien. Du coup, pour agrémenter ses œufs brouillés ou déguster
quelques lamelles sur un pain grillé à la graisse d'oie, il faut y mettre
le prix. La truffe noire du Périgord vaut de 1500 à 2500 francs le kilo
sur les marchés de Thiviers, en Dordogne, ou de Carpentras – et 4000
francs et plus au détail, fraîche ou en conserve. 20

Quelle tentation, alors, de transformer la 'blanche' en 'noire'! Il
suffit pour cela d'imbiber la truffe d'été de brou de noix. Plus rentable
encore, mais plus facilement détectable au microscope, on peut
effectuer le tour de passe-passe avec de la truffe des sables, la terfez,

25 importée à bas prix du Maghreb: 'Ça n'a pas plus de goût qu'un champignon de Paris,' dit Guy Monier, le patron de la Maison de la truffe, place de la Madeleine, à Paris, un haut lieu du culte du 'diamant noir'.

Mais les fraudes constatées dans le Vaucluse portent davantage sur
30 les brisures utilisées par les salaisonniers (pour le foie gras, les pâtés…) que sur les truffes entières en conserve.

Des maisons aussi prestigieuses que Fauchon, Le Nôtre et la Tour d'Argent, clients des truffiers indélicats, n'ont donc pas forcément été touchées. Les alchimistes du Vaucluse, dont le dossier vient d'être
35 transmis au parquet, travaillaient pourtant à grande échelle. Carpentras, d'ailleurs, n'est pas seule en cause. Le 6 octobre, le sieur Villette, conserveur dans le Lot, a été condamné par le tribunal de Cahors à 130 000 francs d'amende. Demain, une autre affaire va éclater dans les Alpes-Maritimes. 'On a voulu moraliser le marché,'
40 confie, à Paris, un responsable des enquêtes de la Répression des fraudes. Ses services étaient aux aguets depuis un an.

Voilà le consommateur prévenu. Pas d'affolement, tout de même. Si, dans les grandes épiceries de la place de la Madeleine, à Paris, des truffes blanches sont en ce moment même affichées à 16 000 francs le
45 kilo, il ne s'agit pas de fausses noires du Périgord, mais de blanches d'Alba, dans le Piémont. Les plus chères! Elles ne se consomment que fraîches. Et, dit-on, les parents n'en révèlent les gisements à leurs enfants que sur leur testament.

Patrick Bonazza dans *Le Point*,
12 novembre 1990

2 conserveurs: propriétaires de conserveries. 3 Carpentras: ville maraîchère du sud-est de la France dans le département du Vaucluse. 4 Périgord: province du sud-ouest, célèbre pour ses truffes. 5 *Le Provençal*: quotidien du sud-est. 16 du coup: *so*; ses œufs brouillés: *one's scrambled eggs*. 22 brou de noix: liquide brun tiré de la noix. 30 brisures: *fragments*; salaisonniers: personnes qui conservent les aliments par le sel. 32 Fauchon: célèbre épicerie parisienne; Le Nôtre: traiteur parisien très connu. 32–3 la Tour d'Argent: restaurant parisien de grande renommée. 33 truffiers: marchands de truffes. 36 le sieur: forme ironique de Monsieur. 37 Lot: département du Lot, dans le sud-ouest. 39 on a voulu moraliser le marché: *we wanted to clean up the trade*. 40–41 Répression des fraudes: service qui dépend du ministère de l'Economie et des Finances. 46 Piémont: *Piedmont*.

[54]

Faire le clown… Ce fut pendant toute ma 'carrière' scolaire mon seul   1
recours, mon refuge, ma drogue… avec le résultat qu'on imagine. Oui
j'ai été un écolier exécrable, et je n'ai terminé une année scolaire dans
l'établissement où je l'avais commencée qu'à de très rares exceptions.
Je me suis souvent interrogé sur cette fatalité qui a lourdement pesé   5
sur mon enfance. Elle s'éclaire par contraste avec un autre trait: j'ai
été aussi bon étudiant que mauvais lycéen. Il y a là une clef peut-être.
Car il n'y a de bon étudiant que celui qui peut, qui sait, qui aime travailler *seul*. L'étudiant doit pouvoir prendre ses distances avec ses
maîtres et consacrer ses efforts à des recherches personnelles. En cela   10
j'excellais. Or l'écolier est incapable de ce travail solitaire. Il pro-
gresse sous la dépendance absolue de ses maîtres et ses progrès sont
fonction de sa bonne entente avec eux. Recevoir son savoir d'un être
de chair et d'os qui gesticule devant vous et vous obsède de ses tics et
de ses odeurs, voilà qui était au-dessus de mes forces. J'ai eu des   15
dizaines de maîtresses et de professeurs. J'ai fort peu retenu de leur
enseignement. En revanche je revois avec une précision hallucinatoire
tous leurs traits – presque toujours laids ou ridicules. Je ne voudrais
faire de peine à aucun membre du corps enseignant – dont ma vocation au demeurant était de faire partie – mais il me semble qu'il   20
présente une proportion anormalement élevée d'originaux, de
détraqués, d'épaves, de caricatures. Peut-être ce métier d'enseignant
a-t-il plus qu'un autre pour effet d'abîmer les gens qui l'exercent. On
a dit que le pouvoir rendait fou et que le pouvoir absolu rendait absolument fou. Il est possible que l'autorité d'un maître sur un groupe   25
d'enfants amoche à la longue son personnage et sa personnalité. S'il
en était ainsi le relâchement de la discipline scolaire qui caractérise
l'enseignement moderne aurait un effet bienfaisant sur la santé men-
tale des enseignants. Je souhaite en tout cas aux écoliers d'aujourd'hui
de ne pas connaître les étonnants pantins auxquels j'ai eu affaire. L'un   30
d'eux était le proviseur d'un des nombreux lycées que j'ai traversés. Il
tenait à apparaître en personne dans les classes pour lire les résultats
des compositions qu'il assortissait bien entendu de commentaires
défavorables. C'était devenu une rengaine. Toujours il commençait
par cette phrase prononcée d'un ton bougon tandis qu'il parcourait des   35

yeux la liste des noms: 'Je n'en vois pas beaucoup dans les dix premiers.' Cette absurdité avait été peut-être à l'origine un mot drôle,
mais l'habitude l'avait figée et la phrase ressortait mécaniquement,
dépouillée de toute intention humoristique. Je ne sais plus si c'est ce
40 proviseur ou un autre que j'ai surpris un jour dans la cour de récréation. Avisant une feuille de papier qui traînait par terre, il s'est baissé
pour la ramasser, puis il s'est approché d'une corbeille à papiers. Mais
un autre automatisme s'était greffé entre-temps sur ce geste machinal.
Sortant un stylo de sa poche, il la signa avant de la jeter.

Michel Tournier: *Le vent Paraclet*
(Gallimard, 1977)

9 prendre ses distances avec: tenir à distance. 16 fort peu: très peu. 26 amoche:
abîme. 26–7 s'il en était ainsi: si tel était le cas. 33 compositions: *tests*. 37 mot:
remark.

[55]

1 Pour bien nous connaître, il manquait une donnée que les spécialistes
en informatique n'avaient pu, jusqu'à présent, établir. Voilà, c'est fait,
maintenant nous saurons tout: la France compte au moins douze millions de joueurs de pétanque. Un Français sur quatre, tous sexes et
5 âges confondus, a le même geste un peu sec du poignet pour soupeser
la boule avant de pointer ou de tirer selon l'inspiration. On vend
chaque année en France – et pourtant elles ne s'usent pas, elles – plus
de boules de pétanque que de brosses à dents. Ainsi, la pétanque,
phénomène que les psychologues, les ethnologues et les sociologues
10 avaient, jusqu'à ce jour, honteusement négligé, a désormais envahi
tout le territoire national, du Midi au Nord, et même déferlé dans les
pays voisins.

A cela, il y a une foule de raisons. Des raisons matérielles d'abord:
on peut jouer à la pétanque n'importe où, ou presque. Un méchant
15 bout de terrain, de préférence ombragé s'il fait soleil, abrité s'il venait
à pleuvoir, pas trop ratissé, pas trop aplani, assez roulant quand
même, et voilà l'affaire. A Paris, un coin de l'esplanade des Invalides
ou du Champ-de-Mars, les alentours et futaies des bois de Boulogne

84

et de Vincennes; dans d'autres villes, une allée de jardin public, une place ou un square, une avenue peu fréquentée, une cour d'immeuble, parfois tout simplement le trottoir ou même la chaussée d'une voie peu passante, l'emplacement est vite trouvé.

Le matériel n'est pas coûteux, il fait de l'usage, et il se prête, s'emprunte plus facilement qu'un paquet de cigarettes. Un caillou rond peut faire office de cochonnet si l'on a perdu la précieuse bille de bois et il suffira d'une brindille, d'un bout de ficelle, à défaut, d'un lacet de soulier, pour départager les camps, rendre la justice et désigner les vainqueurs.

Ensuite, il n'est pas nécessaire d'être sportif et entraîné pour jouer à la pétanque. Certes, elle a ses champions, comme toute compétition. Mais le gringalet, le borgne, le boiteux, l'obèse et le nain comme le géant sont admis et peuvent faire merveille. L'âge, on l'a dit, n'est pas un obstacle, on peut y jouer de quatre à quatre-vingt-dix-neuf ans. Le sexe n'en est plus un, les femmes ayant, depuis longtemps, conquis leur place, et parfois la première, derrière la ligne idéale, invisible aux yeux des profanes et objet de contestations sans fin pour les participants, tracée d'un pied léger sur le sol caillouteux et sec.

Elle se pratique à deux, six ou douze ou davantage, individuellement ou par paires, par quadrettes ou par sixaines, et il n'est même pas nécessaire de lancer les boules pour participer. Souvent même, ce sont les spectateurs qui assurent la plus lourde part des inévitables discussions, prophéties, jurons, menaces homériques et promesses aventurées qui sont inséparables de toute partie bien conduite. Et ce sont eux plus encore que les joueurs, tout entiers à leur affaire, qui doivent chercher un réconfort dans le pastis irisé et même de nos jours dans le beaujolais bien frais qui font partie du rite et du plaisir.

Car, née sur les rives de la Méditerranée – ne nous hasardons pas plus loin, vingt villes au moins assurent l'avoir inventée – la pétanque est, par excellence, un art latin qui demande encore plus d'éloquence que de muscles et d'adresse. Par un curieux mimétisme, les grands Nordiques blonds, tous les Flamands, Scandinaves, Germaniques ou Anglo-Saxons victimes de la contagion, s'exclament et jurent devant un 'carreau' particulièrement réussi, avec les mots ou au moins l'accent chantant des Provençaux, Niçois ou Marseillais de pure souche. Les encouragements, les anathèmes et le leitmotiv des pétanqueurs, qui pourrait être leur devise – 'Si c'est pas malheureux…' – sont obligatoirement proférés sur le ton habituel de Titin et de César.

Mais c'est évidemment à Orange, Carcassonne, Nîmes ou Menton,
sans oublier sa capitale, Marseille, que la pétanque est vraiment chez
60 elle. C'est dans le Midi que sont apparus les grands joueurs… C'est
de Marseille encore que 'montent' – même quand il ne s'agit d'aller
que jusqu'à Villeneuve-d'Orgon – les gros bras aux boules plombées
qui vont plumer des pigeons de 'là-haut', jusque sur les rives de la
Seine, les plages normandes et les corons du Nord. C'est qu'en
65 envahissant 'le Nord', comme ils disent à partir de Valence, la
pétanque n'est pas seulement devenue une industrie, mais parfois un
racket.(…) Mais qu'elle ait ses snobs, ses fanatiques et ses mauvais
garçons, c'est bien la preuve qu'elle est, à elle seule, un monde à
l'image de tous les autres.

Pierre Viansson-Ponté: *Couleur du temps qui passe*
(Stock, 1979)

4 pétanque: variante provençale du jeu de boules (le mot vient du provençal 'pieds-
tanqués', qui signifie: pieds joints). 6 pointer: lancer (la boule) le plus près du
cochonnet; tirer: lancer (la boule) de manière à déloger le cochonnet ou une autre
boule. 14–15 un méchant bout de terrain: *any old patch of ground*. 15–16 venait à
pleuvoir: *should happen to rain*. 42–3 aventurées: *hasardous*. 45 pastis: boisson
alcoolisée à base d'anis; irisé: coloré de sirop (grenadine, menthe, etc.). 53 'carreau': se dit quand la boule tirée par un joueur déloge celle de son adversaire.
55 leitmotiv: phrase qui revient. 57 Titin, César: personnages de Marcel Pagnol
(1895–1974), né à Aubagne (Bouches-du-Rhône), auteur de comédies, de recueils
de souvenirs et de films sur la vie provençale (Titin, diminutif provençal
d'Antoine). 62 Villeneuve-d'Orgon: invention de l'auteur – le nom fait penser à
Orgon (Bouches-du-Rhône), bourgade sur la Durance, ainsi qu'à Villeneuve-lès-
Avignon (Vaucluse); plombées: garnies de plomb ou de limaille de fer par les
tricheurs. 63 pigeons: dupes, gogos.

[56]

1 Le retour de Lahcen n'avait pas fait plaisir au père. Non seulement le
fils n'avait pas envoyé de mandat, mais encore il n'était revenu
qu'avec une petite valise. Youssef était gêné; son fils lui faisait honte.
Tous les gens qui reviennent de France reviennent avec de grosses
5 valises pleines de vêtements pour la famille, et avec de l'argent dans

les poches; autrement à quoi ça sert d'aller en France? Il ne comprenait pas pourquoi son fils n'avait pas eu le comportement de tout le
monde. Il se creusa la tête, et il conclut:

– Mon fils est jeune et beau, mais c'est un imbécile. Il s'est fait
voler ses bagages sur le bateau ou en descendant du bateau. Voilà 10
pourquoi il est rentré les mains dans les poches.

Les joies des retrouvailles épuisées, Lahcen commença à bâiller
d'ennui. Aussi, un après-midi, après avoir cherché en vain le sommeil, il se redressa en soupirant, s'adossa au mur, essuya son front
moite, respira profondément et dit à Fatim-Zohra qui cousait sur le 15
seuil en face de lui:

– Mma, si vous ne me mariez pas tout de suite, je retournerai en
France la semaine prochaine, et pour longtemps cette fois-ci.

Le soir même, Fatim-Zohra obtint de son mari l'autorisation de
chercher une femme pour son fils. Ce ne fut pas difficile. Elle con- 20
naissait, en effet, toutes les filles à marier dans le village et à l'entour.
Zahia, une paysanne de dix-huit ans, maigre et vive, lui plut tout particulièrement. Les deux pères se rencontrèrent au café, et le mariage fut
décidé. Le commerçant qui fournissait le trousseau de la mariée, con-
sentit, sans réticence, un crédit. Lahcen enverrait l'argent de France, 25
un peu plus tard.

La mariée, cachée sous un voile, arriva en taxi, accompagnée de
deux femmes et d'une fillette. Un voisin la prit dans ses bras et la
porta jusqu'à la maison. Fatim-Zohra l'accueillit avec un youyou discret, un seul, car il était malséant, en ces temps de douleur, de laisser 30
sa joie éclater. Le jour suivant, au crépuscule, Lahcen dépêcha un ami
auprès de Hassan pour savoir dans quelle pièce il rejoindrait sa
femme. Entre frères, on ne pouvait parler de choses touchant au sexe.

– Je crois qu'elle sera dans la pièce qui se trouve à gauche.

Le messager porta avec diligence l'information, mais Lahcen le 35
renvoya auprès de son frère pour plus de précisions.

– Quand tu dis à gauche, que veux-tu dire? C'est à gauche quand on
entre dans la maison ou quand on en sort? Il y a une gauche par là et
une gauche par là. Tout dépend de la direction dans laquelle on
regarde. Tu comprends ce que je veux dire? En ce moment, nous nous 40
regardons, toi et moi. Eh ben, ta gauche, c'est ma droite! Et ma
gauche, c'est ta droite!

– C'est dans la pièce qui n'a pas de fenêtre, précisa Hassan.

Hassan se trompait. Car, à la toute dernière minute, les femmes

45 avaient décidé que la nuit nuptiale aurait lieu dans l'autre pièce, plus
spacieuse, plus confortable et nantie d'une fenêtre. Il n'y eut, cependant, ni confusion ni hésitation: quand le marié, son paquet de cacahuètes sous le bras, poussa la porte d'entrée, une vieille tante se
porta à sa rencontre et lui indiqua de façon lapidaire la chambre où sa
50 femme attendait. Hassan et son père passèrent la nuit chez des voisins.

Au matin, Hassan s'aventura dans la maison, l'air un peu gêné et ne
sachant où poser son regard. Les femmes étaient autour de la mariée,
très pâle, qui vomissait dans la cuvette.

Dix jours après, Lahcen repartit en France. Zahia, de plus en plus
55 pâle, tomba malade. Ses parents vinrent la chercher. Sa mère la
soigna. Elle guérit, mais ne retourna pas dans la maison de ses beaux-
parents.

– Je ne veux pas que ma fille soit la servante de ces gens. Elle y
retournera quand son mari reviendra de France.

60 Mis, par lettre, au courant de cette situation, Lahcen répondit à son
père que sa femme pouvait rester chez ses parents tant qu'elle voulait.
Il envoya des mandats pour payer le trousseau, puis un jour, des
papiers pour annuler le mariage.

Rabah Belrami: *Regard Blessé*
(Gallimard, 1987)

13 aussi: c'est pourquoi. 29 youyou: cri rituel de joie. 30 temps de douleur: il s'agit
des séquelles de la guerre d'Algérie (1954–62).

[57]

1   Paris, le 5 janvier 1983

Chère Madame,

Vous trouverez ci-joint une lettre que j'adresse ce jour à vos
locataires… Je suis assez furieuse… non pas tellement des bêtises du
5 chien mais du fait que ses maîtres n'ont même pas eu un mot de regret
en alléguant un 'accident' – même si ce n'était pas vrai – car il y a

cinq crottes (excusez la précision)… et son batifolage sur mon balcon
a dû se renouveler.

Je pense que votre intervention sera déterminante et je vous remer-
cie de bien vouloir remédier à cette situation désagréable. Elle vous 10
concerne aussi, car à présent un fauteuil style louis quinze, recouvert
de velours rouge, est passé sur le balcon pour y servir de lit de repos à
ce fameux petit chien.

Franchement, toutes ces sottises m'ennuient au plus haut point…et
d'avoir à vous solliciter pour de telles péripéties… et de 'cafarder' 15
assez vilainement à mon avis.

Je reviens des Canaries où pendant dix jours j'ai vécu l'été. C'est
vous dire que je me sentirais plutôt d'humeur ensoleillée – et pleine
de compréhension pour le genre humain.

C'est avec ces bons sentiments que je vous présente mes voeux les 20
plus sincères d'année heureuse en 1983.

Croyez, chère Madame, à toute ma sympathie.

Paris, le 5 janvier 1983

Madame, Monsieur,

A mon retour de vacances, j'ai eu la désagréable surprise de trouver 25
sur mon balcon les crottes de votre chien. Ce qui signifie que, profitant de notre absence, vous avez laissé votre animal faire ce qu'il
voulait chez le voisin (je passe sur les pots de fleurs renversés et la
terre éparpillée) plutôt que d'avoir à le descendre pour ses besoins
naturels et son non moins naturel besoin d'exercice. 30

D'autre part, je vous ai téléphoné un jour de décembre pour vous
demander de ne pas l'abandonner sur votre balcon lors de vos sorties,
car il ne cesse de gémir et d'aboyer – ce qui est parfaitement insup-
portable au bout de quelques heures. Vous avez paru comprendre ma
demande et m'avez promis de le garder chez vous. 35

Or, il n'en est rien, puisqu'aujourd'hui, à nouveau, je subis les
mêmes gémissements et les mêmes aboiements.

Je vous informe donc que je transmets copie de ma lettre à votre
propriétaire pour qu'elle vous dise qu'un animal n'est toléré dans un
immeuble que dans la mesure où il ne procure aucune gêne au voisi- 40
nage.

Selon la compréhension dont vous ferez preuve à l'avenir, je me réserve le droit de faire constater par qui de droit les dégâts que votre chien ne peut manquer de renouveler chez moi et le bruit qu'il fait.

45   Pour nous, les Japonais passaient pour le peuple le plus poli de la terre. Sans doute êtes-vous une exception, car un mot d'excuses aurait certainement arrangé une situation que je commence à trouver plus que désagréable.

Veuillez agréer, Monsieur, Madame, l'expression de mes saluta-
50 tions distinguées.

Lettres d'une propriétaire d'appartement dans le
15e arrondissement de Paris

5 du fait que: puisque. 7 batifolage: *antics*. 11 style louis quinze: style de l'époque de Louis XV (1715–74). 13 fameux: qui jouit d'une réputation. 15 'cafarder': *telling tales*. 31 d'autre part: par ailleurs. 43 par qui de droit: par une personne légalement habilitée à le faire.

[58]

1   Il y a quelque temps, un dimanche matin, la télévision française diffuse au cours d'une émission intitulée 'La Séquence du spectateur' une scène extraite de *Baisers volés* se déroulant entre Delphine Seyrig et Jean-Pierre Léaud. Le lendemain, j'entre dans un bistrot où je n'ai
5 jamais mis les pieds et le patron me dit: 'Tiens! Vous, je vous reconnais, je vous ai vu hier à la télévision.' Or, ce n'est évidemment pas moi que le patron du bistrot a vu à la télévision, mais Jean-Pierre Léaud jouant le rôle d'Antoine Doinel. Je suis donc dans ce bistrot, je réponds au patron du bistrot ni oui ni non, car je ne suis jamais impa-
10 tient de dissiper un malentendu et je demande un café bien fort. Le patron me l'apporte et s'étant rapproché de moi, il me dévisage plus attentivement et ajoute: 'Ce film-là, vous avez dû le tourner il y a un certain temps, hein, vous étiez plus jeune…'

Je raconte cette histoire car elle illustre assez bien l'ambiguïté (en
15 même temps que l'ubiquité!) d'Antoine Doinel, ce personnage imaginaire qui se trouve être la synthèse de deux personnes réelles, Jean-Pierre Léaud et moi.

90

Je pourrais citer également le marchand de journaux de la rue Marbeuf qui me dit l'autre jour: 'Tiens, on a vu votre fils ce matin. – Mon fils? – Oui, le petit acteur.'

En septembre 1958, j'avais fait passer une annonce dans *France-Soir* pour trouver un garçon de treize ans qui jouerait le héros des *400 coups*. Une soixantaine d'enfants se présentèrent et je fis des essais en seize millimètres avec chacun d'eux; je me contentai de leur poser des questions assez simples, mon but étant de trouver une ressemblance plus morale que physique avec l'enfant que je croyais avoir été.

Beaucoup d'enfants étaient venus là par curiosité ou poussés par leurs parents. Jean-Pierre Léaud était différent d'eux, il *voulait* le rôle de toutes ses forces, il s'efforçait d'avoir l'air détendu et blagueur, mais en réalité il était envahi par le trac et je retirai de cette première rencontre une impression d'anxiété et d'intensité.

Je repris les essais le jeudi suivant, Jean-Pierre Léaud se détachait nettement du lot et bientôt je décidai de lui donner le rôle d'Antoine Doinel. Les autres garçons ne s'étaient pas dérangés en vain puisqu'ils furent retenus pour tourner pendant une semaine les nombreuses scènes de classe réparties dans le film.

Jean-Pierre Léaud, qui avait à ce moment-là quatorze ans, était moins sournois qu'Antoine Doinel qui fait toujours tout en cachette, qui feint toujours la soumission pour n'en faire finalement qu'à sa tête.

Jean-Pierre était, comme Doinel, solitaire, anti-social, et au bord de la révolte mais il avait, comme adolescent, une plus grande santé et il se montrait souvent effronté. Lors du premier essai, il dira devant la caméra: 'Il paraît que vous cherchez un mec qui soit gouailleur, alors je suis venu.' Jean-Pierre, contrairement à Doinel, lisait très peu, il avait sans doute une vie intérieure, des pensées secrètes, mais il était déjà un enfant de l'audiovisuel, c'est-à-dire qu'il aurait plus volontiers volé des disques de Ray Charles que des livres de la Pléiade.

Quand le tournage du film a commencé, Jean-Pierre Léaud est devenu l'un des précieux collaborateurs des *400 coups*. Spontanément, il trouvait les gestes vrais, il rectifiait le texte avec justesse et je l'encourageais à utiliser des mots de son vocabulaire. Nous regardions les rushes dans une petite salle de vision comportant quinze ou vingt fauteuils et, à cause de cela, Jean-Pierre croyait que le film ne serait jamais projeté dans des grandes salles de cinéma normales! Lorsqu'il a vu le film terminé, Jean-Pierre, qui n'avait cessé d'avoir des fous rires pendant tout le tournage, a éclaté en sanglots. Il reconnaissait un peu sa propre histoire derrière cette histoire qui avait été la mienne.

François Truffaut (1971), reproduit dans le recueil
de ses écrits: *Le Plaisir des yeux*
(*Cahiers du cinéma*, 1987)

30 trac: *nerves*. 39–40 n'en faire … qu'à sa tête: faire … ce qu'il veut. 44 gouailleur: *cheeky*. 48 la Pléïade: bibliothèque de la Pléïade, prestigieuse collection des grands classiques publiée par Gallimard. 56–7 n'avait cessé d'avoir des fous rires: ne pouvait plus s'arrêter de rire.
François Truffaut: réalisateur de cinéma (1932–84).

[59]

1   Mai 68 bat son plein à Paris. Vus d'ici, les étudiants n'ont pas la cote:
     – Des gars qu'ont rin.à fé!
     – Brûler des *vétus*, mett'bas des arbres… Qu'veulent ti por fini? Et l'chavent ti eux-mêmes? Tout cha, cha *r'timbe* sur nous. Qui c'est qui
5 va payer? *Oco* nous!
     Le paysan cauchois n'aime ni les fauteurs de troubles ni la gabegie…et surtout pas les rêveurs et autres idéalistes. Même s'il ne l'avoue pas, il le pense. Une pensée implacable, irréversible.
     Le mouvement s'étend, et la province commence à remuer. On
10 défile jusque dans nos villes les plus proches. Les usines ferment l'une après l'autre.
     La stupéfaction fait place aux décisions:
     – Pi qu'on peut plus travailler, y a qu'à rester cheu sé.
     Un matin, sur le carreau, à la sortie de la messe dominicale, des
15 groupes se forment… On échange des nouvelles, vraies ou fausses… On parle de blessés graves. A Sandouville, il y aurait même eu un mort… Un mort aussitôt 'critiqué':
     – Il avait qu'à rester cheu li… E bin triste mais é d'cha faute!
     Le fait, quoique vite démenti, va frapper les esprits.
20 Peu à peu l'angoisse gagne: jusqu'où ira-t-on? Certains commencent à acheter des conserves à l'épicerie. Le dimanche, on se presse aux offices pour se sécuriser en priant et en allumant des cierges.

Heureusement, l'Eglise ne cherche plus à donner de directives de pensée et j'apprécie grandement cette évolution. Les ouvriers commencent à pâtir: ceux qui n'assurent pas les piquets de grève et ne s'associent à aucune manifestation ne touchent plus un sou... 25

Certains se font embaucher pour des corvées de saison, comme le sarclage des *bettes*, dans les fermes. Ils n'ont pas perdu le coup de main de leur jeunesse mais, le soir, ils ont 'mal à reins'. Beaucoup de jeunes, partis travailler en ville, retrouvent le chemin de la campagne 30 et la table familiale, comme si les vacances étaient déjà commencées. La majorité en profite pour bricoler à la maison et faire tous les petits travaux en retard.

La révolution de 1968, elle, avorte, comme on sait, dès les premiers jours de juin. L'essence réapparait. On ressort les voitures des 35 garages. Il ne s'agissait que d'un gros orage. Le travail reprend. Les légumes nouveaux font – comme si de rien n'était – leur apparition au jardin. Ils vont assurer la soudure et alimenter les repas du jour de communion que j'ai, prudemment, retardé de deux semaines.

Les étudiants abandonnent la rue pour les salles d'examen – mais la 40 cote du cru 68 sera à jamais mauvaise, et sa trace mal vue sur les *curriculum vitae*...

> Bernard-Alexandre Le Horsain (curé de campagne):
> *Vivre et survivre en Pays de Caux*
> (Plon/Terre Humaine, 1988)

1 mai 68: les événements de mai 1968 (explosion universitaire, manifestations, grèves). 2 qu'ont rin à fé!: qui n'ont rien à faire! 3–5 Brûler des vétus... Oco nous!: Brûler des voitures, mettre bas des arbres... Que veulent-ils pour finir? Et le savent-ils eux-mêmes? Tout ça, ça retombe sur nous. Qui est-ce qui va payer? Encore nous! 6 cauchois: du pays de Caux, plateau de Haute Normandie au nord de la Seine entre Rouen et Le Havre. 7 et autres idéalistes: 'et autres' a ici une valeur ironique. 13 Pi qu'on peut... cheu sé: Puisqu'on ne peut plus travailler, il n'y a qu'à rester chez soi. 14 sur le carreau: au fond de l'église. 16 Sandouville: commune près du Havre. 18 Il avait qu'à... d'cha faute!: Il n'avait qu'à rester chez lui... C'est bien triste mais c'est de sa faute! 21–2 se presse aux offices: vient nombreux à la messe. 28 bettes: betteraves. 38 assurer la soudure: *bridge the gap*.

1 CLAUDE ROSTAND – Mon cher Francis, sans vous en rendre compte, vous venez de me dire, en parlant de cette nouvelle rédaction du *Sextuor*, une chose bien intéressante, car nombreux sont ceux qui, à cause de votre manière aisée, ignorent vos scrupules, vos remises en
5 chantier. Pour moi, qui vous suis depuis longtemps, cela ne m'étonne pas, mais je souhaite que vous vous en expliquiez ici.

FRANCIS POULENC – Je suis la terreur des éditeurs car il n'y a pas une seule de mes œuvres qui n'ait subi des transformations, parfois profondes. A chaque nouvelle édition, ce sont soit de simples détails
10 que je corrige, soit des pages entières qu'il faut regraver. J'ajoute, à l'encontre de ce qu'on pense, que je n'ai pas le travail facile. Vous le savez.

C.R. – Je le sais. Votre humeur s'en ressent parfois. Je connais un Poulenc grincheux et rechignard qui avoue, à son insu, que ça ne va
15 pas tout seul…

F.P. – Mes brouillons, que dis-je, mes monstres, sont surchargés de ratures, et, une fois publiée, la musique ne me semble pas, pour cela, immuable.

Je ne suis pas de ces compositeurs qui, entendant leurs œuvres au
20 concert, dodelinent béatement de la tête, semblables à ces mères qui suivent de leurs yeux ravis les ébats de leurs filles dans leurs premiers bals.

Moi, au contraire, je me dis tout à coup: 'Quelle horreur! mon andante a une verrue sur le nez, mon scherzo a le dos voûté, mon
25 finale boite.'

Ce n'est, bien souvent, que des années après que je comprends ce qu'il faut modifier, semblable en cela à Bonnard qui corrigeait certains de ses tableaux vingt ans plus tard. Voulez-vous une anecdote à son sujet?

30 C.R. – Bien volontiers.

F.P. – Du temps où le Musée d'Art Moderne était au Luxembourg, un matin, sitôt après l'ouverture, un gardien aperçoit un monsieur, pinceau à la main, qui retouche un tableau. Le gardien l'attrape au collet et le conduit chez le conservateur avant que le *barbouilleur*
35 (ainsi s'exprimait le gardien) puisse prononcer un seul mot.

Le conservateur se lève, stupéfait, et, s'inclinant devant Bonnard:

– Maître, que se passe-t-il?

– Imaginez-vous que, visitant dernièrement votre musée, j'ai tout à coup trouvé ce qui manquait à mon paysage, et je suis venu le mettre au point. 40

– Mais il fallait me prévenir! Je vous aurais installé dans mon bureau.

– J'ai préféré la surprise, répondit Bonnard, car peut-être ne m'auriez-vous pas donné cette autorisation et puis, surtout, j'ai voulu corriger *d'après ce que le public voit.* 45

Cette réponse m'a toujours semblé un sage conseil.

Francis Poulenc: *Entretiens avec Claude Rostand*
(Julliard, 1954)

1 Francis: Francis Poulenc (1899–1963), né à Paris. 3 sextuor: *sextet*. 4–5 remises en chantier: *reworkings*. 10 regraver: *re-engrave*. 14 rechignant: *grouchy*. 20 béatement: d'une manière béate, c'est à dire tranquille et satisfaite. 27 Bonnard: Pierre Bonnard (1867–1947). 31 Luxembourg: palais du Luxembourg à Paris. 37 Maître: formule de respect envers un artiste éminent.

[61]

L'affaire de la réforme de l'orthographe prend des proportions consi- 1
dérables et semble passionner les Français. Tant mieux. Qui réforme une langue, une grammaire, une orthographe? Ni le gouvernement, ni les syndicats, ni un comité, ni même un haut comité, ni même l'Académie. C'est le peuple. 5

La langue – toutes les langues, l'allemand, l'anglais, l'arabe, le chinois, et en particulier le français – est naturellement toute pleine de singularités, d'exceptions, de bizarreries, d'idiotismes qui font non seulement sa spécificité, mais son charme. Parfois ces bizarreries sont poussées un peu loin. Pourquoi écrire *imbécile* et *imbécillité, bon-* 10
homme et *bonhomie, traditionnel* et *traditionalisme?* Pourquoi écrire… mais chacun empilera ici les fruits innombrables de sa propre expérience et de ses propres erreurs.

Beaucoup de bons esprits, beaucoup de savants, beaucoup de lin-

15 guistes se sont interrogés sur l'opportunité de mettre un peu d'ordre
dans le désordre légué par tant de siècles. Beaucoup de professeurs
aussi, et d'instituteurs – peut-être lassés de continuer à enseigner des
anomalies que leurs prédécesseurs enseignaient pourtant avec succès à
des générations d'écoliers. Beaucoup d'hommes de gouvernement
20 enfin, habitués à normaliser à coups de rapports et de décrets.

Le malheur est que la langue, la grammaire, l'orthographe ne
relèvent en rien de la logique ni de la rationalité. Elles ne relèvent que
de l'histoire et de l'usage. Les plus extrémistes de nos réformateurs
voulaient pousser jusqu'à une orthographe phonétique qui a fait de
25 tout temps la joie des courriéristes et l'indignation des poètes. Les
modérés voulaient procéder à un simple époussetage de la langue. Ce
sont ceux-ci, sans aucun doute, qui l'ont emporté. Mais, même dans
cet exercice apparemment raisonnable, ils se sont heurtés à des obsta-
cles qu'ils n'ont pas su éviter. Ils ont voulu précéder l'usage au lieu
30 de le suivre.

Trois grands – ou petits, comme on voudra – domaines ont attiré
toutes les critiques: les tirets, le pluriel des mots composés et l'accent
circonflexe. Comment écrire *vice-amiral* ou *arc-en-ciel*: avec ou sans
tiret? Comment écrire au singulier *sèche-cheveux* ou au pluriel *prie-*
35 *Dieu*: avec ou sans x? Comment écrire *voûte* et *abîme*: avec ou sans
accent circonflexe?

N'entrons pas ici dans les détails et contentons-nous de suggérer
que, sur plusieurs points, dans cette bataille probablement impossible
à gagner, la réforme a fait preuve de rapidité, de légèreté, d'inconsis-
40 tance et que, dans sa volonté de simplifier, elle a ajouté de nouvelles
complications aux complications existantes et de nouvelles absurdités
aux anciennes. On comprend que, dans ces conditions, un certain
nombre d'écrivains et d'éditeurs, qui contribuent plus que personne à
la définition de l'usage, aient décidé de s'en tenir à l'orthographe clas-
45 sique et de s'opposer à la réforme.

L'intéressant, dans l'affaire, c'est que la décision finale viendra du
public et de vous. On aura beau accumuler les rapports et les comités,
ils resteront lettre morte si les journaux, les livres, les correspon-
dances privées et publiques, la publicité ne leur emboîtent point le
50 pas.

Jean d'Ormesson dans *Le Figaro*,
22–23 décembre 1990

5 l'Académie: l'Académie française, fondée en 1634 et dont la mission est de
veiller sur l'usage en matière de langue et d'orthographe. 15 opportunité:
timeliness. 25 courriéristes: *newspaper columnists.* 26 époussetage: *tidying-up (literally: dusting).* 34–5 prie-Dieu: siège bas dans les églises. 46 l'intéressant: ce qui
est intéressant. 47 on aura beau accumuler: *you can have as many … as you like.*

[62]

Ne demandez pas	1
Si le vent qui traîne	
Sur les cimes	
Attise un foyer;	
Si c'est un feu de joie,	5
Si c'est un feu des pauvres	
Ou un signal de guetteur.	
Dans la nuit trempées encore,	
Femmes fabuleuses qui	
Fermez vos portes, rêvez.	10
Je marche, je marche:	
Les mots que je porte	
Sur la langue sont	
Une étrange annonce.	

*   *   *

L'aube point et le paysage	15
Est fait à traits de sang, de vent,	
De silence et d'orages pâles.	
Le chant d'une belle voix vire	
Sans fin au-dessus des collines	
Tous liens rompus – ah comment vivre?	20
Ma demeure est un lieu de givre,	
Il vente à mort – mais tu murmures:	
'Finisse seulement l'exil;	

'La menthe nouvelle a fleuri,
'Le figuier a donné ses fruits,
'Finisse seulement le deuil.'

Au temps des supplices, toi seule
Fille de lavande au cœur sombre,
Toi seule peux chanter ainsi.

Mohammed Dib: *Ombre gardienne*
(Gallimard, 1961)

Mohammed Dib, né à Tlemcen, Algérie, en 1920.

[63]

1 S'il m'arrive parfois de manifester une sorte de tendance à l'anticléricalisme désuet, ce n'est pas, comme on pourrait le croire, Voltaire ou
Renan qui m'ont mis sur cette voie déplorable: c'est une pie.

J'adore les pies. De tous les oiseaux, l'agasse – comme on l'appelle
5 dans mon pays – est certainement celui qui a l'intelligence la plus
vive: elle est curieuse de tout, et elle regarde les choses et les gens
d'un œil narquois qui frise l'impertinence, voire l'effronterie. Jusqu'à
son cri, qui n'est qu'un éclat de rire sarcastique. Elle est d'humeur
perpétuellement joyeuse, ce qui ne l'empêche pas d'avoir un plumage
10 en lettre de faire-part: elle est l'incarnation de l'humour.

Or donc, quand j'étais dans ma dixième année, ma principale occupation était l'élevage d'une jeune agasse que j'étais allé prendre au
nid, au sommet d'un pin. Elle me suivait partout, à l'école buisson-
nière comme à l'autre (pendant la classe, elle jouait dans la cour, en
15 m'attendant). Elle était, d'ailleurs, extrêmement familière avec tout le
monde dans le village.

Tout le monde... sauf un personnage pour qui elle s'était prise
d'une haine étrange, inexplicable, mais terriblement tenace. Tous les
matins, c'était la même scène: j'étais en train de déjeuner, avant de
20 partir pour l'école, ma pie à mes côtés, lorsque, très ponctuellement le
curé passait devant chez moi, allant dire sa messe. Etait-ce le noir de
la soutane qui la fascinait? Dès qu'elle l'apercevait, la pie s'envolait

par la fenêtre et se lançait à la poursuite du saint homme, à la façon dont les roquets courent après une bicyclette. Elle se posait à un ou deux mètres derrière lui, et, sautillant de côté, comme il est d'usage chez les pies, elle le suivait ainsi, sur une bonne cinquantaine de mètres, en jacassant furieusement, le brave curé tentant vainement de la chasser en brandissant son noir parapluie.

Or, un matin, quand je me levai, mon agasse ne vint pas à ma rencontre. Je la cherchai partout dans la maison et, après une effroyable scène (pour ne pas aller à l'école), passai la journée entière à l'appeler dans les environs. En vain. Le lendemain, point de pie. Trois jours, quatre jours passèrent ainsi. Le matin, quand je voyais passer le curé, une certitude s'imposait à moi: c'était lui qui avait tué mon agasse d'un coup de son noir parapluie et qui avait fait disparaître le cadavre. Je ne sais ce qui me retenait de courir après lui, comme elle le faisait...

Et voilà qu'au sixième ou septième jour, alors que je prenais tristement mon petit déjeuner, mon père entra triomphalement, tenant la pie dans ses mains, et exultant:

– La voilà ton agasse, fiston! Je te disais bien qu'elle reviendrait!

J'eus à peine le temps de la voir: le curé passait à ce moment précis. Elle s'élança à sa poursuite, et là, je dois dire que je crus rêver: sautillant derrière le saint homme, ma pie se mit à crier, à haute et intelligible voix:

– Vilain corbeau! Vilain corbeau! Vilain corbeau!...

Imaginez la stupeur du brave ecclésiastique! C'est indescriptible. Sans doute, sur le coup, crut-il à une intervention diabolique. Il brandit son noir parapluie, en maugréant: 'Va-t'en, sale bête!'

Mais la pie continuait à le suivre en criant: 'Vilain corbeau!' Elle finit même par répéter: 'Sale bête! Sale bête!', lorsque le saint homme, très énervé, le lui eut crié plusieurs fois. Ma propre stupeur passée, je remarquai que mon père et son inséparable ami, le vétérinaire, suivaient la scène soigneusement cachés derrière les rideaux de la fenêtre. Ils se tirebouchonnaient. Leur hilarité, vous pensez bien, me gagna: j'avais l'impression que ma pie, ressuscitée, venait se venger du coup de pépin du malheureux subordonné de Pie XI.

Peut-être trouvez-vous mon histoire invraisemblable. Vous ignorez probablement que les pies peuvent parler: il suffit de leur couper le tendon – le 'fil', comme on dit chez moi – qu'elles ont sous la langue. Elles parlent beaucoup plus distinctement que les perroquets, et leur

vocabulaire est incroyablement plus étendu. Pratiquement, elles re-
tiennent toutes les phrases courtes qu'elles ont entendues deux ou
trois fois. Vous devinez maintenant comment les choses se sont
65 passées: les deux compères – mon père et le 'véto' – que je soupçonne
fort d'avoir nourri, à l'égard de l'Eglise, des sentiments peu enthousi-
astes, n'avaient pas manqué d'observer le manège de mon agasse.
L'idée de mieux l'exploiter ne tarda pas à germer dans leur esprit. Ils
kidnappèrent la pie, le 'véto' lui coupa le 'fil', ils la mirent dans une
70 cage et pendant six jours, avec une patience… d'anges, allais-je dire,
lui répétèrent les mots 'vilain corbeau' jusqu'à ce qu'elle les
prononçât correctement. Vous connaissez la suite qui se déroula
exactement selon leurs prévisions. La scène se renouvela, tous les
matins, pendant bien des mois. Le curé finit par s'y faire; simplement,
75 quand il arrivait à hauteur de chez moi, il pressait un peu plus le pas.
Il aurait peut-être couru, si sa dignité ne s'y fût opposée. Il se garda,
en tout cas, de porter plainte contre l'agasse, pour injures publiques,
sachant que tous les rieurs du village étaient du côté de la pie impie, et
que, peut-être, la loi ne prévoyait pas le cas.

80   C'est sur moi que la main de Dieu s'abattit, dès le premier jour – et
par le truchement de celle de l'instituteur: mon agasse, m'ayant suivi
à l'école, s'avisa de crier à mon bon maître: 'Sale bête! Sale bête!' –
l'expression qu'elle tenait de la bouche du curé, toute nouvelle pour
elle, semblant lui avoir beaucoup plu. Sans attendre mes explications,
85 l'excellent pédagogue, persuadé que c'était moi qui avais appris ça à
ma pie à son intention, me flanqua une calotte – ô ironie du vocabulaire!

Voilà comment j'ai appris, tout jeune, à douter de la justice immanente.

Gabriel Macé (1961) – reproduit dans *Le Canard
Enchaîné*, 27 juin 1990

2 Voltaire: dans ses écrits satiriques, Voltaire (1694–1778) critiqua vivement
l'Eglise et le clergé. 3 Renan: Ernest Renan, écrivain français (1823–92) qui, après
avoir abandonné une vocation ecclésiastique, devint célèbre pour ses vues rationa-
listes. 10 en lettre de faire-part: comme un faire-part de décès, c'est-à-dire blanc
entouré de noir. 46 corbeau (*pejorative*): *black coat, priest*. 55 se tirebouchonnaient: se tordaient de rire. 57 pépin: '*brolly*', *umbrella*; Pie XI: *Pope Pius XI*
(1922–39). 62 pratiquement: dans la pratique. 65 véto: vétérinaire. 74 finit par
s'y faire: *eventually got used to it*. 76 se garda: *refrained*. 86 calotte: 1) tape sur la
figure; 2) petit bonnet rond ecclésiastique; 3) (*pejorative*) le clergé. 88–9 justice
immanente: *natural justice*.

C'est avec onze mois de retard que nous allons fêter le centième 1
anniversaire de la naissance de Sacha Guitry, en assistant, ce mois de
janvier 1986, à trois de ses comédies, *le Veilleur de nuit, la Prise de
Berg-op-Zoom* et *Faisons un rêve*, qui sont, toutes trois, de la première période de l'auteur puisqu'elles datent respectivement de 1911, 5
1912 et 1916. Seul Sacha Guitry aurait su trouver lui-même les mots,
un peu espiègles et pas mal mélancoliques, pour dire les raisons de ce
retard, pour s'en moquer.

Le théâtre a été sa vie, son poumon artificiel, son goutte-à-goutte.
En 1952 (il est mort cinq ans plus tard), il a calculé qu'il avait joué 10
15 000 fois la comédie. Il a écrit cent vingt-cinq pièces de théâtre et
trente films, il écrivait d'habitude ses pièces en trois jours, à raison
d'un acte par jour. Il ne donnait pas à ses œuvres plus de mérite
qu'elles n'en avaient. 'De toutes mes comédies, disait-il, celle que je
préfère est sans doute *Nono*. Cette œuvre-là est spontanée, il ne s'y 15
trouve pas de bavures et elle n'est pas déformée par le "métier".' Il
disait aussi: 'Mes pièces sont des croquis, des esquisses, que la crainte
de mentir m'empêche souvent de terminer ou plus exactement de fi-
gnoler. J'ai ce goût des choses inachevées, parce que rien ne finit
jamais.'

Pour lui, un regard, trois pas, tout un choix de silences, avaient
autant de sens que les paroles. C'est pourquoi, aujourd'hui, le texte
imprimé de ses pièces est comme un vestige, presque une épave,
défiguré, insaisissable. Ces 'esquisses' qu'ont été ses pièces, il les
modelait, les animait, les transfigurait, par ses mises en scène spontanées, 25
très libres, qui ne respectaient, de même que son cinéma, aucune des
'règles' du métier.

C'était la personne singulière des acteurs, et son jeu propre, qui
était la vie de ses pièces, qui était son théâtre. Souvent, au cours des
répétitions, quand un acteur donnait une réplique, Sacha Guitry, sur 30
un ton étonné et désolé qui n'était pas 'menti' du tout, disait: 'Vous
n'allez pas dire ça!' 'Mais c'est le texte,' disait l'acteur. 'Peu importe,
disait Guitry, vous ne pouvez pas dire ça, vous allez m'aider à trouver
autre chose, ce n'est pas bien, ça...'

Il cherchait, il inventait, il allait à l'aventure jusqu'à la dernière 35 représentation de chaque pièce, il marchait beaucoup, sur scène, en jouant. Avec un podomètre il a compté, par curiosité, qu'il parcourait par exemple 3,5 kilomètres en jouant *Deburau,* 3,2 kilomètres en jouant *N'écoutez pas, Mesdames.*

40 Si l'on jouait aujourd'hui les pièces de Sacha Guitry, elles seraient, probablement, difficilement écoutables, sauf par des publics de Boulevard vraiment peu exigeants, parce que, sans la présence magique et les libertés improvisées de mises en scène de Sacha Guitry en personne, nous ne pourrions percevoir là que des comédies de mœurs

45 un peu faciles tournant autour des adultères, des suites d'effets, une grande verve. Ou bien il faudrait au moins que ces pièces fussent jouées par de vrais grands acteurs, qui prennent le relais des Raimu, des Michel Simon, des Fernandel, des Harry Baur, des Pauline Carton, et des Sacha Guitry, qui les jouaient autrefois.

50 Sans cela, le sérieux et le profond de ces pièces n'apparaîtraient pas. Guitry donne la clef de son théâtre dans cette phrase toute simple: 'Je ne me suis jamais complètement guéri de cette manie de croire qu'on peut rire d'une chose parce qu'elle n'est pas drôle.' Tout Guitry est là, mais rien n'est plus délicat et difficile à faire partager.

Michel Cournot dans *Le Monde,*
4 janvier 1986

7 pas mal mélancoliques: assez mélancoliques. 41 difficilement écoutables: difficiles à apprécier. 42 boulevard: théâtre de boulevard *(light comedy).* 44 comédie de mœurs: *comedy of manners.* 45 tournant autour: *revolving round*; suites d'effets: *one device after another.*

[65]

1 Quatre ans de chômage en dix ans. Triste décennie, pour Denis. La vie professionnelle avait pourtant bien commencé pour lui: un diplôme de l'Ecole nationale de l'industrie laitière plus un certificat de l'Institut supérieur de la conserverie lui avaient ouvert les portes, au

5 début des années 50, d'un grand laboratoire pharmaceutique. Une quinzaine d'années sans problèmes, mais lorsque l'entreprise déménage dans le Sud-Ouest, Denis décide de rester dans la région parisi-

enne. Il a trouvé un poste de cadre de production dans une usine de parfums. Au bout de six ans, l'usine ferme ses portes.

Première période sans emploi. Brève, puisque quatre mois après 10 Denis est embauché dans une fabrique de parfums à vingt kilomètres de chez lui. Licencié un an plus tard, il pointe de nouveau au chômage pendant quatre mois, avant de se recaser, toujours dans le parfum, mais à l'autre bout de la région parisienne. Devant les difficultés de transport, il renonce et entre comme chef de production dans une 15 chocolaterie en Seine-et-Marne. Il est licencié en 1976: 'J'ai fait les frais d'une querelle interne. Le directeur de l'usine a sauté, et moi aussi.'

Cette fois, le travail est plus difficile à trouver: six mois de stages, une tentative à Montélimar, un nouvel essai dans un laboratoire phar- 20 maceutique, dont il est licencié au bout de quatre mois pour des raisons peu claires, qui l'incitent à attaquer son ex-employeur devant les Prud'hommes. Depuis, plus rien: 'Je sais qu'il n'est pas facile d'entrer en compétition avec les jeunes lorsque l'on a cinquante-trois ans et que beaucoup de cadres commencent à prendre leur préretraite 25 à cinquante-sept ans. Mais, pourtant, c'est à mon âge qu'on a l'expérience.'

Denis ne perd pourtant pas le moral. Il se démène, mais sans résultat. Sa semaine de chômeur est organisée comme celle d'un cadre en pleine activité. Trois ou quatre fois par semaine, il prend le train à la 30 gare de Lagny pour se rendre à Paris. Il passe plusieurs heures à l'Apec (Association pour l'emploi des cadres) à consulter les offres d'emploi des journaux et revues professionnels, et à chercher dans le système d'annonces microfilmées la situation qui pourrait lui convenir: 'Je ne me contente pas de domaines où j'ai travaillé. J'ai 35 attaqué toutes les branches où l'on a besoin de gestionnaires de production. En un an, j'ai écrit trois cents lettres et reçu 70% de réponses. Toutes négatives. Cela représente de gros frais. Près de 6 francs par lettre pour les timbres, la photo, la photocopie du curriculum vitæ. Et dans la plupart des cas, les documents ne nous sont pas renvoyés.' 40

Homme de terrain, il est devenu un rat de bibliothèque. Dès qu'une opportunité semble se présenter dans un domaine qu'il connaît peu, il emprunte des ouvrages partout où il peut, tout est bon pour essayer de ne pas avoir l'air perdu lors des éventuels entretiens. 'Mais les convocations sont rares,' soupire Denis. 'Le plus souvent, un courrier 45 m'indique que je ne corresponds pas au profil demandé. Ça va rarement plus loin. Pourtant, jamais jusqu'à présent on n'a osé dire que j'étais trop vieux. Mais on me l'a laissé comprendre…'

A Denis, comme aux autres, le découragement est interdit: 'Il paraît
50 que l'espoir fait vivre. Moi, je n'en manque pas. J'ai plein d'idées en tête, et puis je ne me sens pas vieux.'

Christian-Luc Parison dans *Le Monde*,
23 novembre 1982

4 conserverie: *food canning*. 12 pointe… au chômage: *signs on … as unemployed*. 13 se recaser: *finding a new job*. 16 Seine-et-Marne: département de la région parisienne. 16–17 j'ai fait les frais: j'ai été victime. 17 a sauté: *got the sack*. 20 Montélimar: ville dans le Midi. 23 prud'hommes: *industrial tribunal*. 25 préretraite: *early retirement*. 28 moral: *morale*.

[66]

1 PIERRE: Marie, qu'est-ce que tu as?

MARIE: Rien. Sans doute la chaleur. Ça va mieux. C'est passé.

PIERRE: Tu es épuisée. Je suis complètement irresponsable, moi, de te laisser trimer ici!

5 MARIE: C'est passé, c'est passé.

PIERRE: Je vais te ramener à la maison.

MARIE: Mais non, simple passage à vide.

PIERRE: Je ne veux plus que tu travailles ici.

MARIE: Quoi?

10 PIERRE: Je vais finir de raffiner cette pechblende tout seul: ce n'est pas un travail de femme. Tu reviendras pour la phase finale.

MARIE: Non mais tu plaisantes?

PIERRE: Je suis très sérieux.

MARIE: Tu n'as pas le droit.

15 PIERRE: Ah non? Je n'ai pas le droit d'empêcher ma femme de s'user la santé?

MARIE: Non, tu n'en as pas le droit.

PIERRE: Pourquoi? Pourquoi te laisser t'échiner à des tâches ne nécessitant aucun talent scientifique alors que nous en sommes à
20 confier Irène à ta soeur?

104

MARIE: Pourquoi? Tu demandes pourquoi?

PIERRE: Oui. Je te demande pourquoi.

MARIE: Parce que je m'amuse! ICI JE M'AMUSE!!

PIERRE: Tu… Tu t'amuses??

MARIE: Oui: comme une folle. Il y a ici, dans ces chaudrons, un 25
métal inconnu, surnaturel, ça va faire un barouf insensé dans le
landerneau scientifique mondial, j'ai la chance d'être pour moitié
dans cette découverte – moi une femme, moi une polaque! – je
n'aurais jamais rêvé être à pareille fête quand je m'occupais
d'enfants pour payer mes études et tu voudrais que je rentre 30
torcher Irène pour un petit étourdissement? Dis donc, Pierre, qui
crois-tu avoir épousé?

PIERRE: Une grande âme. Un grand cerveau. Une très grande scientifique.

MARIE: Tu m'attribues des qualités morales? 35

PIERRE: Bien sûr: l'abnégation, le désintéressement, le dévouement,
le sens du sacrifice…

MARIE: Ah! oui, voilà, c'est ça, c'est tout le malentendu. Tu me vois
comme une sorte de Thérèse de Lisieux de la science en quelque
sorte? 40

PIERRE: Non mais… cette image n'est pas tout à fait fausse, même si
tu le dis ironiquement.

MARIE: [*avec une totale honnêteté*] Eh bien, cette image est fausse!
Je ne marche pas mais alors pas du tout au sacrifice ni au dévouement! Comme quoi on peut vivre à côté de quelqu'un sans le con- 45
naître… Je marche au plaisir, Pierre, uniquement au plaisir! Le
plaisir de chercher, de trouver, de comprendre! Le plaisir de battre
nos concurrents sur le poteau! Le plaisir de la science, Pierre, pour
moi c'est complètement physique! C'est… c'est une drogue! Loin
d'avoir le sentiment de ME sacrifier, j'ai le sentiment de tout sacri- 50
fier à cette DROGUE! Tu saisis la nuance?

PIERRE: Si je comprends bien tu te considères comme une sorte
d'égocentrique monomaniaque à tendance perverse?

MARIE: Exact!

[*Tous les deux se sourient, affectueusement complices.*] 55

PIERRE: Dont le vice est de fourrer son nez dans les secrets de la
matière?

MARIE: Tout juste!

PIERRE: Et alors, touiller de la pechblende jusqu'à épuisement fait
60   partie de ce plaisir malsain?

MARIE: On ne peut rien te cacher. [*Il lui ouvre les bras. Elle vient s'y
blottir.*] Il ne faut pas me renvoyer à la maison.

[*Un temps. Ils restent enlacés, seuls au monde. Puis soudain Marie a
comme un sursaut.*]

65 PIERRE: Qu'y a-t-il?

MARIE: Dis donc, pour détacher le radium du bismuth, on n'a essayé
aucun gaz?

PIERRE: Non, aucun, tu penses à quoi?

MARIE: A de l'hydrogène sulfureux? [*Il réfléchit un court instant.*]
70   Ma foi… c'est une idée!

[*Il va chercher une bouteille de gaz et la visse à l'envers sur un support de métal. Il verse la poudre dans un bocal qu'il vient visser tête-
bêche sur le support. Il ouvre le décompresseur. Une réaction chimique se produit dans le bocal. Une brume se fait, se dissipe. Les
75 parois du bocal restent couvertes d'un voile grisâtre.*]

MARIE: Il y a eu une réaction!

[*Pierre ouvre le bocal, passe un coton sur la paroi et vient l'analyser
à l'électromètre.*]

PIERRE: L'AIGUILLE EST AU MAXIMUM! COLLEE AU PLA-
80   FOND! C'EST DU RADIUM PUR!!

MARIE: ON A TROUVE!

[*Ils dansent de joie tous les deux. Ils chantent et dansent, par exemple
la Carmagnole, de façon échevelée. Puis, retrouvant leur sérieux.*]

PIERRE: [*montrant les sacs de pechblende*] Il n'y a plus qu'à piler,
85   dissoudre, filtrer, précipiter, recueillir et cristalliser comme ça
mille fois de suite et on est bons! Pas de temps à perdre! On s'y
remet!

MARIE: Il y a plus urgent.

[*Elle va fermer à clé la porte du labo.*]

90 PIERRE: Quoi donc? [*Marie déboutonne sa robe d'été d'un air
résolu.*] Ici?

MARIE: Sur les sacs.

[*Pierre commence aussitôt à se déboutonner à son tour. Noir.*]

Jean-Noël Fenwick: *Les Palmes de M. Schutz*
(*L'Avant-Scène Théâtre*, octobre 1989)

7 simple passage à vide: *just a momentary blank*. 10 pechblende: *pitchblende* (minerai renfermant une forte proportion d'uranium et de radium). 19 nous en sommes à: nous sommes réduits à. 20 Irène: leur fille. 26 barouf: grand bruit. 27 landerneau: communauté un peu étroite ('cela fera du bruit dans Landerneau', réplique de comédie passée dans la langue). 28 polaque: polonais(e). 39 Thérèse de Lisieux: sainte Thérèse de l'Enfant-Jésus (1873–97), carmélite de Lisieux en Normandie. 45 comme quoi: ce qui fait que. 59 touiller: remuer. 69 hydrogène sulfureux: *hydrogen sulphide*. 72–3 tête-bêche: *neck down*. 78 électromètre: *electrometer*. 83 la Carmagnole: sorte de ronde chantée et dansée en vogue au cours de la Révolution française. 85 précipiter: *precipitate*. 86 et on est bons: *and we're there*. 93 noir: *blackout*.

[67]

Le directeur du grand magasin Cora de Wittenheim (Bas-Rhin) ne   1
saura sans doute jamais où est née la rumeur – fausse – selon laquelle
un enfant aurait été tué par un 'serpent minute' caché dans un régime
de bananes de son établissement.

En dépit de la prime de 10 000 francs offerte à toute personne pou-   5
vant lui fournir des renseignements sur cette fausse information qui a
provoqué une baisse de son chiffre d'affaires, il n'a reçu depuis dix
jours que des messages anonymes émanant de 'corbeaux' prêts à
dénoncer leurs voisins.

Il pourra se consoler en apprenant que le supposé serpent n'en était   10
pas à son premier méfait. Un lecteur de Chambéry, M. Joseph
Escoffier, nous apprend, en effet, que ce serpent a sévi il y a quelque
temps dans la ville: 'Au centre commercial Chambord, écrit-il, le serpent n'était pas sorti d'un régime de bananes mais d'un cheval de bois
placé à côté d'un fleuriste d'où la rumeur avait déduit qu'il était   15
d'abord lové dans une plante exotique. La victime était un garçonnet
de 4 ou 5 ans, qui, piqué et transporté à l'hôpital, était décédé en
quelques instants. Diagnostic: une piqûre venimeuse. Inutile de dire
qu'une enquête minutieuse ne put trouver trace du dit garçonnet ni au
SAMU, ni chez les pompiers, ni à l'hôpital, ni sur la liste des décès.   20
La rumeur n'a du reste cessé que lorsqu'il a été avéré que le serpent

avait sévi dans d'autres grandes surfaces commerciales fort loin de
Chambéry. Mais voilà qu'il a émigré dans l'Est…'

25 Nous avons appris aussi qu'un reptile du même acabit avait été si-
gnalé, il y a quelques mois, à Saint-Etienne (dans un cageot de ceri-
ses, cette fois) et, tout récemment, dans un grand magasin de Belgique.

Un autre lecteur, M. L. Jégu, vétérinaire dans le Loir-et-Cher, estime
que cette rumeur est méchante et bête: 'Le plus cocasse dans cette histoire de serpent minute, écrit-il, c'est que le serpent minute est dit
30 minute simplement parce qu'il est petit et pas du tout parce qu'il
risque de tuer en une minute. Il est totalement inoffensif. Ça ne mord
pas plus qu'une minute de notaire.'

Alors, d'où viennent ces petits serpents qui s'attaquent aux grandes
surfaces?

Le Matin, 10 décembre 1982

8 'corbeaux': auteurs de lettres anonymes. 11 Chambéry: ville des Alpes, ancienne
capitale de la Savoie. 14 régime: *bunch (of bananas)*. 20 SAMU: Service d'assistance médicale d'urgence (*emergency medical service*). 21 il a été avéré: *it
emerged*. 22 grandes surfaces commerciales: hypermarchés. 25 Saint-Etienne: ville
industrielle du Massif central, chef-lieu du département de la Loire. 32 minute de
notaire: minute d'un acte notarié.

[68]

1 En décembre 1907, Apollinaire accompagne Braque dans l'atelier de
Pablo Picasso au Bateau-Lavoir. Ils y voient les formes disloquées,
violentes du tableau qui fait murmurer aux visiteurs que Pablo est
devenu fou. Bouleversé, Braque s'exclame devant ces *Demoiselles*
5 *d'Avignon*: 'C'est comme si quelqu'un buvait du pétrole pour cracher
du feu!' Rentré chez lui, il commence aussitôt son *Grand Nu*, achevé
six mois plus tard: celui-ci s'inspire du *Nu à la draperie* qu'il a vu
dans l'atelier de Picasso. Il tente là, fidèle aux audaces de Picasso, de
réunir en une seule image divers angles de vue. Pendant l'été 1908, à
10 l'Estaque, il peint le premier ensemble de toiles cubistes. Jugement
d'un critique de l'époque: 'Monsieur Braque est un jeune homme fort
audacieux. Il construit des bonshommes métalliques et déformés qui

108

sont d'une signification terrible. Il méprise la forme, réduit tout, sites et figures et maisons, à des schémas géométriques, à des cubes.' Ainsi naît le mot 'cubisme', bientôt repris par Apollinaire.

En septembre 1908, rentré à Paris, Picasso découvre avec étonnement que ces paysages qui géométrisent le motif sont étrangement semblables à ceux qu'il vient de peindre à la Rue des Bois, près de Creil. Picasso a 27 ans, Braque à peine 26. Ils deviennent amis, complices. Commence alors ce que Braque appelle 'la cordée en montagne'... Unissant, confrontant leurs recherches, ils inventent un nouveau langage pictural, la plus grande révolution plastique jamais survenue depuis la Renaissance. 'Chacun de nous, racontait Picasso, venait voir ce que l'autre avait fait dans la journée, nous critiquions notre travail. Une toile n'était pas terminée à moins que nous n'estimions tous deux qu'elle l'était.' Ils échangent des thèmes, rivalisent autour du même objet, le contournant, émiettant les formes à force de les analyser. Leurs œuvres se répondent comme les mots d'une même phrase.

Emportés par la passion de cette recherche, ils vont jusqu'à décider pendant un certain temps de ne plus signer. Braque, dans sa vieillesse, devant l'une de ses œuvres composées alors, prétendait ne plus savoir si elle était de lui ou de Picasso. 'Nous étions prêts à gommer notre personnalité afin de trouver l'originalité,' expliquait-il. Contre l'idée romantique d'un génie de l'artiste, ils travaillent à la chaîne en quelque sorte, tels des scientifiques qui dans un laboratoire se communiquent leurs découvertes, soucieux d'arriver à la révélation commune. Ils n'ont plus l'apparence bohême des artistes, mais portent des bleus de mécano. Un jour, ils s'amusent à entrer dans la galerie de Kahnweiler en jouant aux ouvriers, tournant leur casquette dans la main: 'Patron, on vient pour la paie!'

Souvent c'est Braque qui invente: au printemps 1910 celui-ci figure un clou en trompe l'œil, comme si c'était un objet réel, dans ses natures mortes. Picasso riposte bientôt par l'emploi systématique de lettres d'imprimerie peintes.

Surenchère de Braque: dans *le Portugais*, en 1911, il introduit des lettres au pochoir sur la toile pour rappeler que le tableau n'est plus une fenêtre qui ouvre le mur mais un objet à deux dimensions. La peinture, s'opposant à l'insaisissable apparence des choses, sera lourde et pleine de sable, de sciure de bois, de plâtre ou de limaille de fer. Braque, fils et petit-fils d'artisan peintre en bâtiment, aime jouer

du contraste des matériaux, imitant aussi les veines d'un bois et apprenant à Picasso à passer un peigne d'ouvrier pour évoquer les ondulations d'une barbe ou d'une chevelure. Riposte de Picasso: il se
55 sert du peigne d'acier d'un coiffeur pour les cheveux du *Poète*.

Si Picasso dans sa *Nature morte à la chaise cannée* invente le collage, fixant sur le tableau un morceau de toile cirée, Braque sera l'auteur, en septembre 1912, dans *Compotier et verre* du premier papier collé. Ainsi tous deux rivalisent et se complètent... Les inven-
60 tions reprises, partagées, soulignent les différences de tempérament: le défi chez Braque vient servir l'harmonie, accentuer le classicisme des compositions, tandis que chez Picasso les sacrilèges s'exaspèrent, enchaînent sur des violences abruptes.

Leurs tableaux nous livrent leur vie quotidienne, les chansons à la
65 mode, les programmes de pièces, les paquets de cigarettes. Et Picasso, qui est amoureux, n'hésite pas à le proclamer dans une de ses toiles de 1912: 'J'aime Eva.' L'ironie des deux hommes, qui s'amusent parfois, transparaît aussi: 'La bataille est engagée,' proclame Picasso en collant dans un tableau ce titre d'article découpé dans un journal,
70 quand, revenant de Sorgues, il découvre le premier papier de Braque. Autre espièglerie: Braque mettait souvent une grappe de raisin dans ses compositions; Picasso s'en moque légèrement, reprenant cette grappe pour la poser sur le chapeau d'une jeune fille à qui, par surcroît, il a donné, mais à l'envers, les lèvres retroussées dont Braque
75 pare ses femmes.

Quand la guerre éclate, Braque est mobilisé. Picasso l'accompagne sur le quai de la gare. 'J'avais un ami, dira-t-il des années plus tard, je l'ai accompagné à la gare d'Avignon en août 1914, je ne l'ai jamais revu.' Ils s'étaient pourtant rencontrés à nouveau, et dès le retour de
80 Braque, blessé, mais la cordée n'existait plus.

France Huser dans *Le Nouvel Observateur*,
24–30 mai 1990

1 Apollinaire: Guillaume Apollinaire (1880–1918), poète français, précurseur du surréalisme et défenseur des peintres cubistes. 2 Bateau-Lavoir: immeuble à Montmartre où de nombreux artistes vivaient et travaillaient pendant les premières années du vingtième siècle. 10 l'Estaque: village aux environs de Marseille. 19 Creil: ville à 60 kilomètres au nord de Paris. 39 bleus de mécano: *mechanic's overalls*. 40 Kahnweiler: Daniel Kahnweiler, marchand de tableaux et critique d'art français (1884–1979), né à Mannheim. Il contribua largement à faire connaître les

grands peintres cubistes et les Fauves. 53 peigne d'ouvrier: peigne qui sert à faire des tracés dans le plâtre. 62 s'exaspèrent: s'intensifient. 65 pièces: pièces de théâtre. 70 Sorgues: petite ville près d'Avignon.

[69]

La cohabitation, les paysans du Quercy la pratiquent depuis   1
longtemps. Pour eux, mars 1986 ne changera rien. Ils savent ce que
vivre ensemble – ou survivre – veut dire. Solidarité des générations,
addition des forces de travail, concertation permanente, objectifs com-
muns: chaque ferme est un laboratoire pour la cohabitation. Si la   5
famille garde un sens, c'est sans doute dans ces campagnes de la
France profonde, qu'il faut le rechercher.

Tout près de la Corrèze, au nord du département du Lot, M. Guy
Foucher et deux de ses fils gèrent ensemble une exploitation qu'on
pourrait considérer comme un modèle agricole et familial.   10

C'est le hameau Foucher. 'Avant, il y avait quatre fermes, ici. Vous
voyez cette ferme, au milieu? Elle est abandonnée. Celle qui est au
bout? C'est nous les fermiers, il n'y a plus que la dame. Celle d'à
côté? Il n'y a plus qu'un homme veuf. Ses enfants sont professeurs à
Périgueux.'   15

M. Foucher et sa femme ont eu six fils. L'aîné a vingt-sept ans, le
plus jeune vingt et un. Les deux premiers travaillent en GAEC
(groupement agricole d'exploitation en commun) avec leur père.
L'épouse de M. Foucher et leur jeune belle-fille travaillent aussi. La
mère de M. Foucher, âgée de soixante-dix-huit ans, est là aussi. Elle a   20
la libre disposition de sa retraite. Il y a encore – l'avenir se prépare
déjà – un petit-fils frisé, âgé de dix-huit mois.

Tout ce petit monde cohabite à longueur d'année. Chaque jour le
déjeuner est pris en commun dans la maison des parents, quatre
générations autour d'une même table, dans une maison fraîche, pro-   25
pre, impeccable, qui sent bon l'ordre, l'affection. Le soir venu, la
famille se répartit dans les différentes maisons du hameau.
Organisation du travail. Mme Foucher s'occupe des volailles et du
jardinage. Le fils aîné élève les porcs (la ferme possède quatre-vingts

30 truies). Le second est responsable des moutons (six cents bêtes, réparties dans trois bergeries, neuf cent trente-trois agneaux déjà produits
depuis le début de l'année). La belle-fille, qui a suivi une formation
d'économie ménagère, partage avec son beau-père les soucis de la
gestion. Les hommes reçoivent chacun un salaire, le père comme les
35 fils. Les deux femmes reçoivent un demi-salaire.

Demi-salaire aussi pour un troisième fils, le plus jeune de la famille,
qui est revenu à la ferme, après son service national, pour une 'année
de réflexion'. Dans quelques mois, il dira s'il reste ou si, comme trois
autres de ses frères, il quittera l'exploitation familiale. Ces trois-là,
40 échappés du nid familial, ne s'en sortent pas mal non plus: l'un d'eux
est technicien agricole, l'autre est technicien dans l'électricité, à
Brive, et le troisième, comme le dit M. Foucher, est 'rentré gendre'
dans une ferme de Dordogne. Il cohabite, mais ailleurs.

Aux Bories, c'est le nom du lieu-dit, il y a devant la maison princi-
45 pale quelques marronniers dont l'ombre est précieuse par ces temps
d'anticyclone. C'est en quelque sorte la place du village, la place de la
famille. On s'y croise. On y échange informations, projets, décisions.
Les chiens – nombreux – s'y couchent quand les hommes s'arrêtent.
La famille Foucher, communauté de travail, serre les coudes, s'adapte
50 au temps qui passe, améliore le patrimoine, investit, s'informe, gagne
peu et fait des sacrifices. Sans bruit, sans disputes, partageant – toutes
générations mêlées – les lentes promesses de la terre ou affrontant les
soubresauts de la calamité. On dirait qu'ils ont réinventé la famille.

Bruno Frappat dans *Le Monde Dimanche*,
27–28 octobre 1985

1 cohabitation: 1) fait de vivre ensemble; 2) dans le système politique de la Ve
République, coexistence d'un Président de la République et d'un gouvernement de
tendance opposée, ce qui fut le cas entre les élections législatives de 1986 et celles
de 1988; Quercy: région et ancien pays du versant sud-ouest du Massif central.
8 Corrèze: rivière et département du centre de la France dans le Massif central.
13 fermiers: *tenant farmers*. 20–21 elle a la libre disposition de sa retraite: elle
dépense sa retraite comme elle veut. 26 sent bon: manifeste. 40 ne s'en sortent pas
mal non plus: *are doing pretty well too*. 41 technicien agricole: *agricultural
mechanic*. 42 Brive: Brive-la-Gaillarde, ville-carrefour importante de la Corrèze;
rentré gendre: manière de dire qu'il a épousé la fille d'un autre paysan.
43 Dordogne: département voisin de la Corrèze. 44 lieu-dit: lieu à la campagne qui
porte un nom particulier. 50 s'informe: se tient au courant des progrès.

Comme chaque fois qu'il se rendait au sous-sol, Jérôme, dont le mètre 1
quatre-vingts s'accommodait mal des plafonds surbaissés, heurta du
front, au bas de l'escalier, le linteau de fer qui barrait la partie
supérieure de la cage.

– Fais attention papa, cria Sophie, ou tu finiras comme Charles 5
VIII.

M. Paulain se massa l'os frontal en grimaçant et demanda aux
enfants ce qu'ils faisaient là.

– Ben, on fait des plans, dit Pierre, qui inscrivait sur un vague
dessin des lieux les mesures que Sophie relevait avec un double mètre 10
pliant.

– Que penses-tu de l'idée de maman?… Elle est géniale, non? dit la
jeune fille, rouge d'excitation.

Agnès, qui savait comment manœuvrer son mari, déposa un baiser
sur le front de ce dernier où se développait une bosse toute semblable 15
aux deux précédentes nées d'un choc identique.

– A force de cogner au même endroit, tu finiras par t'ouvrir le crâne
et toute ta science s'échappera, dit-elle tendrement.

– C'est bien pourquoi, si vous tenez à ma vie et au moins à ce que
je poursuive l'activité qui nous fait vivre, tu devrais renoncer à ton 20
projet, puisque je vois que j'ai été… comme d'habitude le dernier
informé.

– On voulait te faire la surprise et te présenter un plan complet, dit
Sophie.

– Je viens de vous démontrer douloureusement qu'on ne peut pas 25
rendre ce sous-sol habitable pour des êtres humains normaux.

– T'as qu'à prendre un casque pour descendre l'escalier. Une fois
en bas, tu tiens très bien debout… Regarde, il y a deux mètres vingt
de hauteur de plafond, dit Pierre.

– Pas besoin de casque, cette entrée d'escalier peut être aisément 30
agrandie, dit Agnès, qui, Jérôme le comprit, avait déjà étudié la question.

– Et comment, s'il vous plaît? interrogea-t-il avec un peu d'humeur.

– Y a qu'à entamer la voûte sur cinquante centimètres, on gagne de
quoi dégager le haut du bas de l'escalier, précisa Mme Paulain. 35

– Ou y a qu'à faire un escalier plus raide… N'importe comment, celui-ci est pourri, ajouta Sophie.

Jérôme s'assit sur la dernière marche, mettant ainsi une distance largement salutaire entre le plafond et son crâne. Dès l'instant qu'on 40 sollicite le 'yaka', il se présente prêt à rendre tous les services qu'on peut attendre d'un serviteur docile et irresponsable. Ce jour-là, il ne fit pas défaut et introduisit, par le truchement d'Agnès et de ses enfants, une série de propositions.

– Y a qu'à construire une cloison pour fermer la chaufferie.

45 – Y a qu'à en dresser une autre pour isoler la cave à vins.

– Y a qu'à faire un faux plafond en plâtre.

– Y a qu'à poser un dallage.

– Y a qu'à faire une buanderie près de la chaudière.

– Y a qu'à agrandir la porte côté jardin et bâtir trois marches à 50 l'extérieur.

– Y a qu'à…

– Halte! cria Jérôme, étourdi par ce concert de 'yakas'.

Pointant le doigt vers la colonne de fonte qui, plantée au milieu du sous-sol, soutenait vraisemblablement la construction, il dit du ton du 55 bridgeur qui sort un atout:

– Et ça, qu'en faites-vous? Tu te vois, Agnès, avec un pilier au milieu de la pièce?

– Y a qu'à l'enlever, proposa Pierre.

– Et si la maison s'écroule, remarqua Sophie, un peu effrayée par 60 les audaces de son frère.

Maurice Denuzière: *Pour amuser les coccinelles*
(J.-C. Lattès, 1982)

2 surbaissés: *disproportionately low*. 4 cage: *stairwell*. 5–6 Charles VIII: mort de cette manière, ayant heurté du front un linteau de porte au château d'Amboise (1498). 9 ben: eh bien. 27 t'as qu'à: tu n'as qu'à. 33 avec un peu d'humeur: *with some ill-humour*. 34 y a qu'à: il n'y a qu'à. 34–5 de quoi dégager: ce qui permet de dégager. 41 irresponsable: qui n'a pas à répondre de ses actes. 41–2 il ne fit pas défaut: il n'y manqua pas. 48 buanderie: *laundry room*. 49 côté jardin: *on the garden side*. 55 bridgeur: joueur de bridge.

Quiconque veut avoir le plus large aperçu de l'art funéraire de ces   1
deux derniers siècles peut se rendre au Père-Lachaise. La nécropole
constitue, en effet, le meilleur livre d'histoire de l'art qui se puisse
trouver en la matière. Tous les styles y sont représentés. Entre la flam-
boyante tombe gothique, le pompeux caveau haussmannien, la simple   5
pierre tombale, les marbres les plus rares et les fers forgés délicats, le
visiteur n'a que l'embarras du choix. De plus, le cimetière ne manque
pas de monuments signés par les meilleurs architectes et sculpteurs de
ces époques, tels Garnier, Guimard, Hittorf, Percier, Viollet-le-Duc,
Visconti, pour la première catégorie et Bartholomé Cartellier, Dalou,   10
David d'Angers, Etex, Préault, Rude, pour la seconde.

Ainsi, le Père-Lachaise est un des plus beaux musées, en plein air,
de la capitale. De nombreuses tombes, du fait de l'inspiration 'délirante' de leurs auteurs, ou de leurs commanditaires, sont de véritables
curiosités. En même temps, la liste des célébrités de premier plan du   15
monde des arts, des sciences et de la politique, prouve à quel point le
Père-Lachaise est avant tout un jardin-panthéon. Toutes ces gloires
sont pour beaucoup dans le fait que le cimetière est le quatrième site
parisien le plus visité, après la tour Eiffel, Notre-Dame et l'Arc de tri-
omphe.   20

Il existe même des tombes au Père-Lachaise qui font l'objet d'un
véritable culte. Nombreux, par exemple, sont les amoureux qui viennent se recueillir autour de l'imposant temple gothique où reposent les
célèbres amants, Héloïse et Abélard. Plus nombreux encore sont ceux
qui préfèrent se rassembler autour du mausolée en forme de dolmen   25
d'Allan Kardec. Est-ce parce que ce spirite du 19e siècle promet la
réincarnation après la mort que sa tombe est toujours si abondamment
fleurie? Il paraît que le fait d'imposer la main sur son buste voit la
réalisation de tous vos vœux. Encore faut-il y croire. Il semble que ce
soit le cas de bon nombre de ses 'disciples'.   30

C'est un tout autre genre de clientèle qui se réunit autour de la
dépouille de Jim Morrison. L'ancien animateur du groupe 'The
Doors' attire encore pas mal de représentants de la 'rock generation'.
Musique et graffiti sont en général au programme du culte qui lui est

35 constamment rendu. Plus curieux est l'attrait dont jouit Victor Noir.

Ce journaliste du siècle dernier, représenté sous la forme d'un beau
gisant de bronze, oeuvre de Dalou, est devenu une sorte de symbole
de la fécondité. La faute en incombe à l'artiste qui a mis en relief, de
façon très expressive, certaine partie de l'anatomie du jeune homme,
40 objet de bien des… approches. Chopin, dont le coeur a été placé dans
un des piliers de l'église Sainte-Croix de Varsovie, bénéficie d'un
culte plus serein. Sa tombe, toujours bien entretenue et sobrement
fleurie, est le lieu de rencontre des Polonais de passage. Tout comme
la sépulture du général Antranik, autour de laquelle les Arméniens
45 aiment à se retrouver. Enfin, les tombes plus récentes d'Edith Piaf et
de Simone Signoret connaissent, elles aussi, une grande popularité.

Jacques Barozzi: *Le cimetière du Père-Lachaise*
(Edns. Ouest-France, Rennes, 1989)

2 nécropole: grand cimetière urbain. 5 haussmannien: de l'époque du baron
Haussmann, préfet de la Seine (1853–70). Il transforma Paris par d'importants
travaux d'urbanisme. 8 signés par: réalisés par. 13–14 délirante: *frenzied*. 14 leurs
commanditaires: *those who had commissioned them*. 17 jardin-panthéon: jardin qui
commémore des personnages. 24 Héloïse et Abélard: célèbres amants du moyen
âge français. 26 spirite: *spiritualist*. 29 encore faut-il y croire: mais il faut y croire.
32 Jim Morrison: né en Floride en 1943, mort à Paris en 1971. 35 Victor Noir: tué
à 22 ans (1870) d'un coup de pistolet tiré par un parent de Napoléon III. Sa mort
provoqua une manifestation populaire. 37 gisant: *recumbent effigy*. 38 en incombe
à: appartient à. 44 Antranik: Ozanian Antranik (1865–1927), héros arménien qui
lutta contre l'empire ottoman pour la libération nationale. 45 Edith Piaf: chanteuse
populaire (1915–63). 46 Simone Signoret: actrice de cinéma (1921–88).

[72]

maintenant nous sommes assis à la grande terrasse 1
où paraît le soir et les voix parlent un langage inconnu
de plus en plus s'efface la limite entre le ciel et la terre
et surgissent du miroir de vigoureuses étoiles
calmes et filantes 5

plus loin un long mur blanc
et sa corolle de fenêtres noires

ton visage a la douceur de qui pense à autre chose
ton front se pose sur mon front
des portes claquent des pas surgissent dans l'écho 10
un sable léger court sur l'asphalte
comme une légère fontaine suffocante

en cette heure tardive et gisante
les banlieues sont des braises d'orange

tu ne finis pas tes phrases 15
comme s'il fallait comprendre de l'oeil
la solitude du verbe
tu es assis au bord du lit
et parfois un grand éclair de chaleur
découvre les toits et ton corps 20

Marie Uguay: *Autoportraits*, 1981 (extrait)
dans *La Poésie québécoise*, anthologie
(L'Hexagone, Montréal, 1990)

Marie Uguay, 1955–81, née à Montréal.

[73]

1   Le 23 février 1957 est une date historique, tant dans l'histoire du journal *Spirou* que dans celle de la bande dessinée. Ce jour-là parut un
dessin unique présentant *Gaston Lagaffe*, 'héros sans emploi'. André
Franquin va bientôt lui en trouver un et, avant la fin de l'année,
5 Gaston est engagé comme garçon de bureau par Fantasio, alors secrétaire de rédaction aux éditions Dupuis. En général, Gaston dort dans
son bureau au milieu d'un amoncellement de courrier en retard.
Malheureusement, Fantasio veut le faire travailler; alors, les cata-
clysmes se déchaînent. Il suffit que Gaston touche à un objet pour le
10 pervertir et le rendre redoutable. Ses expériences de chimie 'amu-
sante' détruisent un jour tout un étage des éditions Dupuis… Quant
au fait d'abriter dans son bureau un chat, une mouette rieuse, un cac-
tus géant, parfois une vache, il n'est pas fait pour rendre la vie facile à
ses collègues. Même lorsqu'il quitte subrepticement son poste en lais-
15 sant à sa place un Gaston en latex grandeur nature, il demeure tout
aussi dangereux. Les nerfs de Fantasio n'y tinrent pas et il préféra
quitter son poste pour parcourir le monde avec Spirou, laissant
Prunelle aux prises avec Gaston. Seule Mlle Jeanne est en adoration
devant Lagaffe, adoration chaste semblait-il, mais des dessins inédits
20 pour la carte de vœux de Noël 1987 des éditions Dupuis, et quelques
croquis aperçus dans l'atelier de Franquin, semblent indiquer qu'elle
n'a pas été cruelle envers Gaston. Est-il besoin de le dire, *Gaston
Lagaffe* est un chef-d'œuvre, au même titre que *Peanuts* aux Etats-
Unis. Humour, intelligence, astuce, qualité graphique exceptionnelle,
25 tout y est. *Gaston Lagaffe* est la meilleure bande dessinée d'expression française.

    M'enfin!

Jacques Sadoul: *93 ans de BD*
(J'ai lu, 1989)

6 éditions Dupuis: qui publient *Spirou*. 10 expériences: *experiments*. 27 M'enfin!:
Mais enfin!

L'histoire de l'huître est inséparable de celle de notre civilisation. Les 1
réserves naturelles de l'Italie s'épuisant, on l'importa en France, sur
les côtes de la Bretagne, du Languedoc-Roussillon, de la Gironde, de
la Corse aussi. Notre Moyen Age la bouda un peu, la Renaissance la
remit à la mode, en la servant cuite dans l'huile, avec du pain écrasé, 5
de la purée de pois et du vin. Avec Louis XIV, elle prit franchement le
chemin de la gloire.

On considéra longtemps que les bancs d'huîtres constituaient une
richesse inépuisable. Quelques mesures de protection furent bien
prises dès 1755, mais il fallut attendre l'Empire pour que soient entre- 10
prises des recherches visant à développer la production des huîtres.
Les techniques s'améliorèrent d'année en année, mais l'huître plate, la
seule connue à l'époque, fut souvent la victime des parasites. Déjà.

C'est à la fin du XIXe siècle que l'huître creuse fit son apparition
sur nos côtes. En 1868, un navire affrété pour le transport d'huîtres 15
portugaises dut se réfugier dans l'estuaire de la Gironde à cause d'une
forte tempête. On jeta la cargaison par-dessus bord, et, du même coup,
une nouvelle espèce d'huître s'implanta en Gironde, puis à Oléron, le
long de la côte charentaise.

Elle proliféra rapidement chez nous, suppléant ainsi à la défection 20
de l'huître plate, victime d'un parasite. Pourtant robuste, la portugaise
fut victime, en 1968, d'une terrible maladie des branchies. Les
ostréiculteurs français se trouvèrent alors contraints d'importer des
naissains (huîtres nouveau-nées) du Japon et du Canada. Ces importations furent couronnées de succès, et, aujourd'hui, avec une produc- 25
tion voisine de cent trente mille tonnes annuelles, la France est, de
loin, le premier pays producteur d'huîtres d'Europe.

Les huîtres creuses de Bretagne et de Normandie se distinguent par
leur saveur très iodée. Denses et fermes, celles de la région de
Marennes-Oléron font l'unanimité des gourmets. Comme le vin, les 30
huîtres ont le goût de leur terroir. Ainsi la bouzigue, élevée dans le
bassin de Thau, est-elle fruitée et saline, tandis que la gravette, issue
du bassin d'Arcachon, se révèle délicieusement charnue. La taille
d'une huître ne détermine en rien sa saveur, et, chacun le sait, il est de
petites huîtres beaucoup plus iodées que des coquillages très volu- 35

mineux. La consistance du fond, les mouvements de la mer jouent beaucoup dans ce domaine.

Vaut-il mieux choisir des huîtres grasses ou des huîtres maigres? Les premières sont très spectaculaires et se prêtent bien à être cui-
40 sinées, au champagne, par exemple. Mais finesse et délicatesse sont du côté des huîtres maigres.

Première précaution à prendre à l'heure du choix: n'acheter que des huîtres bien formées. On ne les ouvrira qu'un quart d'heure environ avant de les consommer, en sachant qu'une huître bien vivante
45 s'ouvre difficilement: cette défense est un signe de fraîcheur. Pour constater la vitalité d'une huître dans l'assiette, il suffit de toucher sa bordure avec la pointe de la fourchette. Les cils doivent alors se rétracter. Votre plaisir, mais aussi votre santé, dépendent de ce test très simple, même si, de nos jours, les huîtres sont soumises à une
50 série de traitements et de vérifications poussés avant d'être mises sur le marché.

Jean-Marie Boelle dans *Le Figaro*,
15–16 décembre 1990

4 bouda: méprisa. 10 l'Empire: l'Empire de Napoléon I (1804–14). 17 du même coup: en même temps. 18 Oléron: l'île d'Oléron. 21 portugaise: variété d'huître. 26–7 de loin: *by far*. 29 iodée: qui contient de l'iode. 32 Thau: lagune sur la côte méditerranéenne près de Sète où l'on cultive l'huître de Bouzigues, dite 'la bouzigue'. 34 il est: il y a. 36 la consistance du fond: *the nature of the seabed*.

[75]

1 – Connaissez-vous un poète qui s'appelle Paul Claudel?

J'étais venue, pantelante de trac, dans ce hall d'hôtel où Eve Francis m'avait amenée, et maintenant, assise, éberluée, brusquement détendue comme après la douche, je regardais cet homme-bœuf, qui
5 occupait, devant moi, tout un fauteuil.

Il tonitrua encore:

– En avez-vous entendu parler?

Je ne tremblais plus du tout; je me demandais, effarée, s'il ne se

foutait pas de moi, et si oui, pourquoi? Et je bredouillais de vagues
'Oui, monsieur' qu'il n'entendait pas, sourd qu'il était, dans la lignée   10
de Beethoven.

– Avez-vous lu des textes de Paul Claudel?
– Oui, monsieur!…
Mais il n'entendait toujours pas.
– Qu'avez-vous lu de Paul Claudel?   15
J'ai senti mes doigts de pieds se retrousser péniblement:
– Plusieurs pièces, monsieur…
Et comme rien ne venait:
– *L'Annonce faite à Marie*, par exemple.
Cette fois il entendit: 20
– Vous avez lu *L'Annonce faite à Marie*?
C'était toujours le miracle qui lie Mara à Violaine dans l'*Annonce*
qui m'avait amenée, après une audition chez Simon, là devant Paul
Claudel.

– Monsieur, Mme Eve Francis vous a sans doute parlé de moi après   25
m'avoir vu interpréter une scène de Mara; elle a dû vous le dire.
– COMMENT?
Je n'étais plus capable de répondre; quelqu'un répéta, plus fort, ce
que je venais de murmurer.
– Mais avez-vous pris connaissance de toute la pièce?   30
J'étais prête à gifler ou à hululer, je ne sais plus:
– Pour interpréter un personnage, même et surtout s'il doit être réduit
à un extrait, il me semble qu'il faut le connaître dans son intégralité!
Je parlais de mieux en mieux, avec de plus en plus d'aisance, et
maintenant la colère me faisait hurler. Il me regarda, vraiment, pour la   35
première fois:
– Connaissez-vous *Le Père humilié*?
– Oui, monsieur.
Et avec une brusque douceur bourrue et, ma parole! l'ombre d'un
sourire: 40
– Racontez-moi.
J'ai cru avoir une syncope; j'étouffais littéralement:
– Non, monsieur, vous racontez beaucoup mieux que moi…
C'était la première fois que mon habituel esprit d'escalier ne me
faisait pas attendre la répartie, et cela m'étonna au point de croire une   45
seconde que quelqu'un d'autre parlait à ma place.

Un temps. Un second regard. Et puis la proposition qu'il m'a faite d'être 'Pensée'. Et dans cet état, second, où il m'avait mise, et de colère, ces mots sortis de ma bouche ouverte:

50 – Mais vous, monsieur, connaissez-vous Maria Casarès?

A lui l'hébétude: – … mais oui…

– Non, monsieur, vous ne m'avez jamais vu jouer. Barrault, Eve Francis, vous ont peut-être parlé de moi; mais vous, vous ne me connaissez pas. Et il me parait bon que vous me connaissiez avant de

55 m'engager.

Maria Casarès: *Résidence privilégiée*
(Fayard, 1980)

1 Paul Claudel: poète, dramaturge et diplomate (1868–1955). 2 trac: *nerves*; Eve Francis: actrice de cinéma, puis imprésario (1896–1980). 3 éberluée: *taken aback*. 6 tonitrua: cria d'une voix tonnante. 31 hululer: *scream*. 39 bourrue: *gruff*. 44 esprit d'escalier: *slow wit*. 48 Pensée: Pensée de Coûfontaine, personnage du *Père humilié*. 52 Barrault: Jean-Louis Barrault, acteur et metteur en scène, né en 1910.

[76]

1 La main gauche tempère et compte. La main droite entraîne et lance. Perché sur un haut tabouret, le visage rendu presque douloureux par la concentration, Pierre Boulez répète, un œil rivé sur sa partition, l'autre épiant les musiciens de l'Ensemble InterContemporain. De

5 temps à autre, il lève les bras, les instruments se taisent et il dissèque longuement l'exécution, redressant ici un tempo, là une accentuation, sifflant une note ou chantonnant un passage difficile. Puis, inlassable, il reprend la répétition.

Devant Pierre Boulez, mieux vaut rengainer ses analyses toutes

10 faites. Le compositeur comparé à un ordinateur, le chef d'orchestre et animateur du mystérieux Institut de recherche et de coordination acoustique-musique (Ircam) de Beaubourg semble prendre un malin plaisir à les déjouer. On sait ses options avant-gardistes. Mais nul n'ignore, non plus, qu'il fut le seul Français invité à diriger la

15 *Tétralogie* à Bayreuth, pour les fêtes du centenaire. Elitiste, lui-même

s'est naguère vanté d'être un 'dogmatique'; mais, sans ses talents pédagogiques, sa foi dans les capacités d'écoute du grand public et un sens inné de la publicité, Paris serait-il devenu la capitale mondiale de la création musicale contemporaine?

Aristocrate et populiste, autoritaire mais prônant lui-même l'indiscipline, homme pressé mais remettant sans fin sur le métier ses compositions, on n'en finirait pas de recenser les contrastes de cet homme au masque sévère de prélat romain. Résultat: à 59 ans, malgré les honneurs, le pouvoir et une stature, sur le fond incontestée, le 'premier musicien de France' continue, comme par le passé, à diviser les milieux musicaux. Ce dieu-diable, certains l'adorent, d'autres le haïssent, peu le comprennent – et tous le craignent en secret…

En 1943, à 18 ans, Pierre Boulez abandonne, pour le Conservatoire de Paris, des études qui auraient dû le mener, via Polytechnique, à la tête de la petite aciérie familiale de Montbrison, dans la Loire. Deux ans plus tard, il sortira de la classe d'Olivier Messiaen muni d'un premier prix et d'un respect teinté d'hostilité pour son ancien maître.

La musique traversait alors une crise aiguë, dont elle ne s'est peut-être pas encore remise. En brisant les règles classiques d'harmonie, l'atonalité menaçait celle-ci d'anarchie, voire de disparition. Bientôt, il n'y aurait plus que du bruit. Ne restait donc qu'une alternative: revenir à la tonalité et restaurer le classicisme ou bien forger de nouvelles règles, en asservissant, par exemple, comme l'avaient tenté Schönberg et l'Ecole de Vienne, la composition à un ordre immuable d'apparition des douze tons de la gamme: la 'série'.

En 1949, voilà donc Pierre Boulez autopromu, à 24 ans, chef de file de l'avant-garde postsérielle française. Et le disciple ne se contente pas de composer selon ses nouveaux principes: il entend régir l'avenir même de la musique. Hors du sérialisme, point de salut. Boulez le terrible juge, tranche, invective et excommunie. Et devient, aussi, un compositeur et un chef mondialement reconnus.

Car, fort heureusement, il évolue. Boulez a trop de caractère pour s'enfermer dans une règle. *Le Marteau sans maître*, en 1954, et *Pli selon pli*, en 1960, ses meilleures oeuvres, rappelleront plus l'univers fauve d'un Debussy que la rigueur abstraite d'un Webern. Même dans ses compositions les plus sévères, sa rage et une douceur extrême – son 'moi profond' de créateur – arrivent toujours à s'imposer; et lui-même finira par dénoncer l'académisme où devait sombrer son école.

123

'J'ai, dira-t-il, un tempérament qui vise à édicter des règles pour avoir
le plaisir de les renverser.' Ce gardien du dogme reste, au fond de lui,
un individualiste et un rebelle.

Patrice Bolon dans *L'Express*,
16 novembre 1984

1 tempère: *restrains*. 7 chantonnant: chantant à mi-voix. 9–10 mieux vaut rengainer ses analyses toutes faites: *better abandon one's ready-made opinions*.
12 Beaubourg: le Centre national d'art et de culture Georges Pompidou au plateau
Beaubourg à Paris. 15 la *Tétralogie*: Wagner's *Ring*. 21–2 remettant sans fin sur le
métier ses compositions: *endlessly revising his compositions*. 24 sur le fond: essentiellement. 29 Polytechnique: Ecole polytechnique – prestigieux établissement
d'enseignement supérieur scientifique fondé à Paris en 1794. 30 Loire: département du centre de la France. 31 Olivier Messiaen: né à Avignon en 1908, mort à
Paris en 1992. Sa musique et son activité pédagogique ont marqué beaucoup de
compositeurs de la génération d'après-guerre. 41 autopromu: *self-promoted*.
50 fauve: c'est-à-dire où la couleur domine, comme chez les peintres fauves.

[77]

1 Globalement, les unions mixtes sont en progression constante: on est
passé de 17 815 en 1970 à 21 417 en 1985. Progression d'autant plus
sensible que le nombre total des mariages en France diminuent de
plus en plus. Les mariages mixtes représentent désormais près de 8%
5 du total. Mais ces chiffres ne donnent pas l'exacte mesure des 'couples interculturels'. Pour trois raisons au moins.

D'abord, les mariages célébrés à l'étranger ne sont pas comptabi-
lisés en France. D'autre part, nombre de couples échappent aux ordi-
nateurs de l'INSEE pour la bonne raison qu'ils ne sont pas mariés.
10 Enfin, beaucoup de conjoints, recensés – à juste titre – comme
français, sont des immigrés de la première ou de la deuxième génération. Ce qui fausse les chiffres dans les deux sens.

La chose la plus frappante, par exemple, est l'augmentation des
mariages entre des Maghrébines et des Français, alors que l'islam
15 interdit aux musulmanes de s'unir à des hommes d'une autre religion.
Mais parmi ces hommes, combien y a-t-il de Français maghrébins?
Les statistiques ne le disent pas. On sait seulement qu'un certain nom-

bre de 'beurettes' font leur première expérience sexuelle avec un
jeune Français 'de souche', prenant le risque d'être sévèrement sanc-
tionnées par leurs frères ou leurs parents.   20

Claude Lévi-Strauss soulignait la parenté entre l'inceste et le
mariage mixte. Dans le premier cas, l'union est rejetée pour trop
grande proximité; dans l'autre, pour distance et différence excessive.
Mais c'est une question de degré et de milieu social. Une polytechnicienne se mariera sans problème avec un camarade de promotion sud-   25
américain, alors qu'un OS fera peut-être scandale en épousant une
Malienne ou une Marocaine.

Les conjoints sont parfois condamnés par leurs deux entourages. On
les accuse en quelque sorte d'être passés dans l'autre camp. Avec tout
ce que l'inconscient peut charrier de clichés: tel Français se sentira   30
atteint dans sa virilité si une de ses voisines choisit un Noir, à qui on
attribue des avantages sexuels.

Au lieu de décourager les conjoints, ces difficultés ont tendance à
les rapprocher l'un de l'autre. Et à rendre leurs couples plus forts,
remarque le sociologue Augustin Barbara: 'Dans le couple mixte, dit-   35
il, des partenaires savent dès le départ qu'ils sont différents l'un de
l'autre. Ils ne tombent pas dans le piège de la fusion. Conscients très
tôt des conflits possibles, ils ont sur les autres couples un temps
d'avance qui est une chance.'

Mais au fil des mois ou des années les difficultés resurgissent.   40
'Dans un couple, si la différence attire, c'est la similitude qui retient,'
affirme Martine Muller. Elle sait de quoi elle parle, ayant eu une fille
'enlevée' par son ex-compagnon tunisien. Des centaines de femmes
vivent aujourd'hui un drame semblable, qui est la pire publicité qu'on
puisse faire aux mariages mixtes.   45

L'arrivée d'un enfant dans un couple 'interculturel' ressuscite en
effet le passé et fait surgir de nouvelles questions. Quelle langue lui
parler? Quelle religion lui donner? Et, d'abord, quel prénom? Les
conjoints franco-maghrébins en adoptent parfois d'assez neutres –
Myriam est très prisé pour les filles – mais le plus souvent deux   50
prénoms, l'un français, l'autre arabe, laissant en quelque sorte l'enfant
choisir lui-même, plus tard.

Dans une société où le divorce se banalise, il n'est pas étonnant que
beaucoup de couples mixtes se défassent. Les mots qui s'échangent
alors entre les conjoints peuvent faire très mal, car tout ce qui était   55
enfoui, murmuré par l'entourage, peut resurgir. C'est la revanche des

familles respectives, le retour à la norme, la rentrée dans le rang. Avec toutes les conséquences qu'on imagine sur les enfants, tiraillés entre deux fidélités, ballottés entre deux cultures.

Robert Solé dans *Le Monde*,
17 novembre 1987

4 désormais: à l'heure actuelle. 8 d'autre part: par ailleurs. 9 INSEE: Institut national de la statistique et des études économiques *cf. Central Statistical Office*. 18 'beurettes': généralement, jeunes filles de la deuxième génération de l'immigration maghrébine vivant en France et de nationalité française. 'Beur': Arabe en verlan (*backslang*) déformé. 21 Claude Lévi-Strauss: philosophe et ethnologue français, né en 1908 à Bruxelles. 24–5 polytechnicienne: une élève de l'Ecole Polytechnique, prestigieux établissement scientifique de l'enseignement supérieur. 26 OS: ouvrier spécialisé (*semi-skilled worker*). 27 Malienne: femme de nationalité malienne. 42 Martine Muller: journaliste et auteur d'un livre, *Couscous, pommes frites* (Ramsay, 1987). 43 compagnon: *partner*. 50 Myriam: prénom très rapproché de celui de Mariam en arabe. 53 se banalise: *has become commonplace*.

[78]

1   Trois heures plus tard Georges arrivait place du Trocadéro, mais au bout de vingt minutes Jenny Weltman n'était toujours pas là non plus, et Georges se lassait de relire les idées dorées de Paul Valéry sur les murs du Palais de Chaillot. Il commanda un café, un autre café, puis
5   un jeune homme qui était déjà passé deux ou trois fois vint occuper une des chaises près de lui.

– Ça ne vous dérange pas, fit le jeune homme presque affirmativement.

Georges répondit par un geste. Il y a quatre ou cinq cafés place du
10 Trocadéro, ils sont vastes, peu fréquentés à cette heure-ci, la place n'y manque pas, on n'a pas besoin de s'y coller les uns aux autres. Le geste de Georges signifiait tout cela.

– Pourquoi, c'est réservé? demanda le jeune homme, prouvant qu'il comprenait ce geste.
15 – Appelons ça comme ça, dit Georges.

– A quoi bon, fit l'autre, elle ne viendra pas.

Georges examina l'intrus, le trouva de carrure avantageuse et de peau très blanche, avec des cheveux blonds très clairs et des yeux bleus très pâles, comme si on l'avait longuement plongé dans l'eau de Javel. Il avait l'air d'un ange haltérophile trop précocement sevré, trop 20
souvent reclus dans le cabinet noir, avec un sourire triste d'ancien enfant de troupe. Il portait au poignet une grosse gourmette en métal blanc avec son prénom dessus.

– Ça ne vous va pas mal, dit Georges.
– Merci, dit Baptiste. Elle ne va pas venir, vous savez, insista-t-il. 25
Elles ne viennent jamais.
– Vous parlez sur un plan général?
– Je suis venu à sa place.
– A la place de qui?
– Jenny Weltman, vous savez. 30
– Bon, fit Georges sans amitié, qu'est-ce que vous voulez?
– Pas trop le temps d'expliquer, dit Baptiste, il va falloir y aller.
– Mais comment?
– Il faut qu'on y aille, répéta le jeune homme. On y va.
– Mais non, fit George. Mais non. 35
– Vous voulez la voir, ou quoi?

C'était une Ford Capri ardoise, garée dans une contre-allée de l'avenue Kléber. Georges hésitait.

– Allez, montez, dit Baptiste, montez. Vous la connaîtrez. Vous en connaîtrez d'autres. La vie n'est pas finie pour vous. 40

Le siège était trop avancé pour les jambes de Georges, qu'il replia en cherchant d'une main aveugle quelque manette permettant de le déplacer. C'est détraqué, indiqua Baptiste. Pour retrouver l'avenue de Wagram, la Ford dessina un arc d'ellipse régulier sur la place de l'Etoile, au mépris des nombreuses priorités. Georges se tenait d'une 45
main au dossier du fauteuil, de l'autre contre le pare-brise. Je connais mon affaire, grogna Baptiste. On dit ça jusqu'au jour, grommela Georges.

Jean Echenoz: *Cherokee*
(Les Editions de Minuit, 1983)

3 dorées: à la fois brillantes et inscrites en or; Paul Valéry: écrivain et poète français (1871–1945) dont certaines citations ornent la façade du Palais de Chaillot à Paris (construit en 1937). 15 appelons ça comme ça: *you could say that*. 17 avantageuse: impressionnante. 20 haltérophile: *body-building*. 21 cabinet noir: petit

réduit, 'cachot', où l'on enfermait autrefois les enfants punis. 22 enfant de troupe: fils de militaire – orphelin parfois – élevé à la caserne. 37 contre-allée: allée latérale d'une grande avenue. 43 détraqué: cassé. 47 on dit ça jusqu'au jour: *famous last words*.

[79]

1   Difficile à contrôler, impossible à chiffrer au plan national, la 'fauche' par le personnel des entreprises est une pratique courante dans tous les secteurs économiques. Dans les usines et les grands magasins, les entrepôts et les chantiers, les bureaux et les docks, chaque jour,
5   d'innombrables masses d'outils ou de pièces détachées, de marchandises manufacturées ou transportées, de matières premières ou d'objets prêts à consommer sont 'sortis' des entreprises par ceux qui les fabriquent, les manipulent, les gèrent, les transportent ou les vendent.

10   Conjointement à la fauche, moins connue, mais très répandue surtout dans le milieu industriel, il existe une autre pratique de 'désaffection' dans le monde du travail: la 'perruque'. Terme emprunté au langage technique des coiffeurs (qui confectionnaient autrefois des perruques entre deux rendez-vous avec les cheveux coupés de leurs
15   clients), il désigne l'action de travailler pour fabriquer un objet ou exécuter un service qui n'a rien à voir avec la production exigée par l'entreprise. Ce 'détournement', plus ou moins clandestin selon les sociétés, se fait, seul ou en équipe, avec les machines, les matières premières – ou les bureaux – de l'entreprise, sur le temps de travail
20   rémunéré par l'employeur.

    Deux phénomènes si communs et quotidiens que, malgré leur illégalité formelle, on peut se demander s'il ne s'est pas créé autour d'eux une sorte de consensus entre salariés et chefs d'entreprise: le rôle d''échappatoire' et de 'compensation' qu'ils peuvent jouer dans
25   la vie des salariés ne menacerait pas trop les chiffres d'affaires. Un sujet qui gêne tout le monde: patronat et directions d'entreprise, syndicats et salariés.

    A preuve les ambiguïtés et les euphémismes du vocabulaire ap-

-proprié. 'Malversations?' 'Détournements?' 'Malveillances?' 'Indé-
licatesses?' comme disent, pudiques et embarrassés, certains chefs 30
d'entreprise? Ou bien 'vols par salariés', comme on dit à la police; ou
encore 'coulage', comme disent les économistes?

'Nous, on fait de la "défense" face au patron, répond Pierrot, docker
à Saint-Nazaire depuis trente ans. Quand on décharge les bateaux, on
se remplit les doublures de veste avec tout ce qui traîne sur les quais 35
ou dans les cales: fruits, soja, blé, charbon… Peu à peu, on se met à
gonfler comme des oies de Noël! La maîtrise, la sécurité, tout le
monde le sait et le voit. Ils laissent faire. Pour nous, la fauche c'est de
la "défense": on arrondit nos salaires. C'est notre part du gâteau.'

Sur le quai, une petite camionnette où Pierrot et ses amis se 40
réfugient quand la pluie ou le froid les obligent à interrompre le travail. A l'intérieur, de quoi faire du thé ou du café. Là, fier des 'traditions' de sa profession, Pierrot accepte de parler de la 'défense':
'Quand un sac tombe ou qu'il est déjà éventré, on se sert. Aujourd'hui
on décharge du tourteau de soja, sorte d'aliment sec qui sert à nourrir 45
les animaux. On a vite fait de remplir un coffre de voiture. Quand on
en a plusieurs centaines de kilos, on va le vendre à moitié prix, dans
les fermes. En fait, on ne vole pas, on récupère ce qui traîne.'

La 'défense', Daniel, trente ans, la connaît aussi. Il a été menuisier
dans une entreprise de compteurs électriques près de Paris, puis 50
poseur de plafond dans le bâtiment. Partout où il a travaillé, c'était le
règne de la débrouillardise et du 'système D': la récupération des fils
électriques usagés, stockés, puis sortis et brûlés pour être revendus
sous forme de cuivre par dizaines de kilos chez un ferrailleur. Plus
tard, dans le bâtiment, la fauche était devenue pour lui la 'règle du 55
jeu': 'Avec un collègue, on piquait tout le matériel dont on avait
besoin – des sacs de plâtre, des outils, des planches – pour aller travailler "au noir" chez des amis. Toute la profession du bâtiment
trafique de haut en bas. Pourquoi pas nous?'

Didier, la cinquantaine, est rectifieur dans une grande entreprise de 60
la métallurgie nantaise. Sa spécialité, c'est la perruque: il fabrique
pour lui ou ses copains toutes sortes d'objets qu'il trouverait stupide
d'acheter: dessous-de-plat, chenets, cendriers, pièces métalliques pour
le chauffage, la robinetterie… 'Certains réparent ou "gonflent" leur
moteur de bagnole. Moi, j'affûte les couteaux de tout l'atelier. J'ai 65
même fait un lampadaire…' Une pratique courante dans la métallurgie.

Raymond, outilleur à Renault-Billancourt, a, lui, fabriqué... une machine-à-couper-les-poireaux! 'J'avais observé les mécanismes au
70   Salon de l'agriculture. Comme un jeu de Meccano, j'ai dû la monter en pièces détachées pour pouvoir la sortir par tranches, dans ma musette. Même les roues se démontaient comme des portions de camembert! C'était pour un copain paysan.' Raymond est aussi un grand 'récupérateur' parce qu'il a horreur du gaspillage: 'Les meubles
75   qui partaient à la casse, les câbles électriques usagés m'ont permis d'équiper une maison entière à la campagne!'

Un jour, il a même sorti un gros chauffe-eau, par la grande porte, sur ses épaules, comme s'il le déménageait pour l'usine. 'Un vrai gag! dit-il en souriant. La fauche, et la récupération, c'est l'autre visage de
80   l'usine: souterrain, organisé... mais souvent toléré.'

La fauche, la perruque: des petites activités régulières et de masse. Des dizaines de récits plus ou moins colorés, racontés – il est vrai non sans réticence au départ – comme autant de petites aventures joyeuses dans la routine grisâtre du travail. Des centaines de combines, de
85   complicités, de réseaux pour fabriquer ou emporter 'ce dont on a besoin'.

Richard Darmon dans *Le Monde Dimanche*,
16 novembre 1980

1 au plan national: *nationally*. 11–12 désaffection: c'est-à-dire détournement. 24 'échappatoire': *outlet*. 28 à preuve: par exemple. 34 Saint-Nazaire: à l'embouchure de la Loire, avant-port de Nantes, importants chantiers navals. 37 la sécurité: ceux qui assurent la sécurité. 39 on arrondit: *we supplement*. 60 rectifieur: ouvrier qui rectifie les pièces mécaniques. 61 métallurgie: *metal industry*; nantaise: de Nantes. 68 outilleur: *toolmaker*; Renault-Billancourt: les principales installations de la Régie Renault se trouvaient à l'époque à Boulogne-Billancourt dans la banlieue parisienne. 74 'récupérateur': '*salvager*'.

[80]

1   La listériose aurait-elle bon dos? L'interdiction, le 20 novembre dernier, par les autorités helvétiques, de la commercialisation du vacherin Mont d'Or, soupçonné d'être à l'origine d'une épidémie de

listériose, aura eu des conséquences médico-commerciales imprévisibles. C'est toute 'l'Europe des pâtes molles' qui apparaît aujourd'hui 5 touchée. La Suisse n'a pas fait dans le détail en interdisant à la vente vingt-cinq fromages (un d'origine italienne, neuf d'origine suisse et quinze d'origine française), tous suspects d'abriter en leur sein la terrible bactérie.

Les autorités sanitaires suédoises y sont allées, elles aussi, de leur 10 liste noire: après le vacherin Mont d'Or (suisse), la fourme de Bresse, la tourrée de l'Aubier et le bleu de Bresse, c'est au tour du pont-l'évêque d'être interdit à la vente.

Le Danemark, autre grand producteur de pâtes molles, est également visé. Notre correspondante à Copenhague nous rapporte que les 15 autorités finlandaises viennent de découvrir la présence de listeria dans un chargement de 125 kilos de viking, un fromage danois à la pâte crémeuse blanche et bleue. Les laiteries danoises, craignant de voir se fermer une à une les frontières, ont décidé d'intensifier la surveillance sanitaire de leurs produits. 20

Sans nier le moins du monde la réalité de l'épidémie de listériose, qui, en Suisse, a été la cause de trente et un décès, on peut néanmoins s'interroger sur cette soudaine flambée de mesures. Les bonnes pâtes artisanales sont-elles promises à une prochaine disparition? Ne trouverait-on bientôt plus aux étals des crémeries que des fromages pas- 25 teurisés, issus de fabrications industrielles dûment contrôlées et au goût invariable? Ce serait affligeant pour les gourmets.

Mais il y a pis: à trop vouloir ne mettre sur le marché que des produits aseptisés, ne risque-t-on pas de réduire les défenses des individus face à des agressions bactériennes? On raconte que des produc- 30 teurs de camembert, soucieux de prouver l'innocuité de leur produit interdit à la vente aux Etats-Unis, ont obtenu l'autorisation de le présenter à la table de médecins de tous pays, réunis en congrès outre-Atlantique. Le repas achevé, la plupart des convives sont repartis, l'estomac vaillant, à l'exception de plusieurs médecins américains, 35 qui, eux, ont mal supporté la pâte molle, que leur organisme n'acceptait plus. Une anecdote en forme d'avertissement...

Elisabeth Gordon et Franck Nouchi dans *Le Monde*,
28 décembre 1987

1 la listériose aurait-elle bon dos?: *is listeria a pretext?*. 3 vacherin Mont d'Or: fromage mou du Jura suisse. 5 pâtes molles : *soft cheeses* (pâte: *interior of cheese, as*

opposed to rind). 6 n'a pas fait dans le détail: *hasn't done things by halves.* 11, 12 fourme de Bresse, bleu de Bresse: fromages à pâte bleue, façon roquefort, qui proviennent du département de l'Ain, entre la Saône et le Jura. 12 tourrée de l'Aubier: nom fantaisie d'un fromage de forme ronde. 12–13 pont-l'évêque: fromage normand de la région de Pont-l'Evêque. 28 à trop vouloir: *by being over-anxious to.* 29 aseptisés: *sterilized.* 30 agressions bactériennes: *attacks by bacteria.* 33–34 outre-Atlantique: en Amérique du Nord.

[81]

1   Vos yeux prophétisent une douleur...

Comme trois terrils, trois collines de cendres!
Mais dites-moi de qui sont ces cendres?

La mer obéissait déjà aux seuls négriers
5   des nègres s'y laissaient prendre
malgré les sortilèges de leurs sourires
on sonnait le tocsin
à coups de pied au ventre
de passantes enceintes:
10   il y a un couvre-feu pour faisander leur agonie.

Les feux de brousse surtout donnent de mauvais rêves
Quant à moi
quel crime commettrais-je?
si je violais la lune
15   les ressusciterais-je?
quelle douleur prophétisent vos yeux?

Tchicaya U Tam'Si: *Epitomé*
(Editions P.-J. Oswald, 1970)

2 terrils: *slag heaps.* 4 négriers: *slave ships.* 10 faisander: soumettre à un début de décomposition. 17 *Epitomé*: abrégé d'un livre d'histoire.
Tchicaya U Tam'Si, 1931–88, né à Mpili, Congo.

Un trait, deux courbes et trois gribouillis. La pointe rouge du gros feu-   1
tre a glissé sur la banquette bleue du métro dans un de ces légers
crissements, tout juste perceptibles, qui dégagent un vague parfum
doucereux et donneraient presque la chair de poule. Sans doute a-t-il
d'ailleurs frissonné, cet adolescent tout en jambes et en bras qui a ren-   5
gainé son 'marqueur', fermé son cartable de collégien et filé avant la
fermeture automatique des portes, abandonnant derrière lui ses hiéro-
glyphes indéchiffrables et des usagers mécontents.

Sur le quai, il a nargué les contrôleurs de la RATP restés dans le
wagon. Il les a regardés partir, excité et insolent comme un voleur de   10
poules face aux gardes champêtres d'antan. Sur la dernière voiture, un
bandeau défilait, lettres jaunes et blanches sur fond bleu: 'Graffitis:
5,5 millions de francs pour nettoyer les trains de cette ligne.
Ensemble, protégeons le bien public!'

Graffitis? Pour la RATP et pour les non-initiés, sans doute. Mais   15
certainement pas pour ces milliers de jeunes qui barbouillent Paris et
sa banlieue. Dans leur jargon, ces inscriptions gribouillées à la va-vite
comme autant d'autographes de stars sont des 'tags', des 'signatures'
qui permettent à tel ou tel jeune de faire connaître son surnom ('Mao',
'Boa', 'Rage'…). Au contraire, le 'graffiti' (ou 'graf') est un dessin   20
qui part d'une démarche plus artistique et nécessite un certain travail.
Ce sont ces fresques multicolores qui ornent parfois les murs des
usines désaffectées.

Né au début des années 70 aux Etats-Unis et arrivé en France
quinze ans plus tard, sur fond de musique rap, le phénomène compte   25
chaque jour de nouveaux adeptes. Certains tags disparaissent aussi
vite qu'ils sont apparus. D'autres survivent, garantissant à leur auteur
respect et célébrité dans un milieu où tout le monde se connaît (au
moins à Paris).

Gavroche de grande banlieue ou collégien des faubourgs, Parisien   30
'branché' ou étudiant facétieux, il a entre douze et vingt-cinq ans, raf-
fole de rap, rêve des Etats-Unis mais ne déteste pas Paris. Il est en
quête d'identité et de sensations. Ecrire son surnom ou celui de son
groupe sur un plan de métro, c'est choquer le bourgeois qui passe et
entrer au Top 50 des Picasso du marqueur.   35

Chaque jour l'éventail s'élargit un peu plus encore, depuis les gamins de Mantes-la-Jolie qui sévissent dans les cités de leur quartier jusqu'aux noctambules qui se risquent à pénétrer dans le métro en pleine nuit. Une aventure toujours risquée – le graffiti est un délit – mais excitante, que l'un d'eux résume en une délicieuse 'montée d'adrénaline'.

L'essentiel est donc de provoquer et de s'afficher en lettres stylisées (les lettres parisiennes sont réputées plus lisibles que les new-yorkaises), comme une manière d'exister, un moyen de marquer son territoire. Alain Vulbeau, chercheur à l'Institut de l'enfance et de la famille, dans une étude sur ce phénomène, le qualifie de 'pétition illisible' ou 'd'émeute silencieuse'. 'C'est un retour à l'ère des tribus. Les hommes préhistoriques eux aussi taguaient dans les cavernes. On revient aux sources.'

Philippe Broussard dans *Le Monde*,
10 novembre 1990

8 usagers: usagers du métro. 9 RATP: Régie autonome des transports parisiens (*Paris transport authority*). 30 Gavroche: gamin de Paris (personnage des *Misérables* de Victor Hugo); grande banlieue: *outer suburbs*. 31 'branché': *trendy*. 37 Mantes-la-Jolie: ville de la vallée de la Seine à l'ouest de Paris, qui a connu une grande expansion immobilière dans les années soixante; cités: *municipal housing estates*.

[83]

Une enquête récente menée par l'Agence nationale de recherche sur le sida (ANRS) avec la Direction générale de la santé a tenté, pour la deuxième fois et par deux méthodes indépendantes, de cerner la réalité de l'épidémie d'infection par le virus HIV en France. Elle montre que le nombre de sujets contaminés se situait entre 100 000 et 200 000 à la fin de l'année 1989.

L'évolution naturelle de l'infection chronique provoquée par le HIV entraîne une dégradation progressive du système immunitaire de l'organisme, responsable de l'apparition du sida chez 50% environ des personnes infectées, et d'autres formes graves et évolutives de la maladie chez 30% supplémentaires, dans un délai d'une dizaine d'années. Si, comme on peut le craindre, aucun progrès thérapeutique majeur n'est réalisé et dans l'hypothèse, évidemment absurde, où aucune nouvelle contamination n'aurait eu lieu depuis la fin de 1989, environ 120 000 personnes devraient recevoir des soins lourds et des médicaments coûteux dans les dix ans qui viennent. 15

Il faut comprendre d'autre part que le poids de l'épidémie est très inégalement réparti en France. Cent cinquante mille séropositifs, cela veut dire, à l'échelle nationale, environ cinq adultes contaminés pour mille (0.5%). Ce taux est beaucoup plus élevé pour les régions et les classes d'âge les plus touchées. Par analogie avec la répartition des cas de sida, on doit reconsidérer que ce taux doit atteindre entre 1% et 3% des personnes de vingt-cinq ans à trente-cinq ans vivant actuelle-ment en Ile-de-France, dans la région Provence-Alpes-Côte-d'Azur, ou aux Antilles, soit, dans ces régions et pour cette tranche d'âge, jusqu'à près d'une personne sur trente. 25

Cette situation évolue. Tous les départements français ont vu pro-gressivement apparaître des cas de sida. Si les homosexuels masculins et les toxicomanes représentent toujours la moitié des personnes atteintes, la proportion de cas de sida apparus chez les hétérosexuels contaminés par voie sexuelle augmente en France comme dans le reste de l'Europe et aux Etats-Unis. Les femmes, qui comptaient pour 8% des cas diagnostiqués en France en 1982, comptent pour 16% de ceux apparus en 1989. 30

La fréquence des 'comportements à risques' – l'échange de seringues, la multiplication des rapports sexuels non protégés avec des partenaires nombreux – explique la vitesse de diffusion du virus que l'on a initialement constatée dans les groupes les plus exposés. Mais à l'extension massive initiale de l'épidémie dans ces groupes s'ajoute maintenant une diffusion plus lente dans des populations plus diverses et bien moins facilement caractérisables. 40

Le développement 'en sourdine' de l'épidémie introduit un risque de démobilisation contre lequel un renforcement des campagnes de pré-vention de tous ordres est indispensable, ne serait-ce que pour com-penser la diminution de l'intérêt des médias pour un sujet moins por-teur de polémiques et d'irrationnel qu'il y a trois ans ou quatre ans. 45

La prévention, à l'échelle de l'individu, implique à la fois la prise de conscience des risques et la volonté de s'en protéger. Elle doit être en permanence soutenue. La remontée récente de la syphilis aux

50 Etats-Unis, la reprise des contaminations parmi les jeunes homosexuels de San Francisco, montrent la fragilité des acquis récents en
matière de changements de comportements. La lente diffusion de HIV
chez les hétérosexuels nous rappelle que tout le monde est concerné.

La fausse impression, parfois rencontrée aujourd'hui, de 'moindre
55 gravité que prévue', est liée à l'erreur d'appréciation initiale de ceux
qui voyaient dans le sida une nouvelle peste. Elle tient surtout aux
conséquences des déclarations irresponsables qui ont amené le public
à s'habituer à l'idée que 300 000 à 500 000 personnes étaient atteintes
en France et croit donc, bien à tort, pouvoir se rassurer. Le sida n'est
60 pas la peste, c'est simplement le sida, et cela suffit: cette épidémie
touche déjà huit à dix millions d'hommes et de femmes au moins à
travers le monde et la liste des pays massivement touchés continue de
s'étendre. Une partie de l'Afrique vit désormais un drame aux conséquences incalculables. Si nous n'en sommes pas là, au palmarès des
65 chiffres nous détenons cependant en France un regrettable record:
celui du pays le plus touché d'Europe. Ne l'oublions pas.

Jean-Baptiste Brunet et Jean-Paul Lévy dans *Le Monde,*
9 janvier 1991

2 sida: syndrome immuno-déficitaire acquis (*AIDS*). 15 soins lourds: *extensive
treatment.* 24 Ile-de-France: la région parisienne; Provence-Alpes-Côte-d'Azur:
région du sud-est dont la ville principale est Marseille. 25 Antilles: *French West
Indies (Martinique, Guadeloupe, etc.).* 44 ne serait-ce que: si ce n'est que.
45 médias: *media.* 64 si nous n'en sommes pas là: si nous ne sommes pas arrivés à
ce point-là.

[84]

1 L'écriture restait entre lui et moi un domaine privilégié où nous fai-
sions semblant d'être très intelligents. Le plus curieux, c'est que souvent cela marchait. Parfois, j'étais même atteint de génialisme, cette
maladie formidable à laquelle André Malraux devait tant. Dans ces
5 cas extrêmes, je m'envolais vers des sommets de la pensée tragique,
qui faisaient dire au Nain Jaune: 'Tu es tout de même mieux que ce
que tu as l'air d'être.' Nous nous prenions souvent au tragique, jamais

au sérieux. J'en veux pour meilleure preuve l'histoire de cette 'pensée' dont lui et moi avions cherché en tous sens de qui elle pouvait être. 10

– Moi, je te dis que c'est de Goethe!

– Chateaubriand, *Mémoires d'outre-tombe?*

– Mais enfin, mon vieux Plus, c'est écrit de ta main, tu devrais te souvenir où donc tu l'as recopiée!

– Papa… Je crois que je ne l'ai pas recopiée. 15

– Tu veux dire que ce serait de toi?

– Eventuellement.

– Ça perdrait de sa valeur… relisons voir un peu.

Le Nain Jaune mettait ses lunettes et lisait à mi-voix:

'J'ai toujours su les cas où j'étais appelé d'en haut, et puis ceux 20 plus guerriers où l'on force le passage…'

Il tendait vers moi une dextre accusatrice et légèrement courbée.

– Je vois plutôt ça du côté de Gaulle, ou bien Maurras?

– Non… Je t'assure, je crois que c'est de moi…

– Mais pourquoi tu as écrit ça? 25

– Je sais pas… papa!

Il retournait la feuille, comme pour voir si le verso, qui était vierge, n'allait pas lui fournir une explication sur le contenu du recto, et puis il poursuivait:

'… pour le pire et le meilleur, l'homme reste immuable… plus 30 nous sommes en nombre, et plus nous nous exterminons, plus les survivants des guerres et des famines font figure d'épure…'

– De quoi s'agit-il?

– De moi…

Le Nain Jaune ne pouvait se résoudre, oui, c'est cela, il ne pouvait 35 se résoudre à ce que je pense dans le désordre, car pour lui la pensée supposait une éthique, et comme il voyait bien que je n'en avais pas… Il finit par replier mon papier manuscrit, le glissa dans sa poche, alluma un cigare et me fixa. Son sentiment était celui de l'aigle considérant un rat mulot. 40

– Pascal, dis-moi, ce que je viens de lire, c'est une pensée de Pascal?

– Non… c'est une pensée de moi.

– De toi?

– De moi.

– Et… cela t'arrive souvent? 45

– Oui… j'en ai plusieurs kilos… Mais j'écris gros…

Le Nain Jaune faisait avec sa bouche des ronds de fumée parfaits et
puis il ajoutait très bas, pour lui-même:

– Dérisoire… Sublime, absurde… Inutile, magnifique…

50 Et puis, haussant le ton, il me posait la vraie question:

– Mais alors, mon chéri, qui écrit quoi et à qui?

Je ne l'ai jamais su. En quoi est-on l'auteur de ce que l'on écrit?
Pour ma part, des monceaux de notes, témoignages de mes préoccupations sur ce qui se passe dans le monde, remplissent chemises et

55 dossiers. Sont-elles la preuve d'une pensée qui s'ordonne? Sûrement
pas. Je ne suis qu'une éponge gonflée ou séchée par le flux et le reflux
des marées qui l'occupent. Les vrais auteurs de ce que j'écris sont
d'abord ceux que j'aime. Le premier fut mon père, Jean Jardin, le
Nain Jaune.

Pascal Jardin: *La Bête à bon Dieu*
(Flammarion, 1980)

3 génialisme: condition d'être inspiré par le génie. 4 André Malraux:
écrivain engagé et homme politique (1901–76), ministre de la Culture 1959–69.
6 Nain Jaune: surnom du père et en même temps joker d'un très vieux jeu de cartes
enfantin (*Pope Joan*). 12 Chateaubriand: François-René vicomte de Chateaubriand
(1768–1848), né à Saint-Malo, auteur du *Génie du christianisme* ainsi que des
Mémoires d'outre-tombe (citées). 17 Eventuellement: cela se peut. 22 dextre: main
droite. 23 du côté (de): relativement à; Maurras: Charles Maurras (1868–1952),
journaliste et écrivain monarchiste. Il prôna un nationalisme autoritaire et fanatique
qui triompha sous le régime de Vichy (1940–44). 32 font figure d'épure: *appear
as exemplars*. 40 rat mulot: rat d'égout. 41 Pascal: Blaise Pascal (1623–62), né à
Clermont (Auvergne), mathématicien, physicien, philosophe et écrivain, auteur de
Pensées, œuvre posthume.

[85]

1 'Oh! Je fais pas de politique, monsieur. Alors là, pas du tout. C'est
trop haut pour moi… J'suis pas politicien, moi, j'suis marchande de
fleurs'…

Les commerçants, c'est bien connu, ne font pas de politique. A la
5 boutique, on n'aborde pas ces sujets-là, ils feraient fuir la clientèle.
On écoute, on opine, on laisse dire. Le client, de toute façon, a tou-

jours raison. Les commerçants, à les entendre, sont politiquement absents. Hors jeu. Ils sont ailleurs.

Ailleurs, ils le sont aussi socialement. Entre les prolétaires et les bourgeois, les gros et les petits. Propriétaires de leur moyen de production, ils sont presque des capitalistes. Travaillant de longues journées, souvent de leurs mains et sans employés, ils ressemblent aux ouvriers. Comme les agriculteurs, les industriels ou les membres des professions libérales, ce sont des indépendants. Ils sont leurs propres maîtres. Mais, par leurs revenus, leurs origines et leur niveau d'instruction, ils sont plus proches des classes populaires que des patrons.

Pourtant, si l'on considère la façon dont ils votent, les choses deviennent d'un coup plus claires. Cet 'ailleurs' est bien quelque part: à droite. Plus de la moitié des petits commerçants et des artisans votent pour les candidats de la droite.

Le soutien traditionnel à l'ancienne majorité a de quoi surprendre lorsqu'on entend la virulence des propos de bien des commerçants – lorsqu'ils se laissent aller et disent ce qu'ils ont sur le cœur. A les entendre, ils sont victimes d'un vaste complot visant à la liquidation pure et simple du petit commerce. Aggravation des charges, multiplication des contrôles, oppression fiscale… Tout un système répressif est mis en œuvre pour les empêcher de travailler et les contraindre au départ. 'On n'a plus qu'à crever', 'On est matraqués, massacrés', 'Nous, on subit… on est les vaches à lait', '… les boucs émissaires', 'On est cuits d'avance'. Les inspirateurs de ces mauvais coups, ce sont les autres, les gros, les politiciens, les bureaux, les fonctionnaires 'assis toute la journée, le cul sur une chaise'. Le petit commerce est environné d'ennemis attachés à sa perte. Toute l'évolution de la société – le progrès – joue contre lui, avec l'industrialisation, la concentration, l'américanisation… Le petit commerce est seul à défendre des valeurs qui ont de moins en moins cours: l'initiative individuelle, le travail, les contacts humains, la politesse, la liberté. C'est pourquoi on veut sa peau.

Parmi tous ses adversaires, il en est un qui prédomine: c'est le gros commerce. Ces grandes surfaces qui l'étranglent, qui cassent les prix, volent la clientèle, se conduisent comme des gangsters. Les cent dernières années sont jalonnées par la lutte héroïque menée par les David de la distribution contre les Goliath que sont les magasins de

45 nouveautés, les bazars, les super et hypermarchés. Les grandes surfaces, outre qu'elles leur volent la clientèle par des moyens déloyaux, incarnent, aux yeux des petits commerçants, tout ce qui est haïssable. C'est à la fois la manifestation du capitalisme envahissant, impitoyable envers les petits, et la préfiguration de l'univers collectiviste qui nous attend. Dans les grandes surfaces, le client est un numéro, 50 soumis aux injonctions de la publicité et des prix d'appel. Il n'a personne à qui parler. Situés en rase campagne, au bord des autoroutes, les hypermarchés vident les villes et détruisent les relations humaines. Ce sont des monstres contre nature. Dans les boutiques, au contraire, 55 le client est bien accueilli, conseillé. Sa fidélité est appréciée. On l'écoute. C'est un ami. Les petits commerçants sont les derniers à maintenir une certaine qualité de la vie dans une société qui se déshumanise.

Cette vision catastrophique est une constante de l'idéologie des 60 petits commerçants. Elle découle de l'ambiguïté même de la position sociale de cette profession. Mais correspond-elle à une réalité? Il est vrai que le petit commerce a été en déclin pendant vingt ans, et que beaucoup de boutiques ont dû fermer. Mais cette crise était moins forte que pour d'autres catégories de travailleurs indépendants (indus- 65 triels, artisans et, bien sûr, agriculteurs). D'autre part, si elle a touché gravement certaines branches du commerce (l'alimentation en particulier), d'autres connaissent un essor considérable: équipement et entretien de la maison, garages, commerce de luxe ou de loisirs (fleurs, livres, bijoux, photos, disques, parfums, hygiène). En même 70 temps que le petit commerce était rongé par le découragement et l'amertume, il faisait preuve d'une capacité de reconversion et d'innovation étonnante. Il s'ouvre maintenant chaque année plus de commerces de détail qu'il ne s'en ferme…

Frédéric Gaussen dans *Le Monde Dimanche*,
6 décembre 1981

8 hors jeu: *out of it*. 22 l'ancienne majorité: celle des gouvernements de la Ve République avant 1981. 24 ce qu'ils ont sur le cœur: ce qui les préoccupe. 28–9 les contraindre au départ: les obliger à renoncer. 32 les bureaux: ceux qui travaillent dans les bureaux. 39 on veut sa peau: *they're out to get them*. 45 nouveautés: articles de mode. 45–6 grandes surfaces: *large supermarkets*. 46 déloyaux: *unfair*. 49 univers collectiviste: *socialist nightmare*. 51 prix d'appel: offres spéciales. 54 contre nature: *unnatural*. 64 travailleurs indépendants: *self-employed*. 65 d'autre part: par ailleurs.

[86]

Une fois de plus, nous y voilà. Quel cyclisme? Elles ne sont pas près   1
de s'éteindre les discussions sur la philosophie, sur les conceptions de
ce sport ou plus précisément de cette pratique depuis qu'elle s'est
répandue.

Cyclotouriste? Cyclosportif? Cyclomanie? Le plaisir ou la défonce?   5
La machine solide avec ses garde-boue, son éclairage, son porte-sac
ou le vélo dépouillé, allégé, copié sur celui des champions? Ce n'est
pas une affaire de prix, l'un peut coûter aussi cher que l'autre. C'est
bien une affaire d'éthique. Le nez au vent ou la tête dans le guidon?

Il n'y a pas de doute. La banlieue parisienne des dimanches matin,   10
en hiver ou en été, c'est bien celle des pelotons habités par un goût de
la performance, ne serait-ce que pour transpirer un bon coup. Dans
ces pelotons qui se forment un peu au hasard, au gré des uns et des
autres, on joue au professionnel, on assouvit ses ambitions secrètes,
on comble des rêves cachés. La tenue elle-même en porte l'éloquent   15
témoignage avec ses maillots bariolés des grandes équipes. Et le
vocabulaire est à l'unisson: on 'flingue', autrement dit, on va au maximum. Suivra qui peut. L'âge ne fait rien à l'affaire. Les plus anciens
bien souvent mènent le bal. C'est tout simplement qu'en leurs plus
jeunes années ils ont été un peu coureurs amateurs et qu'ils connais-   20
sent les ficelles.

Plus tard, après l'heure ou la demi-heure de suée, on 'décrochera'
pour un de ces bons retours à deux ou trois, côte à côte dans un petit
vingt à l'heure qui, alors, mais alors seulement, autorise ces bonnes
bavettes, mains en haut du guidon. Echanges très ordinaires sur la vie,   25
la famille, les affaires du jour. Curieusement, il n'y est presque jamais
question de vélo. Au fait, que s'apprendrait-on mutuellement sur le
sujet? Rien, cela va de soi. A un carrefour, les chemins se séparent. A
dimanche? A dimanche!

> Jean-Marc Théolleyre dans *Le Monde Dimanche*,
> 28 janvier 1984

5 défonce: dépendance (argot de la drogue). 11 habités: animés , possédés. 12 ne
serait-ce que: si ce n'est que. 17 on 'flingue': *you go like hell, 'shoot'* (un 'flingue':
une arme à feu). 22 suée: *hard sweat*; on 'décrochera': *you'll ease up*. 23–4 dans
un petit vingt à l'heure: *at an easy 20 km/h*.

1 Jacques Laurent est-il français? La rhétorique n'entre pour rien dans
cette question. Elle est posée par le juge d'instance du sixième
arrondissement que depuis dix-huit mois mes réponses n'ont pas su
convaincre. A l'origine – carte d'identité perdue – il m'avait été
5 demandé un extrait de mon acte de naissance. Etant né dans le neuvième arrondissement, je n'avais qu'à passer la Seine et à me rendre
rue Drouot, où l'on me délivra aimablement ce document. Je croyais
l'affaire finie. Elle commençait.

Je regrette qu'elle n'ait pas été contée par Paul-Louis Courier,
10 Courteline ou Kafka, mais par elle-même je la crois assez savoureuse
pour retenir l'attention du lecteur. Mon acte de naissance apportait la
preuve que j'étais né le 5 janvier 1919 à Paris. Grâce à lui on ne pouvait pas nier que je fusse né: il me donnait le droit à l'existence mais
non à une nationalité. En effet, ce texte, s'il ne prétendait pas que
15 j'étais lapon, ne précisait pas que j'étais français. En revanche, il précisait la profession de mon père: avocat à la cour d'appel de Paris.
Cette profession ne pouvant être exercée que par un Français, je me
crus sauvé. A tort. On admit qu'il était avocat, mais était-il français?

Je songeais à convaincre mon juge en lui citant les emplois qui
20 avaient été occupés par les gens de ma famille, mais l'inquiétude
commençait à me gagner. Une rue de Cahors porte le nom de mon
grand-père maternel, officier de marine; une autre rue qui va de
Gennevilliers à Paris porte celui de mon grand-père paternel, président du conseil général de la Seine. Oui, mais étaient-ils français?

25 J'ai dans ma parenté des députés, un sénateur, plusieurs magistrats;
l'un de mes oncles occupa même l'une des plus hautes charges de la
République, puisqu'il était vice-président du Conseil d'Etat. Possible,
mais était-il devenu français?

En 1918, Paul Bourget dédia *Lazarine* à son neveu Jacques Laurent
30 'tombé au champ d'honneur'. Oui, oui, mais mon cousin n'était peut-
être pas plus français que moi.

La statue de mon oncle, le général Grossetti, domine Ajaccio, mais
il aurait été imprudent de mentionner un nom où l'on pouvait déceler
une consonnance italienne qui aurait contribué à me perdre.

35 Des amis m'invitaient à 'rappeler' au juge d'instance que j'avais

reçu le Prix Goncourt, le Grand Prix de littérature de l'Académie française, le Prix du prince de Monaco, mais ce juge pouvait se borner à conclure que j'étais francophone. Et s'il avait daigné me recevoir, il m'aurait peut-être félicité de mon bon accent.

D'autres, se rappelant que ma famille et celle de Mitterrand s'étaient alliées autrefois, me poussaient à demander à notre président une attestation que sans aucun doute il aurait obligeamment donnée. Mais il se serait compromis aux yeux du tribunal d'instance, et l'on est effrayé dès que l'on mesure le scandale que la France aurait donné au monde si le président de la République avait pu être soupçonné d'être un métèque comme moi.

Eclata alors la bonne nouvelle. Le tribunal d'instance avait fini par admettre que mon père était français et que, par voie de conséquence, je l'étais aussi. Quel soulagement! Il ne dura que l'espace d'un instant. L'administration consentait à admettre que j'étais né français, mais puisqu'à ses yeux j'étais capable de tout, j'étais bien capable, enfant prodigue, d'avoir dilapidé ma nationalité comme on dilapide un patrimoine. Il était entendu que j'étais d'origine française, mais il me restait à prouver ma francitude actuelle.

On me demandait un passeport en cours de validité. Je repris donc espoir. J'en avais un que je ne demandais qu'à présenter. En interrogeant mes souvenirs, je crois me rappeler que ma félicité n'était pas sans mélange et que je commençais à me douter que l'on ne m'intégrerait pas si facilement à l'Hexagone.

Je ne peux donc pas prétendre que je fus totalement surpris quand je compris que si la jugerie du sixième condescendait à reconnaître que j'étais français en 1919 et que j'étais encore en 1985, elle ne pouvait prendre aucune décision tant que je ne lui aurais pas prouvé qu'entre ces deux dates je n'étais pas devenu iroquois. Retrouvée par un merveilleux hasard, ma carte d'identité, établie en 1945, ne servit à rien. Le juge d'instance exigeait: 'le justificatif de la résidence en France de Jacques Laurent à vingt et un ans'.

Pourquoi faudrait-il, pour être français, avoir résidé en France plutôt qu'à l'île de Pâques l'heureuse année de ses vingt et un ans? L'administration a ses raisons que la raison ne connaît pas.

Mieux valait s'incliner devant l'incompréhension et tenter de satisfaire le monstre froid. C'est par miracle que je retrouvai un livret militaire qui pouvait seul prouver les activités auxquelles je me livrais lors de ma majorité.

75 Il est bien fatigué, ce livret, presque cinquantenaire. Erodé par la
sueur, il a laissé le vent mauvais emporter quelques-unes de ses
feuilles, mais la chance me servait. Les pages qui concernaient la période à laquelle SE le juge d'instance du sixième daignait s'intéresser,
ces pages jaunes et jaunies par le temps, étaient sauves et parfaitement
80 lisibles. Elles prouvaient que, mobilisé, j'avais été affecté le 19
décembre 1939 au groupement spécial des CEOR (candidats élèves
officiers de réserve) à Périgueux. Elles prouvaient aussi que cinq mois
plus tard, le 28 avril 1940, je quittais ce peloton d'instruction pour
être dirigé sur mon dépôt avec le grade (modeste) de caporal.

85 Vous croyez peut-être que ces précisions suffisent à des scribes qui
n'ont rien à faire? Ils jetèrent un regard dégoûté sur mon pauvre livret
et firent observer qu'entre décembre 1939 et avril 1940, la période où
je suivais paresseusement les cours d'un peloton militaire à
Périgueux, ville qui était française et qui, jusqu'à plus ample informé,
90 l'est toujours, j'avais atteint ma majorité le 5 janvier et que nulle trace
de ce grand événement n'apparaissait. Je me rappelle que le 5 janvier
1940 je conviai deux de mes camarades à arroser mon anniversaire
dans un bistrot de Périgueux, mais j'omis de convoquer un huissier
pour que le fait fût constaté.

95 Bref, il y a deux hypothèses. Ou bien le gouvernement a donné des
ordres pour que soient traqués les immigrés, en commençant par les
Laurent, les Dupont, les Durand, et en ce cas le problème du chômage
est résolu. Il faudra que la mairie du sixième et toutes les mairies
embauchent. Il faudra aussi que, la moitié des Français examinant le
100 cas de l'autre moitié, la seconde moitié courant d'une mairie à un
bureau de recrutement ne travaille plus qu'à mi-temps. Autre
hypothèse: mon juge du sixième est l'inventeur de cette méthode, et je
réclame pour lui de l'avancement. Pourquoi n'irait-il pas comme tout
le monde à la Cour des comptes?

105 J'aime bien la place Saint-Sulpice et me promener sous ses jeunes
marronniers. A travers leur feuillage, je peux, selon l'orientation que
je donne à mon regard, tantôt contempler l'agréable façade de la
mairie du sixième, tantôt lire sur la fontaine les noms de nos grands
orateurs sacrés, mais une obsession me harcèle: Bossuet et Massillon
110 étaient-ils français? Et le juge du sixième ne serait-il pas persan?

Jacques Laurent dans *Le Monde*,
11 juillet 1985

2 juge d'instance: *magistrate*. 3 arrondissement: circonscription administrative de la Ville de Paris. 7 rue Drouot: où se trouve la mairie du neuvième arrondissement. 9 Paul-Louis Courier: auteur de pamphlets (1772–1825). 10 Courteline: Georges Courteline (1858–1929), auteur de comédies. 21 Cahors: ville du sud-ouest, chef-lieu du département du Lot. 23 Gennevilliers: commune de la banlieue nord de Paris. 24 conseil général de la Seine: conseil de l'ancien département de la Seine qui comprenait Paris et sa proche banlieue. 27 Conseil d'Etat: haute assemblée consultative auprès du gouvernement et tribunal administratif suprême (*cf. ombudsman*). 29 Paul Bourget: romancier et critique (1852–1935). 36 Prix Goncourt: prix littéraire prestigieux. 40 Mitterrand: François Mitterrand, président de la République à l'époque. 43 tribunal d'instance: *magistrate's court*. 54,61 francitude; jugerie: inventions de l'auteur. 64 iroquois: *Iroquois Indian*. 66 justificatif: document justificatif. 70 raisons: 'le coeur a ses raisons que la raison ne connaît point' (Pascal, *Pensées*). 72 le monstre froid: l'administration; livret militaire: *service record book*. 78 SE: Son Excellence. 82 Périgueux: ville du sud-ouest, chef-lieu du département de la Dordogne. 93 huissier. *bailiff*. 104 Cour des comptes: *State Audit Office* (*literally, court of public accounts*), un des Grands Corps de la haute fonction publique en France, '*a worthy but toothless animal*' (Vincent Wright, *Government and Politics of France*, 3rd edn, 1989). 109 Bossuet: Jacques Bénigne Bossuet (1627–1704), prélat célèbre, auteur de sermons; Massillon: Jean-Baptiste Massillon (1663–1742), prédicateur qui prononça l'oraison funèbre de Louis XIV. 110 … ne serait-il pas persan?: 'Ah! ah! Monsieur est persan! C'est une chose bien extraordinaire! Comment peut-on être persan?' (Montesquieu, *Lettres persanes*).

[88]

Une machine Singer dans un foyer nègre	1
Arabe, indien, malais, chinois, annamite	
Ou dans n'importe quelle maison sans	
boussole du tiers-monde	
C'était le dieu lare qui raccommodait	5
Les mauvais jours de notre enfance.	
Sous nos toits son aiguille tendait	
Des pièges fantastiques à la faim.	
Son aiguille défiait la soif.	
La machine Singer domptait des tigres.	10
La machine Singer charmait des serpents.	
Elle bravait paludismes et cyclones	
Et cousait des feuilles à notre nudité.	
La machine Singer ne tombait pas du ciel	

15 Elle avait quelque part un père,
 Une mère, des tantes, des oncles
 Et avant même d'avoir des dents pour mordre
 Elle savait se frayer un chemin de lionne.
 La machine Singer n'était pas toujours
20 Une machine à coudre attelée jour et nuit
 A la tendresse d'une fée sous-développée.
 Parfois c'était une bête féroce
 Qui se cabrait avec des griffes
 Et qui écumait de rage
25 Et inondait la maison de fumée
 Et la maison restait sans rythme ni mesure
 La maison ne tournait plus autour du soleil
 Et les meubles prenaient la fuite
 Et les tables surtout les tables
30 Qui se sentaient très seules ·
 Au milieu du désert de notre faim
 Retournaient à leur enfance de la forêt
 Et ces jours-là nous savions que Singer
 Est un mot tombé d'un dictionnaire de proie
35 Qui nous attendait parfois derrière les portes
  une hache à la main!

René Depestre: *Poète à Cuba*
(Editions P.- J. Oswald, 1976)

2 annamite: de l'Annam, région centrale du Vietnam. 5 dieu lare: dieu protecteur de la maison.
René Depestre, né à Jacmel, Haïti, en 1926.

[89]

1 L'explosion urbaine que connaissent la plupart des pays de la planète prend, en certains endroits, des allures de catastrophe: mégapoles surpeuplées, croissance incontrôlée, spéculation immobilière, manque de logements, embouteillages, pollution, insécurité… La France n'est

pas – loin de là – la plus atteinte par ce fléau, mais elle connaît des 5
difficultés suffisamment graves pour s'être donné, tout récemment, un
ministre de la ville.

Les Français avaient un peu oublié leurs banlieues. Ils les ont bru-
talement redécouvertes à la fin de 1990, avec deux événements trou-
blants. En octobre d'abord, quand ont éclaté des scènes d'émeutes à 10
Vaulx-en-Velin, dans l'agglomération lyonnaise. Puis en novembre à
Paris, au cours d'une manifestation lycéenne, quand des dizaines de
'casseurs' venus de la périphérie se sont mis à saccager des vitrines et
à piller des magasins.

L'émotion provoquée par ces deux événements a été d'autant plus 15
forte que les banlieues des grandes villes ont bénéficié ces derniers
temps de beaucoup d'argent, d'imagination et de bonnes volontés. Le
confort des logements s'est amélioré; les moyens de transport se sont
développés; les équipements sportifs et sociaux se sont multipliés…
Et on a commencé peu à peu à corriger les excès des 'années-béton', 20
en allant jusqu'à détruire certaines 'barres' d'habitat collectif.

Mais d'autres facteurs sont intervenus entre-temps: une spéculation
immobilière effrénée qui repousse les pauvres vers la périphérie; une
immigration mal gérée qui prend la forme de 'ghettos' ethniques; et
un mode de répartition des aides de l'Etat dont les effets pervers figent 25
les inégalités entre les communes.

Aujourd'hui, les mots 'ville' et 'banlieue' recouvrent des réalités
très différentes, comme l'illustre l'exemple parisien. Le prix moyen
des logements dans la capitale a doublé en cinq ans. Il n'a jamais fait
si bon vivre à Paris pour ceux qui ont la chance d'y être bien logés et 30
de disposer de revenus élevés. A la périphérie, on compte quelques
havres de calme et de verdure, mais qui côtoient des communes
réellement sinistrées…

Les pouvoirs publics ont mis en place ces dernières années une
série de dispositifs pour réhabiliter les quartiers en difficulté. On s'est 35
vite aperçu qu'il ne suffisait pas de ravaler les façades ou de réparer
les ascenseurs. L'objectif est de créer des emplois, de casser les
mécanismes d'exclusion, de changer les mentalités… bref, de
recoudre un tissu social déchiré, tout en inventant un nouvel urbanisme. 40

C'est un travail de fourmi, un travail de longue haleine. Or des
résultats immédiats sont nécessaires pour redonner de l'espoir aux

habitants et les associer à la transformation de leur quartier. Deux exi-
gences contradictoires que la 'politique de la ville' est contrainte de
45 concilier.

Robert Solé dans *Le Monde Dossiers-Documents*
(*La ville et ses banlieues*),
février 1991

2 mégapoles: grandes agglomérations. 20 'années-béton': années où l'on a beaucoup construit. 21 'barres': immeubles géants. 25 aides: secours financiers. 41 travail de fourmi: *laborious task*.

[90]

1 Il peut y avoir bien des façons de lire. Il n'y en a que deux d'avoir des
livres: les emprunter ou les acheter. Si l'une n'exclut pas forcément
l'autre et s'il apparaît que les Français qui lisent sont surtout clients
de librairies, de clubs, d'entreprises de vente par correspondance, la
5 lecture publique – celle que l'on peut s'offrir gratuitement – est en
progression. C'est le résultat d'un effort commencé dans les années
1967–68 et qui, s'il ne fut pas absolument continu, a tout de même
abouti à ce résultat spectaculaire: 900 000 personnes inscrites dans
des bibliothèques municipales en 1969, 3 millions en 1983.
10 Le succès de la bibliothèque municipale moderne est inversement
proportionnel à l'élitisme. Il tient à un critère simple: réunir en un
même lieu le public le plus large, donc des publics les plus divers.
Adulte ou enfant, valide ou handicapé, agrégé ou OS, chacun doit y
trouver sa place et son intérêt. A l'entrée de la section des enfants, à la
15 bibliothèque municipale de Laval, en Mayenne, on peut lire cet 'avertissement': 'Parents et grandes personnes, avant de franchir cette
porte, nous vous rappelons que c'est ici le domaine des enfants.
Laissez-les choisir et lire ce qui leur plaît. Si votre enfant désire que
vous restiez avec lui, faites-vous tout petit.'
20 Ce petit texte est, en lui-même, un programme. La lecture en bibliothèque ne connaîtra son développement que si elle s'apparente à un
plaisir, à un désir. C'est bien pour cela que toute la politique menée

aujourd'hui et depuis une quinzaine d'années a bousculé l'image ancienne du bâtiment austère. Toutes les bibliothèques municipales nouvelles sont des constructions hardies avec une architecture propre. 25
L'entrée comme les façades en sont le plus souvent largement
ouvertes. On a voulu que le simple passant soit à la fois séduit et
attiré. Il peut ainsi voir, sans encore entrer, ce qui s'y passe. Il découvre des activités ignorées: le prêt, la consultation, l'exposition du
moment, la discothèque, qui de plus en plus va avec le livre. C'est une 30
bonne façon de l'appâter.

Le succès tient aussi pour une bonne part à l'emplacement. Une
bibliothèque reléguée dans une périphérie ou dans un jardin à l'écart
des axes de grand passage n'aura guère de chances. Lorsqu'un maire
qui a décidé de 'faire quelque chose' indique qu'il pourrait le faire 35
dans un quartier déserté et lointain, la Direction du Livre au Ministère
de la Culture lui demande gentiment s'il aurait eu l'idée de placer en
ce même lieu la mairie ou la poste. Ainsi, au fil des ans, les bibliothèques municipales ont réussi à trouver leur place dans une rue passante, proche des centres d'activités, administratifs ou commerciaux. 40

Attrayante, alléchante en ses signes extérieurs, la bibliothèque, cette
opération séduction réussie, ne devra pas décevoir. La diversité de son
public, la différence de ses curiosités, commandent d'avoir une collection aussi riche que variée. Dépositaire des ouvrages les plus
anciens dont elle aura toujours à assurer la conservation, elle ne devra 45
pas ignorer la BD, ni même les journaux, et les revues les plus con-
temporaines, qu'elles soient austères ou légères, spécialisées ou de
grande vulgarisation.

La bibliothèque est aussi un lieu de rencontres. A la rencontre avec
le livre s'ajoute celle entre lecteurs, et entre lecteurs et bibliothécaire. 50
Par ce biais, la bibliothèque sort de ses murs. Elle va à la rencontre de
la ville et de la vie.

Jean-Marc Théolleyre dans *Le Monde*,
6 novembre 1984

13 OS: ouvrier spécialisé (*semi-skilled worker*). 15 Mayenne: département de
l'ouest de la France. 43 commandent d'avoir: *impose the need for*. 46 BD: bande
dessinée.

1   *L'Eté:* Poème dramatique/Pièce en six jours et six nuits. On y trouve deux
chats – Moitié Cerise et Sa Grandeur d'Ail – qui parlent et deux enfants
qui observent le manège de deux amoureux, qu'on ne voit jamais. La
scène représente un jardin devant une maison.

5   [*Les deux chats, un à chaque côté de la porte.*]

MOITIÉ CERISE. Alors, que dit la gazette, ce matin?
   [*Pas de réponse.*]… Vous, vous vivez dans un monde à part.

SA GRANDEUR D'AIL. [*S'avançant.*] Je voudrais vous poser une
   question.

10   [*Moitié Cerise rapidement va s'asseoir à la table.*]

MOITIÉ CERISE. Vous les avez vus?

SA GRANDEUR D'AIL. Qui ça?

MOITIÉ CERISE. Eux. [*Sa Grandeur d'Ail vient s'asseoir, ne répond
   pas.*]… moi, j'ai vu. [*Silence. Sa Grandeur d'Ail regarde fixement
15   un point de la table.*]… Qu'est-ce qu'il y a?

SA GRANDEUR D'AIL. Vous appelez ça…

MOITIÉ CERISE. Une mouche.

SA GRANDEUR D'AIL. Ah! [*Ils la fixent tous deux.*]… Elle me
   regarde.

20   MOITIÉ CERISE. Vous la connaissez? [*Silence. Léger sourire de Sa
   Grandeur d'Ail.*]… Elle s'appelle comment?

SA GRANDEUR D'AIL. Hm?

MOITIÉ CERISE. S'appelle comment?

SA GRANDEUR D'AIL. Quelque chose comme Mina, Manon. Je n'ai
25   pas bien entendu. [*Silence. D'un revers de la main, Moitié Cerise
   tente de l'attraper.*]… Non.

MOITIÉ CERISE. Comment non!

SA GRANDEUR D'AIL. Je ne vous permets pas de l'attraper.

MOITIÉ CERISE. Oh, je vous la laisse. La voilà [*Silence.*]… Tiens,
30   elle me regarde. [*Il est gêné.*]… C'est vrai qu'elle a de gros yeux.
   [*Il a peur.*]… brrr! [*Il s'écarte.*]

SA GRANDEUR D'AIL. Non, c'est moi qu'elle regarde. Elle vous
   trouve moche.

MOITIÉ CERISE. Attrapez-la!

SA GRANDEUR D'AIL. Non. 35

MOITIÉ CERISE. Pourquoi?

SA GRANDEUR D'AIL. Je l'aime.

[*Silence.*]

MOITIÉ CERISE. Fichtre! Ah bon. Moi, elle me flanque le trac!

SA GRANDEUR D'AIL. Avez-vous déjà aimé? 40

MOITIÉ CERISE. Ça...

SA GRANDEUR D'AIL. Vous devriez voir un psychanalyste. [*Silence.
Moitié Cerise, gêné, se lève, fait un tour. Il essaie d'attraper
quelque chose.*]... Non!

MOITIÉ CERISE. Ce n'est pas elle. C'est un papillon. 45

SA GRANDEUR D'AIL. Raté!

MOITIÉ CERISE. J'ai le droit de faire ce que je veux. Si je veux, je
peux attraper des papillons. [*Il essaie encore.*]

SA GRANDEUR D'AIL. Raté! [*Moitié Cerise ramasse quelque chose
par terre qu'il mange. A la mouche.*] Est-on joli. Rien qu'en la 50
regardant, on a l'impression de lui faire un gosse. Est-ce que vous
comprenez? Moi, je suis beau, vous, vous êtes moche!

MOITIÉ CERISE. [*En mâchonnant.*] Vous êtes amoureux, voilà tout.

SA GRANDEUR D'AIL. Non, on n'a rien compris, on n'a rien compris tant que... [*A la mouche.*] Adieu... [*A Moitié Cerise.*] Vous 55
pouvez venir, elle est partie.

MOITIÉ CERISE. [*Haussant les épaules.*] Tout ça...

[*Entre Lorette avec un plateau et deux bols de lait.*]

LORETTE. Moitié Cerise, Sa Grandeur d'Ail! Le petit déjeuner pour
ces Messieurs. 60

SA GRANDEUR D'AIL. Posez-la! Sur la table. [*Lorette va au banc,
les appelle des lèvres. Ils se lèvent, approchent.*]... C'est très
agaçant, le bruit qu'elle fait avec sa bouche. Je lui ai déjà dit de ne
plus faire ça, mais c'est plus fort qu'elle: c'est une fille de campagne. 65

[*Lorette s'assied à côté d'eux. Ils boivent.*]

LORETTE. Vous les avez vus? Qu'est-ce que vous pensez? Hein?
Vous pensez quelque chose?

[*Entre Simon.*]

SA GRANDEUR D'AIL. Garrrrrçon! Un vé de biè! [*Il rit.*] Vous la 70
connaissez?

MOITIÉ CERISE. Oh! moi, les histoires!

151

LORETTE. Ils sont réveillés. Dis, tu leur as porté le petit déjeuner?
[*Simon ne répond pas. Il caresse une herbe. Vient s'asseoir.*
75   *Chatouille le nez de Moitié Cerise. L'attrape. Ils la tiennent tous
les deux. Moitié Cerise la lâche. Même jeu avec Sa Grandeur
d'Ail. Simon pose l'herbe sur la table. Même jeu entre les deux
chats. Lorette éclate de rire, prend l'herbe.*]... Alors! Alors! les
amoureux? Eh bien, dis?

Romain Weingarten: *L'Eté*
(Christian Bourgois 1967)

2 chats: ils ne sont pas déguisés en chat; ce sont des hommes d'âge moyen.
39 fichtre!: *well, I'm blowed!* 41 ça: *no comment.* 50 est-on joli: ce qu'on est joli.
64 c'est plus fort qu'elle: *she can't help it.* 70 un vé de biè: un verre de bière.
Romain Weingarten, né à Paris en 1926.

[92]

1   A l'origine, le périphérique n'était qu'une simple saignée pour décon-
gestionner les boulevards des maréchaux. Il est devenu aujourd'hui le
passage obligé de banlieue à banlieue, la première autoroute de transit
de région à région et même un cordon ombilical entre le nord et le sud
5   de l'Europe. Un engorgement d'une journée, et ce sont 300 000
camions qui ne livrent pas à l'heure, certains venant d'Amsterdam en
route vers Gibraltar.
     Pour maintenir ouverte cette 'voie sacrée', on a mis le paquet: un
ordinateur, 30 techniciens et ingénieurs, 245 policiers, 26 véhicules et
10   16 motos en patrouille.
     On a piégé la bête. Des compteurs de voitures cachés dans la
chaussée, des caméras plantées tous les trois cents mètres, des télé-
phones semés le long du parcours et des patrouilles incessantes racontent au PC la vie de l'ouvrage minute par minute. Une vie de dingue:
15   trente accrochages par jour, dont trois accidents graves, douze cents
blessés et une vingtaine de morts par an, sans compter les suicidés qui
se précipitent du haut des ponts, et les gangsters qui, hold-up fait, tentent de se fondre dans l'anonymat du troupeau automobile.
     La hantise des hommes du commandant Dumain, c'est d'inter-

rompre le moins possible l'écoulement du fleuve mécanique. Un 20
quidam en panne? Un des cars en patrouille fonce et, grâce à ses pare-
chocs renforcés, boute le véhicule hors du circuit. Est-ce plus grave?
Une des cent huit dépanneuses accréditées par la préfecture est immédiatement requise pour enlever l'épave. Un chauffard fait-il le
zouave? Pas question de l'arrêter. La voiture qui le suit lui enjoint par 25
haut-parleur de sortir par la première bretelle.

Sur le 'périf' malheur au bon Samaritain. Celui qui stoppe pour
dépanner un collègue peut être impitoyablement fauché quelques se-
condes plus tard. Et pourtant, racontent les policiers, on rencontre
encore des inconscients qui, la nuit, sur la voie de gauche, démontent 30
leur roue après une crevaison.

La maladie du circuit c'est qu'on le prend pour un anneau de
vitesse. Celle-ci est théoriquement limitée à 80 km/h, mais la fraude
est générale. A ce point que les policiers ne dressent plus de contra-
vention au-dessous de 105 km/h. Il faudrait épingler tout le monde. 35
Malgré cette tolérance, les radars mobiles équipés de photos-flashes
que l'on plante entre les glissières enregistrent six cents infractions
par nuit.

Avec 8 000 véhicules à l'heure, le 'périf' bat tous les records
d'Europe et de très loin. Le secret de cette cadence infernale? Sa ges- 40
tion sophistiquée bien sûr. Mais aussi le comportement des conduc-
teurs parisiens. Le commandant Roland Dumain les connaît bien, lui
qui sillonne la ville depuis vingt-trois ans et qui tourne sur le 'périf'
depuis sept ans: 'Ils sont frondeurs, indisciplinés, toujours prêts à
sauter une ligne blanche pour gagner deux places, c'est vrai, dit-il, 45
mais, croyez-moi, ils conduisent plus vite avec moins de casse et plus
habilement que n'importe qui.'

Marc Ambroise-Rendu dans *Le Monde Dimanche*,
27 mars 1983

1 périphérique: *Paris orbital motorway*. 2 boulevards des maréchaux: boulevards
extérieurs qui portent le nom des maréchaux de Napoléon. 8 'voie sacrée': allusion
à la seule voie utilisable pour alimenter la défense de Verdun en 1916. 14 PC: poste
de commandement; l'ouvrage: c'est-à-dire le périphérique. 22 boute: pousse.
23 préfecture: préfecture de police. 30 voie de gauche: *outside lane*. 32–3 anneau de
vitesse: *racing circuit*. 33 fraude: c'est-à-dire le dépassement de la limite de
vitesse. 35 épingler: *book*. 37 glissières: glissières de sécurité (*crash barriers*).
40 de très loin; *by a long way*. 43 sillonne: parcourt en tous sens. 24–5 fait-il le
zouave: fait-il l'idiot?

1 Devant 'les caves du bon vin', Chez Pierre, des hommes assis, les mains croisées sur le dossier de leur chaise, font la causette. C'est-à-dire qu'un mot sort de leur bouche toutes les cinq minutes. Les palabres niçoises n'assourdissent personne. Elles sont des plus
5 circonspectes.

    – Ça va?

    – *E!*

Ce *e* tardif et congru, dont le son est intermédiaire entre le *é*, le *è*, le *eu* – phonétique à part dont les Niçois sont dépositaires – contient
10 toutes les philosophies de l'univers. Il a de multiples usages: réponse, salut, narration, manière de lier connaissance, résumé de mâles épopées, art d'éventer les pièges, plaidoyer, panégyrique; traduit divers états d'âme: routine, extravagance, jugement, je-m'en-fichisme, spleen chronique, torpeur née du pastis et du rosé, renoncement.
15 L'homme qui a beaucoup vu préfère ne pas trop en dire. Parler dénature la vérité. Faut-il inlassablement user de mots pour raconter des faits qui s'en passent? Le Niçois qui, assis ou debout, l'œil fixé vers on ne sait quel horizon, converse de biais avec un interlocuteur, est un homme à qui on ne la fait pas. Il le croit ou affecte de le croire.
20 L'équivoque l'irrite; mais que reste-t-il sans elle?

    – Et cette partie de billard hier soir?

    – *E!*

    – Et la pêche? A-t-elle été bonne?

    – *E!*

Louis Nucera: *Chemin de la lanterne*
(Fayard, 1981)

4 palabres: discussions interminables et oiseuses. 4 niçoises: de Nice. 8 congru: qui convient tout à fait. 9 sont dépositaires: ont le secret. 12 éventer: découvrir. 13 je-m'en-fichisme: attitude d'indifférence. 14 spleen: ennui de toute chose; rosé: vin rosé. 18 de biais: *obliquely*. 19 à qui on ne la fait pas: qui ne se fait pas facilement avoir.

Pour tous les forestiers de France la montée à l'Aigoual devrait être   1
un pèlerinage obligatoire. Des terrasses de l'observatoire situées à
1567 mètres d'altitude on peut, par grand beau temps, parcourir du
regard l'un des plus vastes panoramas de l'Hexagone. Au pied du
massif, vers le sud, les plages du Languedoc semblent à portée de   5
main. Vers le nord s'en vont, en moutonnant, les croupes sauvages de
la Lozère. A l'ouest, on distingue les Pyrénées et vers l'est les sommets alpins encapuchonnés de neige. Mais pour les professionnels il y
a mieux à faire ici qu'à contempler les lointains. C'est l'environnement immédiat qui est le plus admirable. Tout alentour sur 15 000   10
hectares des futaies alternées de feuillus et de résineux semblent monter à l'assaut du sommet: pins à crochet, hêtres, sapins, mélèzes, voilà
un musée sylvestre qui doit tout à l'obstination clairvoyante de
quelques forestiers de l'Etat.

Combien parmi les deux cents randonneurs, qui chaque jour d'été   15
posent leur sac au sommet de l'Aigoual, savent qu'ici il n'y avait
voilà cent ans, qu'un désert de rocs et de ravines?

C'était le résultat conjugué d'une surexploitation des anciennes
forêts et d'un surpâturage. Les villes, les forges, les verreries des bas-
ses Cévennes avaient pendant des décennies, au cours de la première   20
moitié du dix-neuvième siècle, expédié ici leurs bûcherons pour abat-
tre les sapins. Les pâtres de la plaine et leurs immenses troupeaux
venaient estiver et, lorsqu'il n'y avait plus d'herbe, ébranchaient les
fayards. Les pluies s'abattant sur ces fortes pentes emportaient alors la
terre. Entre 1844 et 1868, les crues successives de l'Hérault avaient   25
ravagé les villes du Languedoc. Le sable, dévalant sur le versant nord
de l'Aigoual allait, par le Tarn et la Garonne, obstruer les passes du
port de Bordeaux. Sur la montagne chauve les hameaux se vidaient.

Un peu partout en France, le déboisement consécutif au désintérêt
de l'Etat pour la forêt et à la surpopulation des campagnes, prenait des   30
allures de catastrophe. Il y eut un sursaut national. Une rafale de lois
votées par le Second Empire et la Troisième République, organisèrent
le reboisement et la restauration des terrains en montagne. Les communes cévenoles réclamèrent l'application prioritaire de ces mesures
dans l'Aigoual.   35

En 1868, on leur envoya un jeune garde des eaux et forêts: Georges Fabre. Ce garçon était sorti major de Polytechnique et major de l'école forestière de Nancy. Il était aussi membre de la société géologique de France, passionné de géographie et féru d'économie.

40 Le sens du terrain il l'avait acquis au cours de nombreux voyages du Caucase au Sud-Oranais. Un forestier complet, en somme.

Et modeste au surplus, puisqu'il fit appel pendant de nombreuses années aux botanistes de l'université de Montpellier pour tester les essences à replanter. Lui-même, quarante années durant, il travailla

45 dans l'Aigoual. Sa politique n'a pas pris une ride: acheter les 2 000 hectares de forêt remanente et les sols alentour, reboiser ce qui devait l'être avec diverses essences, mais respecter les cultures et les prés, apporter aux populations une raison d'espérer et, tout de suite, de nouvelles ressources en recrutant sur place ses équipes.

50 Les difficultés et les échecs ne manquèrent pas. Il n'y avait même pas une piste pour monter à l'Aigoual. Il fallait parfois hisser des milliers de plants à dos d'homme et les trous se creusaient un par un à la pioche. Or, Georges Fabre a mis en terre soixante-huit millions de plants! Les jeunes hêtres qu'il avait installés crevèrent par millions

55 mais la vieille hêtraie judicieusement protégée et soignée est aujourd'hui magnifique.

Quand le forestier quitta l'administration en 1908, il avait reboisé les deux tiers du massif, ouvert des centaines de kilomètres de chemins et versé quelque 2 millions de francs-or sous forme de salaire

60 aux populations locales. Ses successeurs ont continué l'oeuvre entreprise.

En 1908 Georges Fabre, qui avait son caractère et qui se moquait par trop de la comptabilité administrative, fut congédié. Après quarante ans de labeur, son ministère lui 'offrit' une retraite anticipée.

65 Les populations locales stupéfaites et consternées voulurent au moins le remercier en plaçant une modeste plaque de marbre non loin du sommet de l'Aigoual. L'administration refusa d'offrir le mètre carré nécessaire. Il fallut planter ailleurs le minuscule monument du souvenir.

Marc Ambroise-Rendu dans *Le Monde*,
6–7 janvier 1980

1 forestiers: *foresters*; l'Aigoual: le mont Aigoual dans les Cévennes, au nord de Montpellier. 5 Languedoc: région du Midi méditerranéen s'étendant de Nîmes à

Narbonne. 6 en moutonnant: en creux et en bosses; croupes: *rounded summits*. 7 Lozère: département de la région Languedoc-Roussillon. 8 encapuchonnés: *crested*. 9 lointains: *distant views*. 11 feuillus: *broadleaf trees*. 13 sylvestre: *woodland*. 17 ravines: petits ravins. 19 surpâturage: *over-grazing*. 22 pâtres: bergers. 23 estiver: passer l'été; ébranchaient: dépouillaient de leurs branches, élaguaient. 24 fayards: nom méridional des hêtres. 25 Hérault: fleuve du Languedoc. 27 Tarn, Garonne: fleuves du sud-ouest de la France. 32 Second Empire: 1852–70; Troisième République: 1870–1940. 34 cévenoles: des Cévennes. 36 des eaux et forêts *cf. Forestry Commission*. 37 major: premier de sa promotion; Polytechnique: Ecole Polytechnique, prestigieux établissement d'enseignement scientifique, fondé à Paris en 1794. 41 Sud-Oranais: région d'Algérie. 45 politique: *policy*; n'a pas pris une ride: *has not aged*. 46 remanente: *residual*. 62 avait son caractère:*was not always easy-going*.

[95]

A propos de l'*Ami de mon amie* d'Eric Rohmer. 1

Une jeune attachée d'administration est nommée à la mairie de Cergy-Pontoise, au service des affaires culturelles. Elle s'appelle Blanche (Emmanuelle Chaulet). Dans cette ville nouvelle, elle n'a pas d'amis. Mais un jour, à la cantine, une grande bringue brune et chaleureuse lui 5 adresse la parole. C'est Léa, stagiaire en informatique (Sophie Renoir).

Elles vont ensemble à la piscine parce que Fabien, l'ami de Léa, modéliste en vêtements de sports (Eric Viellard), n'a pas la patience de lui apprendre à nager. Blanche remarque Alexandre, ingénieur à 10 EDF (François-Eric Gendron), un copain de Fabien et, donc, de Léa. Très vite, elle en tombe amoureuse. Or Alexandre, qui a la réputation d'un coureur de filles, est présentement occupé par Adrienne, étudiante à l'école d'art (Anne-Laure Meury). Léa, bonne fille, cherche à aider Blanche. 15

En quelques minutes, au générique de début, Eric Rohmer fait apparaître les acteurs et leurs personnages, les présente, les définit en quelques traits, quelques détails. On n'aura plus besoin de s'en occuper. Ils existent par leurs fonctions, leurs comportements, et il ne reste plus qu'à les suivre dans les décors réels de Cergy-Pontoise (la ville et 20 ses étangs, la planche à voile, la rivière, la forêt, les distractions).

Il ne reste plus qu'à les regarder vivre et se livrer à ce qu'il y a toujours de plus important dans les films d'Eric Rohmer, les *Comédies et proverbes* comme les *Contes moraux* d'avant: le jeu des sentiments.
25 Qui aime qui? Qui aimera qui?

Nous avons connu, sur ce thème, des stratégies intellectuelles et délicieusement perverses (ainsi *Pauline à la plage*, pour ne pas remonter plus haut) ou les erreurs passionnelles des *Nuits de la pleine lune*, ou le poids de la solitude dans *le Rayon vert*. Ici, l'impression
30 ludique est plus forte, plus fraîche, plus drôle, non exempte d'ambiguïté pourtant, car le fameux proverbe 'Les amis de mes amis sont mes amis' ne doit absolument pas être pris au pied de la lettre.

Blanche n'est pas sûre d'elle, hésite constamment à prendre des initiatives, elle a peur de passer pour sotte, dit qu'elle est moche. Ce que
35 dément le charme discret d'Emmanuelle Chaulet, son rayonnement, sa façon de s'habiller. Elle est une des plus jolies femmes et une des plus fines comédiennes qu'on ait vues dans les films de Rohmer. Mais enfin, il y a le personnage. Timide et complexe. Poussée par l'extravagante Sophie Renoir, dirigée, mine de rien, par Anne-Laure Meury,
40 dont le rôle apparemment effacé se révèle, en deux scènes, primordial, Emmanuelle Chaulet accomplit la métamorphose de Blanche à partir d'une promenade en forêt qui, retournements de situation et goût du plaisir consenti en plus, a la beauté de la *Partie de campagne* de Jean Renoir.

45 Après l'improvisation, pourtant très attachante du *Rayon vert* (*Reinette et Mirabelle* était une parenthèse), Rohmer revient à la pureté, la simplicité fascinantes de ce style cinématographique qu'on ne voit pas chez lui vieillir. La rigueur des cadrages et de la composition des plans (tel rideau rouge entrevu sur un mur blanc au bout d'un
50 petit couloir, telles 'natures mortes' avec fruits et objets sur des tables), les mouvements de caméra dirigés en fonction des décors, des gestes, du rythme de la parole des personnages, c'est tout un art classique, unique et bien français, qui porte à une sorte de jubilation.

Oui, il n'y a pas d'autre mot, car la verve et l'image s'assemblent
55 ici dans une harmonie parfaite, même si l'accomplissement sentimental (provisoire, peut-être, mais qu'importe) s'obtient au prix de compromis, de petits mensonges et des trahisons de l'amitié.

Jacques Siclier dans *Le Monde*,
26 août 1987

158

1 Eric Rohmer: réalisateur de cinéma, né en 1920. 2 attachée d'administration: *administrative assistant*. 2–3 Cergy-Pontoise: ville nouvelle dans la grande banlieue ouest de Paris. 5 grande bringue: grande fille dégingandée. 9 modéliste: *designer*. 11 EDF: Electricité de France. 14 bonne fille: *kind-hearted girl that she is*. 30 ludique: de jeu et de liberté. 32 au pied de la lettre: littéralement. 39 mine de rien: sans en avoir l'air. 43 consenti: accepté, accordé. 43–4 Jean Renoir: réalisateur de cinéma (1894–1979), fils du peintre Auguste Renoir. 48 cadrages: *frames*.

[96]

Celui qui entre par hasard dans la demeure d'un poète	1
Ne sait pas que les meubles ont pouvoir sur lui	
Que chaque nœud du bois renferme davantage	
De cris d'oiseaux que tout le coeur de la forêt	
Il suffit qu'une lampe pose son cou de femme	5
A la tombée du soir contre un angle verni	
Pour délivrer soudain mille peuples d'abeilles	
Et l'odeur de pain frais des cerisiers fleuris	
Car tel est le bonheur de cette solitude	
Qu'une caresse toute plate de la main	10
Redonne à ces grands meubles noirs et taciturnes	
La légèreté d'un arbre dans le matin.	

René-Guy Cadou: *Hélène ou le règne végétal*, dans *Œuvres poétiques complètes* (Seghers, 1973)

René-Guy Cadou, 1920–51, né à Sainte-Reine-en-Bretagne, Loire-Atlantique.

[97]

Les pigeons de Paris, trop nombreux, sont une cause d'enlaidissement   1
et de dégradation pour nos bâtiments et nos monuments et, au surplus,
souvent porteurs d'agents pathogènes et de parasites, ils peuvent être

atteints d'infections susceptibles de nuire à la santé de la population.

5   Les multiples inconvénients qu'entraîne la prolifération excessive des 'bisets' parisiens, les plaintes nombreuses et justifiées qu'ils provoquent ont amené l'Administration à prendre, en plein accord avec le Conseil de Paris, diverses mesures qui se situent à la fois sur le plan réglementaire, sur le plan psychologique, sur le plan sanitaire
10   et sur le plan technique.

Sur le plan réglementaire figurent au Règlement sanitaire de la Ville de Paris diverses dispositions. Elles concernent, d'une part, les obligations des propriétaires et des locataires, qui doivent faire obturer ou grillager toutes les ouvertures susceptibles de donner accès aux
15   pigeons ou de permettre la nidification et qui doivent nettoyer, éventuellement désinfecter, les façades et parties d'immeubles souillées; d'autre part, l'interdiction générale faite à toute personne de jeter de la nourriture sur la voie publique lorsque cette pratique risque de constituer une gêne pour le voisinage ou d'attirer les rongeurs.

20   Sur le plan psychologique, une action d'information est entreprise depuis plusieurs années auprès des intéressés en vue d'obtenir que, par une meilleure compréhension des difficultés à surmonter, ils secondent les efforts poursuivis par l'Administration.

Sur le plan sanitaire, l'état des pigeons parisiens n'est pas satis-
25   faisant. Pour la plupart, ils sont porteurs de parasites, notamment de poux. Par ailleurs, ils constituent incontestablement un réservoir de germes de maladies contagieuses transmissibles à l'homme. Dans le cadre de la campagne de propreté, un contrôle systématique bactériologique a été assuré, depuis 1969 par le Laboratoire d'hygiène de la
30   Ville de Paris, dans le but d'apprécier les risques existants pour la population parisienne, du fait de la présence et du contact des pigeons.

Sur le plan technique, après de nombreux essais effectués sous la surveillance des associations des amis des bêtes, une solution fut adoptée: la capture des 'bisets' par des équipes spécialisées. C'est
35   ainsi que, de 1960 à ce jour, plus de 700 000 pigeons ont pu être capturés et, après inspection sanitaire et désinfection, être expédiés à la campagne. Mais ce procédé de capture au filet se heurte à des difficultés de toutes sortes et ne permet pas de s'attaquer à la cause du mal, à savoir la nature prolifique des pigeons.

40   L'utilisation d'un produit stérilisant est apparue séduisante non seulement parce que celui-ci s'attaque à la cause du mal contre lequel on lutte, mais encore parce qu'elle a l'agrément des amis des pigeons.

Après différents tests et examens, la commission estima, en janvier 1969, qu'il convenait d'expérimenter un produit d'ordre chimique de structure analogue à celle du cholestérol, entraînant chez les colom- 45 bidés un freinage de l'ovulation d'une durée d'efficacité de six mois environ. Ce produit doit être absorbé deux fois par an pendant dix jours sous forme de graine de maïs enrobée d'une dose infinitésimale.

Dès le mois de mars 1969, une première expérimentation avait lieu, sous contrôle de laboratoire. En 1970, une opération test était 50 déclenchée sur quelques arrondissements parisiens. Compte tenu des résultats obtenus (notamment diminution sensible des naissances entraînant une stabilisation des bandes de pigeons), la commission proposait d'étendre l'opération 'Malthus' à tous les rassemblements de pigeons des vingt arrondissements de Paris, soit plus de 300 points. 55

C'est ainsi qu'en 1972, 1973 et 1974, conformément au programme prévu et grâce aux crédits accordés par le Conseil de Paris, les équipes spécialisées du Centre d'action pour la propreté de Paris ont traité, en deux phases séparées par un intervalle de six mois, 20 000 pigeons environ répartis sur l'ensemble des vingt arrondissements de Paris. 60

Extrait d'une lettre du Préfet de Paris
au Président du Conseil de Paris, 18 mars 1975

3 agents pathogènes: *disease-producing agents*. 6 bisets: pigeons sauvages de couleur bise (bis: gris tirant sur le brun). 8–9 qui se situent à la fois sur le plan réglementaire …: *which are variously administrative* … 15 nidification: construction de nids. 21 auprès des intéressés: *among those concerned*. 45–6 colombidés: *the pigeon species*. 48 enrobée: enveloppée. 50 opération test: *pilot scheme*. 51 arrondissements: circonscriptions administratives (la Ville de Paris en compte vingt). 54 'Malthus': d'après Thomas Malthus (1766–1834), économiste anglais qui préconisa la limitation des naissances.

[98]

Les bals de la résidence Mouffetard ne sont pas tristes. Ce club de 1 personnes âgées situé dans le cinquième arrondissement de Paris se transforme en dancing une fois par mois. 'Ça drague terrible,' paraît-il. Tout en valsant, on se montre du menton un couple attendrissant.

5 Fernand, soixante-quinze printemps, deux fois veuf, vient de trouver
une nouvelle compagne: Lise, soixante-cinq ans. Ils s'embrassent en
public et s'éclipsent avant la fin, tendrement enlacés.

Ces tourtereaux font partie de la vaillante cohorte des seniors osant
déclarer qu'ils ont encore une vie amoureuse. Selon une enquête par
10 sondage réalisée par la SOFRES en 1985, 54% des Français et des
Françaises ayant dépassé le cap des soixante-cinq ans sont dans ce
cas. Un ancien sur six souhaiterait même sacrifier plus souvent à
Vénus. Qu'ils soient encore actifs ou qu'ils aient dételé (pour 28%
d'entre eux), les retraités se déclarent massivement (83%) satisfaits de
15 leur vie sexuelle.

Voilà qui modifie l'image traditionnelle que l'on se faisait de la vie
intime des papies et des mamies. Il y a seulement un quart de siècle,
le docteur Georges Valensin se félicitait que l'on accepte enfin la sexualité d'un quinquagénaire. Il faut admettre aujourd'hui celle des
20 septuagénaires.

Quelques journalistes apportent leur témoignage. Ménie Grégoire,
par exemple, qui prodigua ses conseils sur les ondes de RTL durant
des années. 'J'ai découvert avec étonnement nombre d'idylles entre
des femmes largement ménopausées et des vieux messieurs pension-
25 naires de maisons de retraite,' dit-elle. Le sujet passionne. En 1984,
Radio Bleue osa programmer une série d'émissions sur 'Le sexe après
soixante ans'. 'Jamais nous n'avions reçu autant de courrier,' se souvient Jérôme Bouvier, qui avait eu cette idée audacieuse.

Dans les foyers et maisons de retraite de la Ville de Paris, il est
30 courant que des couples se forment, et même – plus rarement – que
l'on célèbre des mariages. Comme le prévoit le règlement, on installe
alors les pensionnaires dans des chambres à deux lits. La sexualité des
vieux Parisiens est parfois plus encombrante. 'Les lesbiennes et les
dames qui ramènent des gigolos ne nous gênent guère,' confesse un
35 haut responsable du bureau d'aide sociale. 'Avec les travestis, on joue
le jeu. Mais les pédérastes qui se font dévaliser et les prostituées qui
entendent encore gagner un peu d'argent de poche sont plus difficiles
à gérer.' Nous sommes loin du désert sexuel, moralisé, aseptisé et si
commode dans lequel on voudrait exiler les vieux.

Marc Ambroise-Rendu dans *Le Monde Dimanche*,
17 février 1988

162

3 ça drague terrible: *they chat up like nobody's business*. 10 SOFRES: Société française d'enquête par sondage. 11 dépassé le cap: franchi l'étape. 17 papies et mamies: *grandads and grannies*. 21 Ménie Grégoire: née Marie Laurentin (1919), personnalité de radio. 22 RTL: Radio-Télé-Luxembourg. 26 Radio Bleue: programme adressé aux plus de cinquante ans, souvent appelé 'radio nostalgie'. 38 moralisé: soumis à la morale; aseptisé: *sanitized*.

[99]

Les représentations que nous venons de donner dans l'Abbaye béné- 1
dictine du Bec-Hellouin dans l'Eure nous auront à tous appris beaucoup de choses. Elles confirment ce que Gischia et moi-même
pressentions lorsque nous eûmes la bonne folie de créer pour la première fois des fêtes de théâtre en province, dans un lieu privilégié. 5

Il y a sept ans, en mai 1947, qu'en pensions-nous? Nous pensions
que notre tentative resterait unique, isolée. Nous voulions plonger
l'art de la parole et du chant dans un lieu hors de toute communication
avec les inquiétudes quotidiennes. Depuis il n'est pas une province de
France qui n'ait son festival (ah, l'affreux mot). 10

Le théâtre désormais court les routes, s'établit au bord du Rhône,
chante dans le pays de Cézanne, s'établit dans une ville martyre
(Caen), emporte Camus à Angers, redonne au théâtre admirable de
Bordeaux tout son éclat. Et que Reybaz poursuive dans le Nord son
aventure, cela rassure et rappelle que la température ne fait rien à 15
l'affaire, que le théâtre où qu'il s'établisse avec des moyens premiers
(tréteaux, ciel et pierre) retrouve son sens vrai et son charme. Les
cigales sont bien inutiles.

Que la température ne fait rien à l'affaire, hé oui. A Bec-Hellouin il
y a quelques jours, la pluie est tombée pendant un quart d'heure au 20
beau milieu du premier acte de *Meurtre*. Nous jouions. Et tout en
jouant, baigné de pluie, j'attendais avec crainte qu'un, puis deux, puis
cinq, puis vingt spectateurs quittent les travées et s'en aillent. Rien ne
s'est passé. Pendant un quart d'heure, la pluie vive et brillante a formé
écran entre nous; cette pluie n'a pas fait fuir un seul spectateur. Je 25
suppose que d'autres ont vécu cette expérience mais c'était la première fois quant à moi. Elle confirme cet admirable génie du public,

fait de patience, de confiance, d'affection. On compare souvent les comédiens à des hommes et des femmes qui ont toujours conservé leur âme enfantine. Les enfants sont parfois irascibles et – mon Dieu! – cela est assez banal. Mais reste cette foule à laquelle nous appartenons tous au moins deux ou trois fois dans l'année. Reste ce public, qui subit la pluie sans broncher tout en écoutant une pièce si souvent difficile.

Alors entre le public et l'acteur se crée ce combat fraternel: quel est celui qui coupera le premier la cérémonie. Et Dieu enfin arrange les choses. Et la pluie cesse. Et tout le monde est resté.

Il faut proposer au public théâtral des aventures. J'ai trop vécu depuis plus de sept ans mon histoire pour ne pas savoir que là d'abord est la leçon: tout ce qui n'est que paresse administrative du théâtre, goût de ne rien déranger, souci de maintenir notre art dans des normes individuelles, respecter non pas les traditions mais les habitudes, est le pire destin qu'on puisse infliger au théâtre français.

Revenons à Bec-Hellouin. C'est une abbaye très détruite. Seule, face à une enceinte d'arbres comme il y en a des millions dans le monde, se dresse une tour. Le lieu est éloigné de toute communication. Il faut bien avoir regardé la carte pour savoir où se trouve le vallon de l'Abbaye. Les premiers jours, les services du TNP se trompèrent. J'évaluais à trois cents à quatre cents personnes le nombre de spectateurs qui tous les soirs seraient là. Et je pensais que trois représentations de *Meurtre* (pièce admirable certes mais difficile) c'était trop.

Il faut se rendre à l'évidence. Tous les soirs les représentations furent données devant des travées archi-combles. Prévu pour deux mille places par Camille Demangeat, le dispositif supporta deux mille six cents personnes le troisième soir.

On peut au théâtre tout oser, parce que notre admirable public peut nous permettre de tout entreprendre.

Jean Vilar, 1 juillet 1953: cité dans
l'exposition *Jean Vilar au Présent*,
Centre Georges Pompidou, Paris 1991

2 Eure: département de Normandie. 3 Gischia: Léon Gischia (né 1903), peintre-décorateur de théâtre. 12 ville martyre: la ville de Caen fut largement détruite au cours de la bataille de Normandie en 1944. 13 Camus: Albert Camus (1914–60), Prix Nobel de littérature, dirigea le festival d'Angers pendant un certain moment.

14 Reybaz: André Reybaz (né 1922), acteur et directeur de troupe à Lille.
17 charme: *magic*. 21 *Meurtre*: *Meurtre dans la cathédrale* de T. S. Eliot.
23 travées: rangées de chaises. 48 TNP: Théâtre national populaire. 55 Camille
Demangeat: ingénieur de scène.
Jean Vilar: acteur et metteur en scène (1912–71). Il créa le festival d'Avignon en
1947 et le dirigea jusqu'en 1969. Il fut directeur du Théâtre national populaire,
1951–63.

[100]

Il n'est jamais facile d'être flic, et pas plus en 1975 qu'en 1942, 1961   1
ou 1968. Mais après tout personne n'est contraint de choisir ce métier,
et ceux qui s'y engagent le font en connaissance de cause.

D'où viennent-ils? Qui sont-ils? Beaucoup n'ont fait, après leur service militaire, que changer d'uniforme puisque 40% des inspecteurs   5
'en civil' sont sortis du rang après avoir débuté comme gardiens ou
agents. Dans tel village du Var, deux jeunes gens sur trois deviendront
CRS; ailleurs, on trouvera moins d'hommes de telle commune de
Corse, de Bretagne, voire des Antilles, dans la localité où ils sont nés
que dans la police parisienne ou marseillaise. Ils baignent dans le   10
milieu populaire d'où ils sont issus et dans lequel ils vivent.

Or les Français, s'ils frondent parfois, aiment l'ordre et l'autorité,
sont facilement chauvins, xénophobes même, on l'a dit cent fois et
analysé de toutes les façons. Et ce goût de l'ordre, ce racisme latent
sont souvent plus largement affirmés, moins sournois et prudents,   15
sinon plus réels et profonds, dans les couches populaires que parmi
les plus évolués et instruits, les plus favorisés, qui n'en sont d'ailleurs
que plus coupables d'y céder. Dès lors comment pourrait-on éviter
que ces sentiments soient exacerbés chez celui qui détient précisément
une parcelle d'autorité pour défendre l'ordre et protéger ses conci-   20
toyens contre les agitateurs venus d'ailleurs?

Et puis on lui a seriné de sages proverbes: 'L'oisiveté est mère de
tous les vices', 'Qui vole un œuf, vole un bœuf', 'A beau mentir qui
vient de loin'. S'il a appris quatre vers à l'école ce seront peut-être
ceux du bon La Fontaine: 25

Le loup reprit: que me faudra-t-il faire?
Presque rien, dit le chien: donner la chasse aux gens
Portant bâtons et mendiants
Flatter ceux du logis, à son maître complaire…

30 On lui répète sans relâche que l'obéissance est sa première vertu,
que le désordre est le fruit d'un complot permanent contre la nation,
que l'étranger est, a priori, suspect et le marginal toujours dangereux.
Il sait qu'une tenue négligée est l'indice d'un laisser-aller qui cache
sans doute une mauvaise conscience, et que les cheveux longs sont
35 sales. On lui a désigné tour à tour des résistants et des collaborateurs,
des Juifs et des Arabes, des communistes et des anticommunistes, des
ouvriers et des étudiants, des paysans et des lycéens, des violents et
des non-violents, des grévistes de la faim et des suspects de tout poil
en lui disant: 'Disperse!', 'Evacue!', 'Cogne!' Alors il disperse, il
évacue, il cogne à l'occasion, pour remettre tous les trublions dans le
droit chemin.

Pierre Viansson-Ponté: *Couleur du temps qui passe*
(Stock, 1979)

7 Var: département du sud-est méditerranéen. 8 CRS: Compagnies républicaines de
sécurité (*riot police*). 9 Antilles: *French West Indies* (*Martinique, Guadeloupe,
etc.*). 10 baignent dans: sont imprégnés de. 12 frondent: raillent ce qui est d'habitude respecté. 15 sournois: *devious*. 18 dès lors: par conséquent. 23–4 'A beau
mentir qui vient de loin': celui qui vient de loin, qui est donc étranger, peut plus
facilement raconter des choses fausses. 25 La Fontaine: Jean de La Fontaine
(1621–95), poète, connu surtout pour ses *Fables*.

[101]

1 Tous les mercredis soirs, une consultation est ouverte aux malades du
sida à Broussais. Unique. Et une manière pour l'hôpital de s'adapter à
des malades qui continuent de vivre une vie comme les autres.
Qui les imaginerait un seul instant malades? L'un est pharmacien,
5 l'autre expert juridique. Ils plaisantent, ils boivent du thé, tout en con-

sultant leur agenda pour voir s'ils pourront se retrouver dans un mois, pour la même consultation rituelle. 'On va dîner là? Ou c'est trop tard?' demande l'un. L'autre n'est pas pressé.

23h30, au centre de consultation de l'hôpital Broussais, 'Bon, docteur, ça y est, c'est enfin mon tour!' 'J'arrive, j'arrive, je vais prendre votre dossier.' répond le professeur Kazatchkine. Le pharmacien s'amuse. Elégant, il ressemble à un cadre supérieur, qui s'offrirait un moment de détente à la fin de sa journée. Fatigué, mais en forme. Comme n'importe quel Parisien. Son ami est plus discret. Cartable de cuir, costume strict, il a couru la journée à conseiller les entreprises dans l'élaboration de leurs contrats. Malade, lui? Nul ne songerait à le croire. 'J'espère que ça va marcher le DDI,' lance le pharmacien à la cantonade. 'Parce que l'AZT, dis donc! En une semaine ça a été la débandade. Des plaques partout, le bide absolu. Et toi, ça y est?' se tourne-t-il vers son ami. 'T'as digéré tes aérosols? T'as bonne mine en tout cas. On dirait que t'as reçu des UV.' Pour un instant, le sida devient un sujet de plaisanterie. L'autre l'écoute, amusé, détendu. Comme profitant d'un instant à part.

C'est un petit miracle que cette unique consultation de nuit, qui se tient tous les mercredis à l'hôpital Broussais de Paris. D'un coup, tous les stéréotypes sur le sida, sur les images de la maladie, volent en éclats. On pense à l'exclusion, à cette maladie qui détruit tout, y compris les liens sociaux. Et voilà que l'on y voit des hommes de trente-quarante ans, comme tout le monde, aussi singuliers que banals, des gens qui travaillent sûrement beaucoup, ont un emploi du temps aussi chargé que n'importe quel salarié. Des gens qui vivent, plutôt mieux que mal, en dépit de leur sida.

L'hôpital comme un répit. Car, des obligations, des contraintes, ils en ont. En particulier, celles de visites médicales régulières pour suivre l'évolution de leur état biologique, leur traitement, mais aussi subir des séances d'aérosols qui permettent de prévenir la pneumocystose (maladie opportuniste classique qui grignote les poumons). 'D'ordinaire ces visites vous bouffent toute une demi-journée,' explique le conseiller juridique. 'Une fois ce n'est pas grave de perdre une demi-journée. Mais quand cela revient régulièrement, c'est vite handicapant dans votre boulot. Il faut se justifier, inventer des raisons.'

D'où l'idée de simple bon sens du professeur Kazatchkine: une fois par semaine, faire une consultation de nuit. Un projet monté avec

45   l'aval de la direction de l'hôpital, avec surtout l'appui de l'association
AIDES. 'Le problème, c'était les infirmières. On ne pouvait pas leur
demander de faire des heures supplémentaires. C'est pour cela que
AIDES nous a proposé des volontaires.' Au début, il y en avait deux.
Maintenant quatre, tant le succès de cette consultation est évident,
50   répondant à un besoin criant.

    Est-ce en raison de la personnalité très chaleureuse du chef de ser-
vice et de son adjoint? Ou bien est-ce dû à cette heure tardive de la
soirée, où tout le monde a plus de temps, où chacun est moins pressé,
plus détendu? Ou encore est-ce la présence de ces quatre bénévoles de
55   AIDES qui se donnent si fortement, conseillant, rassurant, visiblement
contents d'être là? Toujours est-il que le cocktail a pris. Et cette consultation est un évident succès, bouleversant les habitudes, modifiant
les relations. Voit-on souvent des patients – deux en l'occurrence ce
soir-là – venir en consultation, apportant des fleurs?

Eric Favereau dans *Libération*,
3 juillet 1990

2 sida: *AIDS*. 5 expert juridique: *legal adviser*. 17,18 DDI, AZT: didéoxiinosine,
azidothymidine – médicaments employés dans le traitement du sida. 19 débandade:
pagaille; plaques: *blotches*; le bide absolu: *a total flop*. 21 UV: (rayons) ultra-vio-
lets. 27 exclusion: fait d'être exclu. 38 bouffent: *eat up*. 46 AIDES: service social
d'information, de conseil et de soutien en ce qui concerne le sida.

[102]

1   Si vous voulez vous faire une idée du paradis terrestre, point n'est
besoin d'évoquer Babylone et les jardins suspendus de Sémiramis,
comptés au nombre des merveilles du monde. Vous n'avez qu'un bras
à traverser, plus exactement une Manche. Voyage routier d'autant
5   plus facile que d'admirables parcs floraux se nichent sur la rive d'en
face, dans la verdure du Kent, du Sussex ou du Surrey, au sud et
autour de Londres. Et là, quel que soit le temps, quelle que soit la saison (car la floraison est continue jusqu'à l'automne), l'enchantement
commence.

Je ne me donnerai pas le ridicule de me lancer dans un cours d'hor- 10
ticulture. Je rappellerai simplement que, à la différence des bosquets
de Versailles où Le Nôtre forçait la nature 'avec un plaisir superbe'
(dixit Saint-Simon), les tapis verts de la Grande-Bretagne, que
favorisent à parts égales l'arrosoir céleste, des hivers sans rigueurs, et
la qualité d'un humus exceptionnel, présentent la fantaisie la plus 15
débridée. Contrastant avec les 'jardins de l'intelligence' français, ce
sont les jardins de l'imagination, des jardins plantés comme au hasard
d'arbres splendides, semés deci delà de rotondes ou de petits temples
façon antique, des échappées de panorama sans limites. Le plus
célèbre architecte paysagiste du Royaume Uni, Lancelot 'Capability' 20
(Le Capable) Brown, le premier adversaire des clôtures et de la ligne
droite, et aussi ses successeurs du dix-neuvième siècle – Gertrude
Jekyll, William Robinson – ont été les maîtres de ces savants artifices
qui rappelaient Jean-Jacques Rousseau composant avec la nature.
Mon premier pèlerinage botanique m'a mené directement au plus 25
vaste domaine: Leonardslee Gardens, 82 acres, soit une quarantaine
d'hectares. Une terrasse qui domine l'horizon (la mer est à trente kilomètres), une maison à colonnes flanquées de cyprès avec tea-room et
librairie, et, tout de suite par-devant, une pelouse passée au rouleau,
douce au pied comme une moquette, où un banc solitaire à l'aplomb 30
d'un tulipier colossal incite à la méditation. Les massifs de rhododen-
drons, orgueil de la maison, se panachent non loin de là avec des
houppes d'azalées, d'iris, de camélias, de bougainvillées (dont la
polychromie a inspiré les palettes de Claude Monet et d'Odilon
Redon). Par des sentiers en pente douce, on gagne ensuite le royaume 35
des hauts solitaires, espacés comme des piliers de cathédrale, dont les
botanistes de céans sont allés chercher les semences dans les pays
lointains: conifères de l'Himalaya ou de la Nouvelle-Zélande,
séquoias de Californie, cèdres du Liban ou du Japon…
Liberté de promenade absolue: aucun fléchage, aucune interdiction, 40
aucun gardien, aucun jardinier, à peine quelques robinets disséminés
dans le feuillage pour attester l'humidité des racines. On descend si
loin, si bas dans la forêt végétale que les marcheurs du troisième âge –
le gros des 'entrées' – s'essoufflent et disparaissent. La récompense
vous attend au fond de la dépression où les eaux d'un lac à cascatelles 45
reflètent de nouveaux mirages floraux. Quand, plus tard, l'on remonte

vers les enceintes d'accueil, la chanson des oiseaux qui vous accompagnait sous la ramée n'aura d'égale que le caquetage de ladies couperosées donnant sur les terrasses des récitals de fausses dents.

Olivier Merlin dans *Le Monde*,
1 mars 1980

2 Sémiramis: reine légendaire de Babylone. 3 bras: bras de mer, détroit. 12 Le Nôtre: paysagiste célèbre (1613–1700), dessinateur des jardins de Versailles, entre autres. 13 dixit: a dit (faisant autorité); Saint-Simon: duc de Saint-Simon (1675–1755), auteur de *Mémoires de la vie à la Cour*. 18 deci delà: de côté et d'autre. 24 composant avec: s'adaptant à. 30–31 à l'aplomb d': en équilibre avec. 31 tulipier: genre de magnolia. 32 se panachent: confondent leurs couleurs variées. 34 polychromie: multiples couleurs. 34–35 Odilon Redon: peintre visionnaire (1840–1916). 36 solitaires: arbres solitaires. 37 de céans: d'ici, de cet endroit. 45 à cascatelles: à petites cascades. 47 enceintes d'accueil: *refreshment area*. 48 ramée: feuillage; caquetage: jacassement, bavardage.

[103]

1   La France est malade de son système universitaire. Le fait paraît enfin reconnu par l'ensemble de la presse comme par le monde politique. Le délabrement des locaux, la grande misère des bibliothèques universitaires, la morosité du corps enseignant, la désaffection des meilleurs
5   étudiants pour les carrières de l'enseignement supérieur et de la recherche ne sont que les symptômes les plus apparents de ce mal. Car il en est d'autres, plus graves, comme la faible présence de la production française dans certaines disciplines. Le diagnostic étant posé, il faut reconnaître que les remèdes sont délicats à administrer et que
10 certains sont pires que le mal.

Il y a aussi les remèdes qui n'en sont pas: celui, par exemple, qui se bornerait à injecter des crédits supplémentaires, à créer des emplois de professeurs, à revaloriser la condition enseignante, comme l'on dit. Tout cela est nécessaire. Sans cette revalorisation, les étudiants brillants
15 lants continueront de bouder l'enseignement et la recherche. Mais pour les attirer, il en faut bien davantage. Il faut aussi qu'ils aient le sentiment d'entrer dans des institutions dynamiques et que, pour les meilleurs d'entre eux, ils puissent espérer accéder à des établisse-

ments de renom dont ils puissent être fiers. Une action d'ordre pure- 20
ment – ou surtout – budgétaire ralentirait le déclin sans atteindre les
causes du mal.

La sortie de la léthargie suppose d'abord que l'on rompe enfin avec
un centralisme que l'augmentation du nombre des étudiants, leur
hétérogénéité et la diversification des branches du savoir ont rendu
absurde. Comment gérer par le menu un système aussi compliqué que 25
le système universitaire français depuis les bureaux d'un ministère
parisien? Il est donc indispensable que les établissements puissent
bénéficier de la plus large autonomie et que leurs responsables aient
les moyens de définir une politique d'établissement digne de ce nom.
Mais l'Etat doit pousser plus loin son effort de 'modestie' et recon- 30
naître par exemple que les régions pourraient être en mesure
d'assumer plus efficacement que lui le développement des collèges de
premier cycle.

De façon générale, il est temps de sortir définitivement des fictions
égalitaires et uniformatrices. Pour répondre aux demandes et aux aspi- 35
rations hétérogènes des étudiants, pour coller de manière souple à
l'évolution du savoir comme à celle du marché de l'emploi, pour
répondre à la double fonction de l'université de transmission et de
production du savoir, il est nécessaire de disposer d'un réseau d'établissements clairement diversifiés. Or, cette diversification ne peut 40
résulter de la seule concurrence entre des établissements exsangues et
auxquels échappent à peu près entièrement les moyens qui leur per-
mettraient de se donner une politique.

Si d'un côté l'Etat doit se faire plus modeste, de l'autre il peut donc
légitimement se montrer plus actif. L'on déplore, à juste titre, les taux 45
d'échec des étudiants français. Mais il faut savoir qu'ils proviennent
en grande partie du caractère à la fois flou et peu différencié de l'offre
d'éducation. Car, si les établissements avaient une image et une desti-
nation plus claires, un niveau plus visible, si l'offre d'éducation était
plus diversifiée, si l'orientation pouvait être directe et non plus 50
sournoise, les étudiants trouveraient plus facilement la chaussure qui
convient à leur pied.

Raymond Boudon dans *Le Figaro*,
30 mars 1988

4 morosité: *gloom*. 4–5 désaffection… pour: perte de l'intérêt … dans.
5 enseignement supérieur: *higher education*. 13 la condition enseignante: *the status*

of teaching staff. 15 bouder: *shun.* 29 politique: *policy.* 33 premier cycle: les deux premières années de l'enseignement supérieur. 34–35 fictions égalitaires et uniformatrices: *myths of equality and uniformity.* 36 coller: adhérer. 37 marché de l'emploi: *labour market.* 40–41 ne peut résulter de la seule concurrence: *cannot come about by competition only.* 41 exsangues: *underfunded (literally: anaemic).* 47–8 l'offre d'éducation: *the courses offered.*

[104]

1 Parmi tous les dangers qui menacent notre société, il en est un que ni les hommes politiques, ni les économistes, ni les sociologues ne semblent apprécier à sa juste valeur: le retour au troc.

Que la méthode des échanges individuels ou collectifs se
5 développe, que les hommes parviennent demain – ou après-demain – à se passer de l'intermédiaire anonyme du papier-monnaie pour se procurer les choses nécessaires à leur vie, que le plombier se fasse payer en pommes de terre par l'épicier, que le médecin touche ses honoraires du libraire sous forme d'éditions nouvelles, que le mécanicien
10 accepte un guéridon pour le dépannage de l'automobile de l'ébéniste, que les ouvriers soient fournis en produits de la terre par les agriculteurs dont ils fabriquent les tracteurs... et les lessiveuses, et ce sera la faillite des banques, l'engourdissement de la planche à billets, la mise au chômage du ministre des finances et des fonctionnaires du fisc.

15 Le jour improbable où l'on parviendra à cette situation démonétisée, le veau d'or, reconnu enfin impropre à la consommation, sera fondu et transformé en quenottes pour les dentistes. Les billets, dollars, marks, francs, livres sterling, seront réduits au rôle du papier peint et les espèces métalliques deviendront rails de chemin de
20 fer ou fil à couper le beurre!

Dans le même temps on verra enfin s'établir cette justice sociale, que tant de gens appellent de leurs vœux hypocrites, tout en la maintenant à bonne distance de leurs privilèges. Dans une société de troc, celui qui n'aura ni compétence, ni produit du travail de son cerveau
25 ou de ses mains à échanger contre les fruits du labeur des autres ne

pourra subsister. Les parasites, enfin identifiés, disparaîtront d'eux-mêmes.

A ceux qui ne verraient dans cet exposé prospectif que vision fumeuse de chroniqueur retour de vacances, il faut expliquer que la deuxième Foire du troc, qui s'est tenue à La Défense les 18 et 19 septembre, a réuni plus de six cents troqueurs en puissance.

Entre les tours, parallélépipèdes de verre fumé ou de béton alvéolaire tristement voués à la ligne droite et à l'angle aigu, le marché qui se tenait sur tréteaux – comme tout marché honnête – aurait peut-être rappelé à Marco Polo ceux de Kich, de Zhafar et d'Ormuz, où l'on échangeait des perles contre des chevaux, de l'indigo contre des rubis, du sésame contre du bois de santal.

Les produits et objets troqués à La Défense étaient moins exotiques et moins précieux, mais leur banalité même a démontré que le troc est à vocation universelle, l'homme qui a envie ou besoin de quelque chose étant toujours prêt à se défaire de ce qui ne lui est plus indispensable.

Jeunes hommes et jeunes femmes, gais et pleins de simplicité, constituaient la majorité des troqueurs et offraient, entre autres, un magnétophone contre un pneu de moto; un jean, usé à la trame comme un poncho pré-inca, contre une douzaine de 78 tours du temps d'Armstrong; une lampe à souder contre une pendule (sans aiguilles, mais ornée d'un Napoléon de faux bronze); une raquette de tennis voilée contre une couronne de fleurs d'oranger, sous globe.

Une petite fille de sept ou huit ans, ayant tôt perdu l'instinct maternel, tentait d'échanger une poupée chauve contre des cartes postales; une dame américaine se défit devant moi d'un éventail peint à la main pour un masque à gaz de la dernière guerre; un monsieur, intimidé et confus, céda une sainte Thérèse de Lisieux, sulpicienne mais au nez ébréché, contre une collection de *Playboy*…

Car les transactions de troc sont autrement subtiles et hésitantes que celles du commerce ordinaire. Quand il y a d'un côté de l'argent et de l'autre un objet, on sait à quoi s'en tenir. Dans le troc, le prix n'existe pas. Chaque échange est fonction de données mystérieuses et secrètes propres aux individus en présence. Entre eux, la notion de valeur marchande n'a pas cours. Les objets ne s'évaluent pas en fonction des coûts économiques, mais suivant des critères étrangers aux statistiques: la nécessité, la convoitise, le coup de foudre, l'inspiration du moment.

65   Croyez-moi: le troc, c'est un truc qui donne du trac à ceux qui tiennent la trique… et le fric!

Maurice Denuzière dans *Le Monde*,
2 octobre 1976

5–6 à se passer de: *in doing without*. 13 engourdissement: *paralysie*; planche à billets: plaque pour imprimer les billets de banque. 17 quenottes (langage enfantin): *teeth*. 29 fumeuse: *woolly, hazy*. 30 La Défense: nouveau quartier d'affaires dans la proche banlieue parisienne, en chantier à l'époque. 31 en puissance: *potential*. 32 parallélépipèdes: *box-like structures*. 46 78 tours: *78 rpm gramophone records*. 49 voilée: *warped*; fleurs d'oranger: *orange blossom*. 54 sulpicienne: se dit des objets religieux vendus dans le quartier de St Sulpice à Paris. 58 on sait à quoi s'en tenir: *you know where you are*. 59 données: *data, factors*. 63 coup de foudre: amour subit. 65 donne du trac: fait peur. 65–6 qui tiennent la trique: *who've got the clout*.

[105]

1   Dans les années 50, le théâtre se partage en deux catégories: d'un côté, le divertissement digestif pour quinquagénaires bourgeois, plutôt de droite; de l'autre, le culturel de réflexion à message pour étudiants, enseignants et assimilés, plutôt de gauche et cantonné dans le secteur
5   public. Depuis, les catégories se sont mêlées, diversifiées, annulées, mais les légendes ont la vie dure.

'Les jeunes n'aiment pas le théâtre,' dit-on, parce que, forcément, le divertissement pour quinquagénaires ne les amuse pas et qu'ils ne comprennent rien à Molière ni à Brecht. Les jeunes, dit-on, ne lisent
10   pas, font des fautes d'orthographe, n'aiment que le rock, les clips, la BD – images et sons sans paroles, ou paroles réduites à des onomatopées. Et on avance des chiffres: en trente ans, le public de théâtre aurait diminué de moitié, et son âge aurait augmenté d'autant. Admettons-le, bien qu'on ne précise pas comment ont été élaborés
15   calculs et comparaisons.

D'autres chiffres sont là, très concrets: la progression incessante de

'jeunes compagnies' en mal de subventions, qui envoient leurs
dossiers au ministère de la culture; le nombre chaque année croissant
de spectacles présentés 'off' Avignon; la multiplication des rencontres, festivals, stages, qui rassemblent les adeptes fiévreux de l'art dra-   20
matique. Tous aspirent au professionnalisme. 'Jeune' est leur dénomi-
nateur commun – et pourtant ils savent lire…

Colette Godard dans *Le Monde Dimanche*,
23 septembre 1984

10 clips: *pop videos*. 11 BD: bande dessinée. 13 aurait diminué: semble avoir
diminué. 17 en mal de subventions: manquant de subventions. 17–18 envoient
leurs dossiers: *submit their cases*. 19 'off' Avignon: *on the Avignon fringe (cf. off-
Broadway)*. 20 stages: *workshops*.

[106]

'I Francesi fora!' ('les Français dehors!'). A Bastia, les murs prenaient   1
la parole. A Corte, au coeur de l'île, Pascal Paoli, le père de la nation,
le symbole de la résistance à l'annexion française, redevenait, outre-
tombe, le général en chef des révoltes insulaires. Vibrantes universités
d'été où se retrouvaient Corses du continent et Corses de l'île pour   5
exalter un passé qui fut 'glorieux malgré la défaite', une culture
'aliénée' mais toujours vivante, une langue 'dominée' mais qui ne
veut pas mourir. On ne parlait pas encore vraiment d'indépendance et
les plasticages étaient encore des événements rares. Mais, bientôt,
l'indépendance, elle, allait entrer dans les discours et les actes terro-   10
ristes, eux, dans la vie quotidienne. Déjà, la bannière blanche à tête de
Maure faisait la nique au drapeau tricolore. La décennie 70 venait de
commencer. La Corse française avait un peu plus de 200 ans.

Il est évident que l'île, offerte à Louis XV en gage des dettes
génoises, fut une conquête militaire, longue et meurtrière. Sûr que la   15
langue corse est plus immédiatement intelligible à une oreille italienne qu'à celle d'un gars de Ménilmuche, que les traditions culturelles et familiales des insulaires les rendent plus proches d'un
Sarde ou d'un Sicilien que d'un Lyonnais. Et puis, méditerranéens

175

20 jusqu'au bout des ongles avec le sens du jeu, du spectacle et de la mort inscrit dans les gènes, ils sont si loin, les Corses, de cette France parisianisée.

Pendant longtemps, d'ailleurs, l'Hexagone s'est peu préoccupé de ce territoire, sinon pour s'en servir: étape maritime et base stratégique.
25 Les Corses sont-ils français?

Juin 1940: la France tombe, défaite et humiliée. En Italie, Benito Mussolini revendique, entre autres, la souveraineté sur la Corse. Comment vont réagir les insulaires? Après tout, certains de leurs mouvements autonomistes avaient été tentés par l'irrédentisme italien,
30 et aujourd'hui la France est à terre. 'Soldats, quoi qu'il advienne, les Corses de l'île se défendront...': c'est le jour de l'armistice, et le commandant de la citadelle d'Ajaccio lance sa proclamation. Il l'achèvera en langue corse, retrouvant les mânes des ancêtres pour en appeler à la résistance. Et la Corse résistera. Comme elle avait accepté
35 en 14–18 de mourir si massivement pour la France qu'elle en resta exsangue des décennies durant. Ils ne seraient pas français, les Corses?

Le sang versé et le sang mêlé, les liens des amours et des mariages, le poids des Corses sur le continent (leur grande ville n'est ni Bastia,
40 ni Ajaccio, mais Marseille), leur réussite dans la société française, leur rôle dans les arcanes de l'Etat: tout milite pour des liens indissolubles avec la France.

Il n'empêche... Il n'est pas un continental sincère qui, posant un pied en Corse, n'ait le sentiment d'être en terre étrange, sinon
45 étrangère, de découvrir une société dont il ne saisit pas les règles. Il n'empêche... Il n'est pas un insulaire qui ne ressente comme une déchirure sa double appartenance à la Corse et à la France. Il y a ce lien primitif et charnel avec le territoire de là-bas. La terre corse colle à la peau de chaque Corse comme un corps à un corps. Même s'il n'y
50 est pas né. Car il y a la mère ou le père pour interdire l'oubli, pour imprimer dans les esprits les villages et les familles de là-bas.

Il y a l'appartenance à la France. C'est l'attachement à un grand pays, à une culture qui se veut universelle, à une histoire prestigieuse. Longtemps, la France fut eldorado et terre d'exil pour les insulaires,
55 symbole de promotion, de richesse, d'ouverture et de... déracinement.

'Corse d'abord, français ensuite'... Jadis, on parlait de 'mère patrie' pour désigner les liens, aveugles parfois, qui unissent des hommes et un pays. Les Corses ont une mère qui n'est pas une patrie, qui ne fut

jamais, hormis la parenthèse paolienne, une nation autonome. Ils ont
une patrie mais elle n'est pas leur mère.   60

Andrée Mazzolini dans *L'Evénement du Jeudi*,
6–12 juillet 1989

1 Bastia: chef-lieu du département de la Haute Corse. 1–2 les murs... parole: allusion au Quartier latin des événements de mai 1968 lorsque les murs 'avaient la
parole'. 2 Pascal Paoli: patriote corse (1725–1802) qui, avec l'appui des Anglais,
lutta en vain pour l'indépendance de la Corse. 3–4 outre-tombe: *beyond the grave*.
4–5 universités d'été: *summer schools*. 5 continent: *mainland*. 11–12 tête de
Maure: emblème des autonomistes corses (Maure: *Moor*). 14–15 offerte à Louis XV
en gage des dettes génoises: Gênes céda la Corse à Louis XV en 1768.
17 Ménilmuche (*slang*): Ménilmontant, quartier populaire de Paris. 21 gènes:
genes. 29 irrédentisme: mouvement national de revendication territoriale.
30 à terre: *on its back*. 33 mânes: *spirits*. 43 il n'empêche: néanmoins. 59 paolienne: de Pascal Paoli.

[107]

La Chambre   1

Le miroir et le fleuve en crue, ce matin,
S'appelaient à travers la chambre, deux lumières
Se trouvent et s'unissent dans l'obscur
Des meubles de la chambre descellée.   5

Et nous étions deux pays de sommeil
Communiquant par leurs marches de pierre
Où se perdait l'eau non trouble d'un rêve
Toujours se reformant, toujours brisé.

La main pure dormait près de la main soucieuse.   10
Un corps un peu parfois dans son rêve bougeait.
Et loin, sur l'eau plus noire d'une table,
La robe rouge éclairante dormait.

Yves Bonnefoy: *Pierre écrite*
(Mercure de France, 1965)

5 descellée: dont le scellement est brisé.
Yves Bonnefoy, né à Tours en 1923.

1   Ils avaient longtemps été parfaitement anonymes. Ils étaient vêtus
comme des étudiants, c'est-à-dire mal. Sylvie d'une unique jupe, de
chandails laids, d'un pantalon de velours, d'un duffle-coat, Jérôme
d'une canadienne crasseuse, d'un complet de confection, d'une cra-
5   vate lamentable. Ils se plongèrent avec ravissement dans la mode
anglaise. Ils découvrirent les lainages, les chemisiers de soie, les
chemises de Doucet, les cravates en voile, les carrés de soie, le tweed,
le lambswool, le cashmere, le vicuna, le cuir et le jersey, le lin, la
magistrale hiérarchie des chaussures, enfin, qui mène des Church aux
10 Weston, des Weston aux Bunting, et des Bunting aux Lobb.

Leur rêve fut un voyage à Londres. Ils auraient partagé leur temps
entre la National Gallery, Savile Row, et certain pub de Church Street
dont Jérôme avait gardé le souvenir ému. Mais ils n'étaient pas encore
assez riches pour s'y habiller de pied en cap. A Paris, avec le premier
15 argent qu'à la sueur de leur front allégrement ils gagnèrent, Sylvie fit
l'emplette d'un corsage en soie tricotée de chez Cornuel, d'un twin-
set importé en lambswool, d'une jupe droite et stricte, de chaussures
en cuir tressé d'une souplesse extrême, et d'un grand carré de soie
décoré de paons et de feuillages. Jérôme, bien qu'il aimât encore, à
20 l'occasion, traîner en savates, mal rasé, vêtu de vieilles chemises sans
col et d'un pantalon de toile, découvrit, soignant les contrastes, les
plaisirs des longues matinées: se baigner, se raser de près, s'asperger
d'eau de toilette, enfiler, la peau encore légèrement humide, des
chemises impeccablement blanches, nouer des cravates de laine ou de
25 soie. Il en acheta trois, chez Old England, et aussi une veste en tweed,
des chemises en solde, et des chaussures dont il pensait n'avoir pas à
rougir.

Puis, ce fut presque une des grandes dates de leur vie, ils découvrirent le marché aux Puces. Des chemises Arrow ou Van Heusen,
30 admirables, à long col boutonnant, alors introuvables à Paris, mais
que les comédies américaines commençaient à populariser (du moins
parmi cette frange restreinte qui trouve son bonheur dans les comédies
américaines) s'y étalaient en pagaille, à côté de trench-coats réputés
indestructibles, de jupes, de chemisiers, de robes de soie, de vestes de

peau, de mocassins de cuir souple. Ils y allèrent chaque quinzaine, le 35
samedi matin, pendant un an ou plus, fouiller dans les caisses, dans
les étals, dans les amas, dans les cartons, dans les parapluies renversés, au milieu d'une cohue de teen-agers à rouflaquettes, d'Algériens
vendeurs de montres, de touristes américains qui, sortis des yeux de
verre, des huit-reflets et des chevaux de bois du marché Vernaison, 40
erraient, un peu effarés, dans le marché Malik, contemplant, à côté
des vieux clous, des matelas, des carcasses de machines, des pièces
détachées, l'étrange destin des surplus fatigués de leurs plus prestigieux shirt-makers. Et ils ramenaient des vêtements de toutes sortes,
enveloppés dans du papier journal, des bibelots, des parapluies, des 45
vieux pots, des sacoches, des disques.

Georges Perec: *Les Choses*
(Julliard, 1965)

4 crasseuse: sale. 6 chemisiers: *blouses*. 8 vicuna: laine très fine provenant des
chèvres des Andes. 14 de pied en cap: des pieds à la tête. 30 col boutonnant: *but-
ton-down collar*. 36 caisses: *packing cases*. 38 rouflaquettes: mèches de cheveux
sur la tempe. 39 sortis des: ayant quitté les. 40 huit-reflets: *top hats*. 40,41 marché
Vernaison, marché Malik: secteurs du marché aux Puces à la Porte de
Clignancourt.

[109]

La disparition de César Franck, en novembre 1890 ne fit guère de 1
bruit dans le milieu musical parisien. Le Conservatoire où il
enseignait l'orgue depuis 1872 (et officieusement la composition), ne
jugea pas même nécessaire de se faire représenter à la cérémonie
funèbre: Ambroise Thomas, le directeur, étant tombé subitement 5
malade, les autres professeurs trouvèrent bon de suivre un exemple
venu de si haut... Léo Delibes, toujours original, fit exception et tint,
avec Saint-Saëns, les cordons du poêle, tandis qu'au cimetière de
Montrouge, au nom de la Société nationale de musique, Chabrier
louait, dans une allocution émue, 'le professeur incomparable, dont le 10
merveilleux enseignement a fait éclore toute une génération de musi-

ciens robustes, croyants et réfléchis'. Il pensait à Chausson, à Duparc, à d'Indy, à Lekeu, à Vierne.

15 Le centenaire de cette mort se heurta globalement, l'an dernier, à la même indifférence, à cela près qu'un certain nombre d'oeuvres de Franck étaient entrées au répertoire. Entre-temps, on a continué à jouer la *Sonate pour piano et violon*, la *Symphonie en ré mineur* et quelques pièces d'orgue ou de piano. Ici et là, on a fait davantage, mais tout cela est resté assez confidentiel par la force des habitudes et 20 l'inertie de la vie musicale.

Cette inconséquence à l'égard d'un musicien de valeur ne serait, au fond, qu'une injustice parmi tant d'autres, si, de son vivant, et surtout après sa mort, Franck n'avait été considéré par le groupe fidèle de ses disciples, puis par le grand public, comme un maître à penser émi-25 nent, comme le Beethoven français (né à Liège en 1822, de parents d'origine allemande, il s'était fixé à Paris dès 1836), qui, en régénérant la musique instrumentale, avait accompli ce que la réforme wagnérienne, limitée au drame lyrique, avait laissé de côté. Une idée de Franck, surtout, avait trouvé un large écho: celle qui soumettait 30 l'homogénéité d'une composition à la présence d'un thème cyclique, c'est-à-dire d'un motif assez bref d'où découlaient diverses transformations que l'on retrouvait dans les mouvements successifs de l'œuvre. Dès son premier *Trio avec piano*, de 1841, César Franck avait mis en pratique ce principe de composition auquel il resta fidèle 35 jusque dans son *Quatuor* de 1889.

Ce souci d'unification se doublait d'une grande rigueur dans le plan des modulations: elles devaient être nombreuses, incessantes même et cependant toujours en relation justifiable avec la tonalité principale. C'était la grande leçon laissée par Beethoven et elle avait quelque rai-40 son de fasciner les jeunes disciples de Franck, tant il est vrai que, depuis la mort de Rameau, les compositeurs français avaient cultivé une conception très primesautière des modulations. Debussy et ses harmonies non-fonctionnelles, déjà entrevues par Berlioz, perpétuera cette tradition, à laquelle les franckistes (et Vincent d'Indy à leur tête) 45 s'efforçaient simultanément de tordre le cou.

Enfin, le désintéressement, la candeur et l'élévation de pensée du 'Père Franck' servirent de prétexte à ses émules pour dénoncer le 'mercantilisme' des compositeurs à succès, Saint-Saëns, Massenet et leurs semblables, soupçonnés de mener l'art à la décadence en le pros-

tituant. Ironie du sort, en cette année 1990 où l'on a si mal célébré le 50
centenaire de la mort de Franck, s'est créé à Saint-Etienne un Festival
Massenet dont il fut la bête noire. Entre-temps, Brahms a pris, dans
l'esprit des musiciens et du public, la place qu'occupait Franck dans
le prolongement des principes beethoveniens, tandis que les subtilités
harmoniques de Fauré faisaient paraître un peu triviales celles de son 55
aîné.

Franck n'en a pas moins gardé, pour la postérité, un statut de chef
d'école, auquel, dans sa modestie foncière, il ne prétendait pas. On a
tellement dit que ses oeuvres étaient exemplaires et, tout en laissant
dire, on s'en est tellement détaché dans les faits, qu'il est devenu diffi- 60
cile de savoir pourquoi on en joue encore quelques-unes. Par respect?
Par habitude? Ou simplement parce qu'elles sont belles?

Gérard Condé dans Le Monde: supplément radio-
télévision, 7–13 janvier 1991

3 officieusement: *unofficially*. 7– 8 tint… les cordons du poêle: *was a pallbearer*.
24 maître à penser: *intellectual leader*. 38 tonalité: *key*. 47 émules: *emulators*.
55 triviales: banales. 59–60 tout en laissant dire: *while allowing it to be said*.

[110]

Pour les fruitiers, la fin du siècle dernier, c'est la belle époque. Dans 1
les multiples concours, les fruits sont exposés comme des chefs-
d'œuvre. Chaque horticulteur qui se respecte donne naissance à une
variété dotée d'une généalogie. Cette floraison de variétés commence
à disparaître au début du siècle par une orientation plus commerciale 5
des concours qui va condamner l'innovation. Déjà, le marché fait sentir son diktat.

Au début des années 30, l'Europe est envahie par les variétés en
provenance des Etats-Unis et du Canada. C'est le début du déclin pour
arriver aujourd'hui à une situation où 93% de la production nationale 10
est d'origine américaine. La golden se taille la meilleure part avec
71%.

'C'est là que le bât blesse,' estime M. André Gayraud, horticulteur et entrepreneur de jardin. 'Avec cette production intensive tournant
15 autour d'une dizaine de variétés, on fragilise le verger français. La diversité variétale permettait de faire face aux maladies. Aujourd'hui, c'est la diversité des produits phytosanitaires. Mais si une épidémie s'étend sans que l'on puisse la combattre efficacement, c'est un désastre qui va tomber sur les arboriculteurs.'
20 Conscient de ce danger, M. Gayraud commence dès 1975 un 'travail de fourmi'. Il recherche, recense et fiche tous les arbres fruitiers qu'il rencontre sur son chemin. Dans une réunion des Croqueurs de pommes, une association d'amateurs et de collectionneurs de pommiers qui édite une publication intitulée *Sauve qui pomme*, il rencon-
25 tre M. Philippe Marchenay, chercheur au Musée d'histoire naturelle, qui travaille sur un projet de conservation du verger cidricole. Entre le chercheur et le passionné de fruits oubliés va s'établir un échange d'information qui va, entre autres, permettre la redécouverte d'un fruit-phénomène, l'api étoilé, ou *pomum pentagonum*, une pomme
30 parfaitement hexagonale que l'on croyait à jamais disparue.

Car, outre le recensement, M. Gayraud s'est donné pour objectif de sauver et de multiplier les variétés en voie de disparition. Chaque année, comme un général en bataille, il s'attaque à une région en battant la campagne après avoir préparé le terrain par un travail d'infor-
35 mation digne d'un bénédictin. Son objectif est clairement défini: faire redécouvrir par les amateurs des fruits de qualité. Un véritable défi à la consommation de masse. A la fin de l'année prochaine, il compte publier un catalogue des fruits oubliés. En passant commande un an à l'avance, vous pourrez avoir dans votre jardin ces merveilleux arbres
40 fruitiers qui faisaient le délice de nos grands-mères. Le seul problème, c'est qu'un certain nombre de variétés ont disparu du catalogue officiel. 'Si on m'interdit de commercialiser mes fruits oubliés, s'insurge M. Gayraud, j'attaquerai, avec l'appui des associations de collectionneurs, les cinq mille producteurs qui vendent les fruits non-catalogués.
45 Il en va après tout de la sauvegarde de notre patrimoine fruitier.' Une belle bataille en perspective.

Michel Abadie dans *Le Monde Dimanche*,
27 novembre 1983

1 fruitiers: *fruiterers*. 6–7 fait sentir son diktat: impose ses lois. 11 golden: *golden delicious*. 13 c'est là que le bât blesse: *there's the rub*. 14 entrepreneur de jardin: *nurseryman*. 16 variétale: de variétés. 17 phytosanitaires: relatifs aux soins à donner aux fruits. 19 arboriculteurs: *fruit growers*. 20–21 travail de fourmi: *laborious task*. 22–23 Croqueurs de pommes: *i.e. apple devotees (literally, Apple Crunchers)*. 23 amateurs: *enthusiasts*. 24 *Sauve-qui-pomme*: jeu de mots à partir de sauve-qui-peut. 26 verger cidricole: *cider-apple varieties*. 29 api étoilé: *Star Lady Apple*. 30 parfaitement hexagonale: *unmistakably French* (l'Hexagone: la France). 34–5 travail d'information: *investigation, research*. 35 digne d'un bénédictin: *i.e. detailed and patient*. 41–2 catalogue officiel: *catalogue of listed varieties*. 44 non-catalogués: *not on the list*.

[111]

Ce qui désigne aujourd'hui Le Pen à ses compatriotes comme chef 1
providentiel tient à quelques attributs marquants dont il se glorifie. Sa
nationalité d'abord. Il se flatte de ses origines bretonnes à juste titre,
car au commencement était le Celte, le Français de granit, autrement
dur que les Français sédimentaires, ceux que les vagues de conquête 5
successives ont accumulés dans l'extrême Europe occidentale. Et
même Le Pen conjugue les deux définitions du principe nationalitaire.
Jean-Marie est français par la longue chaîne de ses ancêtres qui
aboutit à sa crinière blonde (?) et à ses yeux bleus. Mais Le Pen l'est
aussi parce qu'il l'a mérité et voulu: son engagement dans les para- 10
chutistes en Indochine et en Algérie en témoigne.

A ses certificats d'appartenance, il ajoute la virilité. Rien ne lui plaît
tant que de poser en tenue de combat: treillis militaire, béret rouge de
para, gants de boxeur, pose devant ses dobermans, 'homme tranquille'
à la John Wayne. Sa phobie de l'homosexualité achève le portrait de 15
surmâle. Bravant toutes les infortunes, se relevant de toutes les adver-
sités: la volonté. 'La multitude écoute toujours l'homme doué de
volonté forte,' écrit Le Bon. Chez Le Pen, cela se manifeste par
l'absence de doute, d'état d'âme délétère, de scrupules intellectuels: il
donne de la voix, du geste, au besoin du bras d'honneur. Il est 20
l'homme des foules, l'homme-foule, sorti des masses. Le contraire
d'un énarque, d'un homme du 'milieu', élevé dans le sérail, ou d'un

bourgeois dévoyé. Il ne représente pas le peuple; il est le peuple par excellence.

25   Enfin, comme tous les démagogues, il est orateur-né: sans sa verve, point de Le Pen. Il subjugue par ses formules où l'approximation le dispute au mauvais goût; flatte les vieux par les slogans pétainistes et maurrassiens ('La vie n'est pas neutre', 'La France d'abord'...); amuse la galerie en retournant les injures ('Je suis la bête immonde,
30 qui monte, qui monte...'). Mais aussi par ses dons de dramatisation et de suggestion. Faire peur ('Nous sommes menacés, envahis, contaminés...') et, du même pas, rassurer ('Je suis votre "rempart"'): c'est tout l'art. Tel veut apparaître l'homme qui entend rétablir le travail, la famille, la patrie, la peine de mort et le latin à la messe.

Michel Winock dans Le Monde
12 juin 1987

1 Le Pen: Jean-Marie Le Pen (né en 1928), leader du Front National, parti politique français d'extrême droite. 7 nationalitaire: de nationalité. 11 Indochine: la guerre d'Indochine (1946–54); Algérie: la guerre d'Algérie (1954–62). 18 Le Bon: Gustave Le Bon, sociologue français (1841–1931). 19 délétère: *deleterious*. 20 donne de la voix, du geste: crie, gesticule; bras d'honneur: geste vulgaire, fait en signe de dérision. 22 énarque: ancien élève de l'Ecole Nationale d'Administration (ENA), établissement prestigieux qui forme les futurs hauts fonctionnaires; du 'milieu': de l'élite dirigeante; sérail: *hothouse (literally: harem)*. 26–7 où l'approximation le dispute au mauvais goût: *in which disregard for exactitude vies with bad taste*. 27 pétainistes: du Maréchal Pétain (1856–1951), chef du gouvernement français établi à Vichy pendant l'occupation allemande (1940–44). 28 maurrassiens: de Charles Maurras (1868–1952), écrivain et homme politique de la droite monarchiste. 33–4 le travail, la famille, la patrie: allusion à la devise du gouvernement de Vichy pendant l'occupation allemande (1940–44) – par opposition à la devise républicaine: 'liberté, égalité, fraternité'.

[112]

1   Banlieusard d'une grande agglomération de la province, maire d'une commune périphérique, j'éprouve cependant, à chaque retour de Paris où m'appellent mes activités parlementaires, un sentiment de bien-être à retrouver ma ville.

Ma ville? N'est-ce pas une impudence de qualifier ainsi ce territoire aux quatre-vingts lieux-dits, qui, au cours des vingt dernières années, s'est structuré en sept principaux quartiers d'habitat. Ma ville? Qui la connaît lorsqu'il traverse la sortie de Nantes par les routes de La Rochelle et de Pornic?

Ma ville, n'est-ce que cette Cité radieuse aux mille habitants que Le Corbusier, il y a vingt-cinq ans, a posée au milieu d'un parc. N'est-ce que ce village de navigateurs et de pêcheurs blotti sur la Loire? N'est-ce que cette cité de barres, aux huit mille habitants, géométriquement disposées à l'emplacement du superbe parc du château, éliminé pour répondre, vite et pas cher, à l'appel des familles modestes en quête de logements voici vingt-cinq ans?

Ma ville, qui la connaît, qui s'y arrête, qui y revient? Bien sûr, maintenant, on y vient pour faire de bonnes affaires dans ses deux hypermarchés, il y a plus de deux mille emplois sur la zone d'activités montée de toutes pièces depuis quinze ans.

Mais les jeunes, mais les sorties le soir, mais les cinés, mais le lèche-vitrines, mais les rencontres impromptues... toute 'l'ambiance citadine', c'est au centre-ville que l'on croit davantage la trouver.

En somme, la banlieue serait anonyme, insipide, et la vie y serait grise, définitivement. En raison de je ne sais quelle loi de masse critique, la banlieue serait condamnée à être à jamais le satellite pourvoyeur de clients au centre-ville. Plus, si l'on s'en tenait aux faits divers sans cesse mis en avant par les médias, la banlieue sécrèterait systématiquement, et de plus en plus, le mal de vivre, la délinquance, la destruction du tissu social.

Bien sûr, poussés à leur paroxysme d'inconfort des logements, de surpeuplement et d'inorganisation urbaine, quelques ghettos d'habitat social nous montrent ce qu'il ne faut pas laisser faire. Ce sont les cas aberrants produits par l'absence de maîtrise sur l'organisation de la ville et aussi par l'incidence trop importante des lois du profit immédiat en vigueur sur le marché du logement.

Cependant, plus particulièrement en province, où la population des grandes agglomérations s'est très rapidement accrue depuis vingt-cinq ans, la banlieue est devenue le bouillon de culture de la nouvelle civilisation urbaine en train de naître. Poussant au rythme des vagues, successives ou cumulées, de grands ensembles collectifs, de cités pavillonnaires, de villages résidentiels, les villes de banlieue en province ont vu se joindre à la population en place, parfois autour du

bourg et de quelques hameaux, les familles ouvrières rejetées par le
45 centre-ville, les jeunes ruraux en surplus dans les fermes, les classes
moyennes à la recherche d'un habitat abordable, mais aussi des cadres
et professions libérales preneurs de sites résidentiels.

Socialement, c'est alors la remise en cause, l'éclatement des modes
de vie, des manières d'être traditionnelles. Des structures nouvelles se
50 forgent, et c'est l'irruption du mouvement associatif, tous azimuts et
multiforme. Les enfants, les jeunes, les personnes âgées, les familles,
l'entraide, le sport, la musique, la lecture, le théâtre, les fêtes... sont
les objets de multiples initiatives qui tissent patiemment la trame de la
nouvelle citoyenneté.

55 Est-ce un hasard si, dans le centre-ville, se diffuse la 'culture
octroyée', certes riche de l'histoire et de talents reconnus, alors que la
banlieue favorise la 'culture exprimée' au cœur de petits groupes de
théâtre, de rock, de multiples formes d'expression? Est-ce un hasard si
le centre-ville entretient à grands frais son équipe professionnelle de
60 football, alors que la banlieue dispose d'un nombre impressionnant de
pratiquants dans tous les sports?

Ainsi on pourrait dire que la situation de banlieusard appelle à trouver en soi et autour de soi des réponses à ses besoins et aspirations.
C'est ainsi qu'est favorisée l'émergence d'une société plus attentive,
65 plus chaleureuse.

Jacques Floch dans *Le Monde*,
7 février 1984

4 ma ville: il s'agit de Rezé, banlieue de Nantes. 6 aux quatre-vingts lieux-dits:
consisting of eighty place names (i.e. without a centre). 7 quartiers d'habitat: *resi-
dential districts.* 9 Pornic: petit port de pêche et de plaisance au sud de
l'estuaire de la Loire. 10–11 Le Corbusier: architecte-urbaniste d'origine suisse
(1887–1965), théoricien d'une architecture – la cité radieuse – qui vise à transformer le mode de vie des individus. 13 barres: immeubles géants. 19 zone d'activités: *industrial zone.* 25–6 loi de masse critique: *law of critical mass.* 26 serait:
passe pour être. 29 mal de vivre: *despair, misery.* 32–3 habitat social: *municipal
housing.* 39 bouillon de culture: milieu favorable. 42 pavillonnaires: composées
de pavillons. 50 mouvement associatif: *participation in group ventures*; tous
azimuts: dans tous les sens. 56 octroyée: *officially provided.* 57 exprimée: *sponta-
neous.*

[113]

La libération, révélée tardivement, des trois Français qui furent des auxiliaires volontaires de la police nazie pendant l'Occupation ne devrait pas être considérée comme un scandale. Sans doute, elle rappelle à une nation qui ne s'est jamais totalement remise d'une période de son histoire dans laquelle elle a du mal à se reconnaître ces temps cruels du 'chagrin et de la pitié'.

Elle pose aussi la question de la différence qu'il peut y avoir entre le pardon et l'oubli, avec cette restriction que s'il y eut pardon, ce fut un pardon accordé constitutionnellement par des grâces présidentielles successives déjà anciennes qui, en commuant deux peines de mort en réclusions perpétuelles puis en peines temporaires, impliquaient qu'à l'expiration de ces sanctions la liberté devenait un droit. Aussi bien, il ne saurait y avoir sujet de protestation dès lors que l'expiation commandée par la loi a eu lieu dans son intégralité.

Il est vrai que si Jacques Vasseur, Jean Barbier et Joseph Cortial avaient pu être jugés pour leurs crimes dans les temps qui suivirent la Libération, ils auraient partagé le sort inexorable de ceux qui, à cette époque, eurent à répondre avant eux des dénonciations de résistants à l'ennemi, de tortures et de tous ces comportements extrêmes d'une collaboration plus crapuleuse, ou pour le moins plus utilitaire, que celle de la simple idéologie, qui, pour autant, n'allait pas sans conséquence. Il est vrai aussi que, parvenant à échapper jusqu'aux années 60 à leur procès, ils ne connurent pas pour cela, tout au long de cette période, des repos de père tranquille.

Dans une certaine mesure, ces angoisses d'hommes traqués, qui durent être les leurs, constituèrent pour eux une sorte de prélude à l'expiation qui les attendait. Alors que d'autres, tout aussi coupables, mais pour lesquels le pire avait été refusé, en avaient fini depuis longtemps avec la prison, ils avaient eux à affronter des juges et, par la même occasion, à focaliser, vingt ans après, tout ce qui demeurait de l'abominable passé.

Jean-Marc Théolleyre dans *Le Monde*,
15 février 1984

6 du 'chagrin et de la pitié': allusion au titre d'un film documentaire célèbre de Marcel Ophuls et d'André Harris (1969), qui traite de l'expérience vécue sous l'occupation allemande (1940–44). 9–10 grâces présidentielles: grâces accordées par des présidents de la République. 13 il ne saurait: il ne peut; dès lors que: étant donné que. 20 utilitaire: intéressée. 21 pour autant: *for all that*. 23–4 ils ne connurent pas… des repos de père tranquille: *they did not know … what it was to sleep sound in their beds*. 30 focaliser: *focus upon*.

[114]

1 Anti-européen, de Gaulle? On l'a beaucoup écrit.

On le qualifierait mieux d' 'européen' malheureux. Lui dont la fortune favorisa tant d'entreprises en apparence plus hasardeuses – et d'abord celle-ci, monumentale: la construction par le verbe et la ges-
5 ticulation épique du personnage historique nommé Charles de Gaulle, lui qui transféra une France encore tout imbibée de vichysme dans le camp des vainqueurs, lui qui ressuscita du tombeau politique et qui, alors, détacha du territoire national quatorze départements sous les acclamations de la majorité patriote, on le voit ici condamné à ne rem-
10 porter que des victoires partielles, tarifaires, procédurières – au demeurant utiles et durables – et impuissant à convaincre ses partenaires de l'excellence de son maître plan: bâtir une 'Europe européenne' (donc autonome par rapport aux Etats-Unis) confédérant les Etats-nations du vieux continent autour d'un aimant situé à Paris et
15 manipulé par lui, de Gaulle.

Superbe projet dont le défaut est qu'il suppose que la France est le cœur, l'âme, le noyau de l'Europe entre une Angleterre et une Italie périphériques, une Allemagne divisée et une Espagne marginale; que l'espérance commune des Européens, Français et non-Français, est
20 dans l'indépendance mieux que dans la sécurité; et que l'influence de la France leur paraît moins attentatoire à leur liberté que l'hégémonie des Etats-Unis.

Reprenons ces composantes de l'Europe que prétend construire de Gaulle. D'abord, c'est sur l'idée d'autonomie qu'il met l'accent,
25 plaidant pour 'une Europe européenne, autrement dit indépendante, puissante et influente au sein du monde de la liberté'. Idée qu'il avait

déjà exprimée plus fortement encore en rédigeant le troisième tome de ses *Mémoires de guerre* au début des années cinquante:

> Amener à se grouper, aux points de vue politique, économique, stratégique, les Etats qui touchent au Rhin, aux Alpes, aux Pyrénées. Faire de cette organisation, l'une des trois puissances planétaires et, s'il le faut un jour, l'arbitre entre les deux camps soviétique et anglo-saxon. Depuis 1940, ce que j'ai pu accomplir et dire ménageait ces possibilités.

Ce qui était rompre avec la vision de la plupart des inventeurs de l'Europe, de Jean Monnet à Paul-Henri Spaak, qui la voyaient beaucoup plus comme le rivage oriental d'un ensemble atlantique inspiré et armé par les Etats-Unis.

Cette Europe 'indépendante', de Gaulle la situe certes 'au sein du monde de la liberté'. Mais il est clair qu'à cet ensemble de peuples libres le général entend donner une mission spécifique et autonome entre les deux blocs, étant l'ami de l'un mais tendant à s'ouvrir sur l'autre. En tout cas, s'assignant comme objectif suprême un arbitrage planétaire et, à long terme, la dissolution desdits blocs.

Deuxième idée: celle du respect des structures d'Etat. On ne saurait être plus clair qu'il le fut lors de sa conférence de presse du 5 septembre 1960:

> Construire l'Europe… [c'est] procéder non pas d'après des rêves, mais suivant des réalités […]. Quelles sont les réalités de l'Europe, quels sont les piliers sur lesquels on peut la bâtir? En vérité, ce sont les Etats […] les seules entités qui aient le droit d'ordonner et le pouvoir d'être obéies…

Le troisième thème gaullien est le caractère continental de l'Europe. Ici, le géographe saisit l'historien, qui saisit le politique. A tout ce qui peut être dit pour justifier la coopération de la démocratie anglaise à l'édification de l'Europe, qui lui doit entre autres la tradition parlementaire et le système de communication de masse dont s'inspire depuis trois ou quatre générations la vie publique occidentale, le général de Gaulle oppose des références historiques qui semblent autant de variations sur le fameux 'l'Angleterre est une île' de Michelet:

> Que la Grande-Bretagne soit foncièrement opposée à l'entreprise [européenne], comment s'en étonnerait-on, sachant qu'en

vertu de sa géographie, par conséquent de sa politique, elle n'a
jamais admis, ni de voir le continent s'unir, ni de se confondre
65   avec lui? On peut même dire d'une certaine façon que, depuis
huit siècles, toute l'histoire de l'Europe est là…

Jean Lacouture: *De Gaulle, 3: Le Souverain*
(Editions du Seuil, 1986)

5 Charles de Gaulle: Ailleurs, Lacouture cite le général Vernon Walters, ancien
interprète du président Eisenhower, qui, dans *Services discrets*, rapporte une conversation entre de Gaulle et le président américain, qu'il reçoit à Rambouillet en
septembre 1959. Evoquant leurs souvenirs de guerre, de Gaulle déclara: 'Roosevelt
me prenait pour Jeanne d'Arc. Il avait tort. Je me prenais tout simplement pour le
général de Gaulle.' 6 vichysme: esprit d'abdication et de défaite que représentait le
régime de Pétain, installé à Vichy (1940–44). 8 quatorze départements: référence à
la politique de décolonisation suivie par le général de Gaulle entre 1959 et 1962,
dès son retour au pouvoir. 10 tarifaires: relatifs aux tarifs (douaniers et autres);
procédurières: qui concernent des règles d'ordre administratif ou des formalités.
21 attentatoire: préjudiciable. 23 composantes: *elements, components*. 26 influente:
qui a de l'influence et de l'autorité. 34 ménageait ces possibilités: *took these possi-
bilities into account*. 36 Jean Monnet: économiste français (1888–1980), auteur du
plan de modernisation de l'économie française (1945), président de la
Communauté européenne du charbon et de l'acier (1952–5), considéré en France
comme le 'père de l'Europe'; Paul-Henri Spaak: homme politique belge (1899–
1972), à plusieurs reprises ministre des Affaires étrangères et Premier ministre de
la Belgique, et secrétaire-général de l'OTAN (*NATO*) (1957–61). 45–6 on ne
saurait être: on ne peut être. 54 saisit: instruit, collabore avec; le politique:
l'homme politique. 60 Michelet: Jules Michelet, historien français (1798–1874),
auteur d'une *Histoire de France* et d'une *Histoire de la Révolution française*.

[115]

1   puis s'estompait le jour avec lui les hommes lourds au milieu d'eux
        songeait le père le front né les yeux clos
la peau glaise
les hommes chuchotaient et l'on aurait pris leur bour-
5   donnement pour un colloque d'abeilles nous les garçons luttions
dans la terre dérisoires guerriers sans guerre et nous
guettions les paroles des hommes mûrs pour apprendre de leur

190

bouche le sel de la terre et nous courions pour échapper
à leur fessée et nous engrangions les dits de vérité
les faits d'histoire et nous mûrissions au midi de leur soleil   10
l'un rappelait que l'on n'enterre au flanc des tertres que les
rats pour déplorer le sort d'un notable mal célébré et
l'autre proclamait que la menace de fessée n'est pas écartée
tant que la main reste levée et nous luttions encor l'oreille tendue   15
les voyageurs venaient le baluchon pendu au bâton sur l'é-
paule ils venaient et s'agenouillaient au pied du père
il les relevait d'un simple regard et ceux fiers comme des
guerriers sans armes prenaient place à sa gauche buvaient le
vin à l'écume blanche apprêtaient leur langue et dévidaient   20
des paroles fabuleuses
ils parlaient longuement adroitement de pirouettes en circon-
locutions puis s'étant ainsi nommés par la hauteur de leur dire
se rasseyaient en paix

> Noël X. Ebony: *Déjà vu* (extrait),
> cité dans *les Littératures francophones depuis 1945*
> (Bordas, 1986)

2 le front né: le front noble. 3 glaise: comme de la terre glaise.
Noël X. Ebony, 1944–86, né à Tanokoffikro, Côte d'Ivoire.

[116]

Dans l'histoire des styles, il n'y a pas d'épisode plus mystérieux que   1
celui de l'Art nouveau. Pourquoi l'Europe vers 1890 ne pense-t-elle
plus qu'en termes de courbes et d'entrelacs, de formes dansantes, qui
expriment la pulsion du devenir ou les incertaines retombées de la
mélancolie? On se perd en conjectures et l'on peut se demander si   5
l'Art nouveau ne fut pas la dernière pensée, l'ultime illusion de
l'ancien monde avant qu'il ne se décide à s'engager dans la difficile
aventure de la civilisation industrielle.

Bruxelles, on le sait, fut autant que Vienne et plus que Paris ou

10   Londres la capitale de l'Art nouveau, et il y eut en Belgique, autour
de 1900, une extraordinaire conjonction d'écrivains, d'artistes,
d'architectes qui travaillèrent dans le même sens avec l'enthousiasme,
le zèle réformateur et prophétique qui caractérisent les grandes époques de création.

15   Léopold II, roi des Belges, remarquable homme d'affaires, esprit
très ouvert mais moins 'culturel' que certains de ses confrères et
cousins allemands, croyait à l'art industriel. Il croyait aussi au Congo,
et c'est un peu avec le Congo que tout a commencé.

Le Congo, c'est d'abord l'ivoire, et l'on est frappé par le nombre
20   des objets en ivoire que créent les maîtres de l'Art nouveau:
jardinières, vases, statuettes et bustes... Ce mariage de l'Art nouveau
et des matériaux exotiques avait été suggéré par le baron Van
Eetvelde, qui, ministre du Congo, persuada le souverain en 1897 de
faire appel pour le secteur colonial de l'exposition de Tervuren aux
25   architectes-décorateurs de la jeune génération, entre autres Van de
Velde et Horta. L'Art nouveau recevait ainsi une sorte de consécra-
tion officielle, mais c'est dans une tout autre direction qu'il faut, sur
le plan politique et social, rechercher ses origines.

L'art 1900 fut en Belgique (un peu comme en Lorraine) l'art de la
30   nouvelle bourgeoisie, l'art 'd'une bourgeoisie éclairée en quête d'une
rencontre des temps nouveaux créée par l'expansion de l'ère industrielle'. Les clients de Van de Velde et de Horta étaient des médecins,
des ingénieurs, des avocats surtout, ou de grands industriels, qui croy-
aient à la démocratie, au progrès, à l'éducation ouvrière, et profes-
35   saient un anticléricalisme d'autant plus virulent que le parti catholique
resta au pouvoir jusqu'en 1914. Pour eux, les façades de Horta appa-
raissaient à Bruxelles comme autant de manifestes contre la pompe
néo-Renaissance ou néo-gothique des palais de la bourgeoisie conser-
vatrice.

40   Les artistes eux-mêmes avaient le coeur, la tête et la plume à
gauche. Van de Velde était un assidu des cercles anarchistes, et la
conjonction entre l'Art nouveau et le monde ouvrier fut réalisée dès
1895, l'année où le parti socialiste commanda à Horta la fameuse
Maison du peuple, chef-d'œuvre de verre et d'acier tristement et hon-
45   teusement détruit il y a quelques années.

Cela dit, les architectes belges se sont heurtés au problème que
n'avaient pas résolu les réformateurs du dix-neuvième siècle et que ne
résoudront pas davantage ceux du vingtième. Ils ont voulu construire

pour tous, créer, contre le faux luxe et l'insolence de l'argent, l'architecture de l'égalité et de la fraternité sociales. Et ils n'ont guère tra- 50
vaillé que pour des bourgeois libéraux, dont le zèle démocratique,
bien souvent, ne dépassait pas les limites d'un paternalisme assez
lourdement moralisateur.

Ne disons pas trop de mal de cette bourgeoisie-là: c'est à elle, en
partie, que l'Europe doit d'avoir survécu. Mais lorsqu'on voit ces 55
meubles, ces vitraux, ces bijoux, ces reliures si souvent admirables,
on se dit que l'époque fut exceptionnelle d'invention, de vertu créa-
trice, mais qu'il n'en est guère qui ait poussé plus loin la sophistica-
tion, que l'on est demeuré au stade du chef-d'œuvre artisanal, de
l'objet unique, inaccessible par son prix et sa nature même au com- 60
mun des mortels.

Les hommes de l'Art nouveau ne furent pas pour autant des mandarins. Ils ont construit des logements à bon marché, des écoles, des
cités ouvrières et ils se sont toujours efforcés de travailler avec des
matériaux relativement ordinaires et peu coûteux. Les robes sont très 65
simples. Les bijoux ne comportent pas de pierres précieuses et
l'ébénisterie est beaucoup moins décorée qu'on ne le dit en général.
On voit même un Gustave Serrurier-Bovy, l'un des plus remarquables
créateurs de l'époque, exposer en 1895 au Salon de la libre esthétique
une 'chambre d'artisan' et créer, en 1905, un modèle de mobilier 70
social, le mobilier 'Silex', fait de planches de peuplier que l'on pouvait assembler avec des vis.

Que reste-t-il de tout cela? Peu. Dès 1905, l'histoire de l'Art nouveau paraît en Belgique à peu près terminée. Van de Velde part en
Allemagne, et Horta lui-même, abandonnant le métal pour le béton, se 75
convertira après la guerre à un classicisme passablement morose et
pesant... Puis vient le purgatoire: les meubles vont au grenier en
attendant de réapparaître pour le grand profit des antiquaires, et les
hôtels sont abandonnés par leurs propriétaires qui préfèrent aller vivre
dans les environs feuillus de la capitale. 80

Puis l'oubli. Puis la spéculation qui, depuis la guerre et l'exposition
de 1918, ravage Bruxelles comme n'a été ravagée aucune autre capitale européenne. Une ville détruite à 85%, dit-on, et au profit d'une
architecture épouvantable.

André Fermigier dans *Le Monde*,
31 octobre 1980

3 entrelacs: motifs entrelacés dont les lignes s'entrecroisent. 4 pulsion du devenir: *urge to develop new forms*; retombées: effets secondaires. 15 Léopold II: devint propriétaire (1885) et souverain de l'Etat libre du Congo qu'il céda à la Belgique en 1908. 21 jardinières: *flower tubs*. 24 Tervuren: parc de Tervuren aux environs de Bruxelles qui aujourd'hui abrite le musée royal de l'Afrique centrale. 25–6 Van de Velde: Henry van de Velde (1863–1957), né à Anvers. 26 Horta: Victor baron Horta (1861–1947), né à Gand. 45 détruit: en 1964. 62–3 mandarins: c'est-à-dire hautains et exclusifs. 68 Gustave Serrurier-Bovy: 1858–1910, né à Liège. 76 passablement: plus qu'un peu; morose: *grim*.

[117]

1   Les Médecins sans frontières qui parcourent le monde au nom de la
     solidarité sont confrontés à la multitude. Et la multitude, c'est l'his-
     toire. Ce sont les foules qui vont et viennent, les villes écrasées sous
     les bombes et les guérilleros traqués dans les montagnes. Ce sont les
5   soldats qui les poursuivent et les peuples qui fuient la mitraille ou
     l'incendie... à moins qu'ils ne soient poussés par la sécheresse, la
     maladie, la misère. C'est l'histoire éternelle des voyages au bout de la
     faim, des migrations sans retour. Ce ne sont pas des événements
     heureux, mais c'est ainsi que se font les pays et les Etats. Les bras-
10   sages des races et des ethnies.
         Parfois le décor est familier, même bouleversé il ressemble à nos
     villes. Parfois, il est étrange et insaisissable: montagnes et déserts,
     tropiques et savanes. Il est rythmé de soleils accablants ou de pluies
     diluviennes. C'est la tragédie des hommes qui essaient de survivre
15   sans pouvoir s'installer et faire souche.
         Au hasard, ils sont dispersés, au hasard, ils sont regroupés, et ces
     lieux s'appellent exil, camps de réfugiés, centres de nutrition. C'est là
     que les Médecins sans frontières travaillent. Chaque médecin peut
     raconter ces guerres, ces exodes, ces regroupements. C'est d'abord le
20   silence, entrecoupé de toux. Les plaintes sont encore un signe de
     vitalité. Elles montent après les batailles et les crises. Mais quand les
     situations se pérennisent, c'est un silence géologique qui tombe sur
     ces places. Si l'on perçoit le murmure d'une ruche, strié de cris, mur-
     mure différent du tumulte gai des marchés tropicaux, c'est le bour-

donnement de la vie qui recommence, et cela est bon. Mais une foule 25
vaincue est silencieuse.

Pour les hommes en état de survie, les dates n'ont pas d'importance.
Les rythmes des saisons sont pour les sédentaires, paysans ou commerçants ancrés dans leurs racines, connaissant le temps des semailles
et le temps des moissons, sachant qu'il faudra peut-être affronter grêle 30
ou tempête, gel ou sécheresse, pluie ou vent, mais sachant aussi que la
vie va se perpétuer après ces épisodes difficiles, parce que, régulièrement, les mêmes cycles recommencent. Aussi les repères sont-ils perceptibles, émaillés de dictons, chargés de sens et de routine. C'est la
sagesse des racines. C'est pourquoi l'on fête ces rythmes. 35

Même lorsque les hommes sont confrontés à ce que l'on appelle la
vie tragique, par opposition à la vie triviale, routinière et répétitive,
même lorsque les hommes sont confrontés à leur plus simple et plus
rude condition, ils pérennisent les comportements de la vie quotidienne, pour se rassurer, pour oublier un peu… Et l'on sait bien que 40
l'on joue: on fait semblant de croire que la vie va continuer comme
avant, qu'elle va revenir, comme si tout n'était pas bouleversé.
Personne ne le croit vraiment, mais il existe une sorte de connivence
qui permet de rendre supportables les événements, qui permet d'évoquer les anciens repères même s'ils sont désaffectés. 45

Xavier Emmanuelli dans *Le Monde*,
le 16 janvier 1985

2 sont confrontés à: doivent faire face à. 9–10 brassages: *intermixing*. 15 faire
souche: fonder une famille. 22 se pérennisent: se perpétuent. 23 strié: ponctué.
43 connivence: entente secrète. 45 sont désaffectés: ont perdu leur sens.

[118]

[…] Certes, la libération sexuelle n'a pas eu la même valeur pour un 1
homme que pour une femme. Moins attirées par l'aventure sexuelle,
moins exaltées à l'idée de changer les objets de leurs désirs et de varier leurs plaisirs qu'à se centrer sur une relation 'de qualité', les
femmes ont cependant été les véritables pionnières de la sexualité per- 5

missive. Protégées par la pilule, elles ont exploré avec audace les possibilités de leur corps: leurs expériences osées ont souvent dépassé les vieux mythes de l'excitabilité et de la séduction féminines. Toutefois, cette libération s'est souvent payée par une dépression que les féministes ont été les premières à dénoncer, ne serait-ce que dans ses effets extérieurs et idéologiques. Si l'on admet que l'organe sexuel d'une femme c'est son psychisme tout entier, on comprend qu'une relation occasionnelle, fût-elle source de plaisir intense, peut laisser un goût d'insatisfaction.

Amour et Psyché. Eros et Encore. Homme et Femme... La libération sexuelle n'a pas réduit la différence sexuelle, loin de là. N'est-ce pas cette déception interne à une jouissance cependant permise que visaient certaines militantes, déplorant le 'piège' de ladite libération sexuelle, qui aurait réduit la femme en 'objet de viol', en servant ainsi davantage son partenaire qu'elle-même? Plus encore, le *safer sex*, le sexe sans risque de procréation, l'était davantage pour l'homme que pour la femme, car c'est elle qui se chargeait du soin d'empêcher la procréation. Le souci de la contraception qui, en outre, n'est pas toujours exempt de risque médical, pesait parfois lourd sur certaines femmes. Enfin, la pilule libératrice supprimait la possibilité de procréer, et elle était vécue par certaines comme une négation de leur corps, comme une mise à mort du narcissisme féminin dans son aspect imaginé le plus spécifique et le plus secret: le pouvoir d'être mère.

Le danger que représente le sida peut, au contraire et paradoxalement, exciter le désir de l'homme en exaltant le masochisme: on se donne une prime de plaisir dans la recherche du risque jusques et y compris la mort. Si un tel enchaînement mortifère a pu toucher certains homosexuels, il ne semble en aucun cas pouvoir captiver une femme: le masochisme féminin est certainement plus moral que physique et, en tout cas, il franchit difficilement la mise à mort de soi par fusion avec la mort de l'autre sexe, tellement demeure intense la détermination d'une femme à 'donner la vie'.

Une nouvelle carte de Tendre, ou une nouvelle carte Eros-Thanatos se dessine pour la sexualité féminine, sous la menace du sida. A l'abstinence et à la responsabilité s'ajoutent une redistribution des pouvoirs des partenaires, et peut-être, la recherche d'une nouvelle dramaturgie des plaisirs.

Le préservatif, quelle que soit son efficacité, prend en charge la

protection contre le virus, mais en même temps, la protection contre le 45
risque de grossesse. En d'autres termes, le préservatif remplace la
pilule, et c'est l'homme qui assure le *safer sex*, non la femme.
Déchargées de ce souci, les femmes y trouvent-elles bénéfice? Oui, du
moins en se débarrassant de la contrainte quotidienne et les effets secondaires de la prise du médicament. 50

Pas nécessairement, si l'on pense qu'elles ont à proposer ou à
imposer à l'homme l'usage de la protection, et que cette intrusion arti-
ficielle peut fragiliser, du moins au début de l'acceptation de cette pratique, la sexualité de l'homme. En outre, l'usage du préservatif dans le
contexte actuel impose la présence visuelle et tactile du danger sexuel 55
comme danger de mort, tout en écartant la possibilité de procréation
qui pourrait être une source de jouissance féminine.

Désormais, le danger sexuel n'est pas de tomber enceinte: il est de
ne pas tomber enceinte (le préservatif empêche) *et* de tomber malade
(le préservatif signifie le risque, et l'impose à l'imaginaire des parte- 60
naires). Ces inhibitions, compréhensibles, ne sont certes pas impossibles à lever. Elles impliquent néanmoins la fin d'une idée quelque peu
naïve de la sexualité comme naturelle. Or, accepter l'immanence du
risque dans le plaisir, peut être aussi bien prétexte d'entrave que
source d'intensité accrue. Pour éviter la panique, il est d'abord néces- 65
saire que soit disponible toute l'information des véritables risques de
contamination. A cette information devrait cependant s'ajouter une
prise de conscience de la diversité de ce qu'on appelle 'le sexe', de
ses masques et de ses stratégies qui varient selon les hommes, les
femmes et selon les individus. 70

Dans cette voie, on pense à la possibilité de varier les techniques
autres que la pénétration. Le sida ouvre une belle époque aux plaisirs
dits préliminaires et ce ne sont pas les femmes qui refuseront l'imagination au pouvoir dans ce domaine.

Découverte et stimulation des zones érogènes, en passant par la ten- 75
dresse et, enfin! l'usage érotique de la parole, la menace du sida con-
tiendrait-elle l'annonce d'un nouveau libertinage? Moins 'performant', mais plus divertissant, plus narcissiquement pervers?

En revanche, la gravité du couple parental ne pourrait que s'en trouver accrue. Tout candidat à la parenté, mère ou père, est conduit à 80
choisir son partenaire non pas en fonction de ses caprices, mais en
fonction de son enfant. La solidité d'un tel couple, conforme et
monogame, ne devient-elle pas chimérique, s'il doit s'interdire les

197

adjuvants extérieurs? A cette éventuelle monotonie qui menace en
85 effet, on peut opposer la possibilité de faire jouer d'autres stimulants
dont on oublie trop vite la valeur sexuelle, tant la période de libération
sexuelle nous a fait croire que le sexe était seulement physique,
organique, corporel.

Car le sida ne vient-il pas, en un sens, achever par le sceau d'un
90 virus tenace ce processus morbide qui est en cours depuis quelques
années: le processus de la mort d'Eros, remplacé par Sa Majesté le
Sexe, maître de l'isolement de plus en plus féroce, des solitudes de
plus en plus infranchissables, agressives, blessées, emmurées dans
une avidité autoérotique soucieuse davantage de pouvoirs que de
95 liens?

Les pesanteurs de la vie moderne semblent laisser peu de place à ce
nouveau code amoureux qui pourrait être la régulation spontanée et
imaginative du danger viral, le combat symbolique de la vie contre la
mort. Rêve de courtoisie ou de libertinage sophistiqué?
100 Consolation spirituelle face à l'intrusion pour l'instant irréparable
de la mort dans le sexe? Cependant, un tel contrepoids à la dépression
sexuelle actuelle n'est pas impossible, et ce ne sont pas les femmes
qui s'en plaindront.

Julia Kristeva dans *Libération*,
1 juin 1987

9 s'est… payée par: *has … been at the cost of*. 10 ne serait-ce que: si ce n'est que.
12 psychisme: *psyche*. 15 et Encore: en est-on si sûr? 26 vécue: *experienced*.
27 mise à mort: *extinction*. 30 sida: *AIDS*. 32 prime: supplément. 32–3 jusques et y
compris: même jusqu'à. 33 mortifère: qui entraîne la mort. 39 carte de Tendre:
carte imaginaire du pays allégorique de Tendre (tendresse) conçu dans les romans
précieux du XVIIe siècle pour représenter le jeu des sentiments et des émotions.
42–3 nouvelle dramaturgie: nouvelle distribution des rôles (dans le jeu). 53 fragiliser: rendre plus fragile. 60 l'imaginaire: le domaine de l'imagination. 62 lever:
remove. 63–4 l'immanence … plaisir: c'est-à-dire que le plaisir et le risque sont
inséparables. 73–4 l'imagination au pouvoir: slogan mural célèbre lors des événements de mai 1968 à Paris. 77 libertinage: liberté de mœurs. 77–8 performant: *per-
formance-based*. 84 adjuvants: stimulants. 96 pesanteurs: *constraints*. 99 courtoisie: rappelant l'amour courtois.

Il arrive qu'on trouve encore de ces restaurants irréprochables où l'on   1
ne vous demande rien (sauf si vous préférez le vin rouge au rosé qui
descend trop vite), parce que – de la salade de tomates à la tranche de
roquefort – tout, en passant par le bifteck-frites, a été honnêtement
fixé d'avance comme le prix. On entre là pour se refaire, non pour se   5
contorsionner l'imagination devant une carte toujours trop ambitieuse
(ces lottes, ces escargots, ces ris de veau financière), ou pour désigner
piteusement le menu le moins abusif. Entre chaque plat qui ne se
laisse pas longtemps attendre, on se distrait à regarder voler les
mouches qui ont fait la même réflexion, et à écouter les conversations   10
des autres tables, qui s'entremêlent, perdant leurs sens particuliers,
mais composant ensemble une sorte de roman simultanéiste où
transparaît un peu de la vie immédiate du pays. Je m'accorde comme
dessert un autre quart de ce léger vin rouge, car redémarrer dans
l'instant serait imprudent. La rue principale est tout à fait semblable   15
au mercure d'un thermomètre qui monte, et dont le tube menace
d'éclater. J'écris et mon comportement ne choque personne, ne rend
personne curieux. Ouvrez au contraire un cahier dans un bistro de la
Haute-Saône ou de la Sarthe, et vous verrez les regards s'agglutiner
en nouvel essaim de mouches, d'autant plus collantes qu'elles n'ont   20
pas – comme celle-ci que je renonce à chasser tant ma prose
l'intéresse – la possibilité de se balader entre les lignes impunément.
C'est toujours la même en effet qui se pose, s'échappe, virevolte,
revient contre un mot qui lui plaît, suit à toute vitesse toute une
phrase, s'en frotte les pattes arrière avec une sorte de contentement,   25
puis émet son avis d'un coup de son petit harmonica toujours un peu
funèbre, et signe cette glose équivoque d'un minuscule point noir. Les
autres se fichent éperdument de la littérature: elles n'en ont qu'au
rebord de mon verre, au bout de mon nez, mais j'évite les gestes un
peu vifs qui intimideraient ma lectrice. Malgré tout, pour finir,   30
j'invente un jeu qui la passionne et où elle se révèle de première
force; un jeu dangereux qui consiste à refermer brusquement le cahier

tandis qu'elle s'y promène, pour voir, ce qui me paraît vite assez
démoniaque, mais bien moins que son agilité.

Jacques Réda: *L'Herbe des talus*
(Gallimard, 1984)

7 lottes: *monkfish*; ris de veau: *veal sweetbreads*; financière: sauce financière.
19 Haute-Saône, Sarthe: départements ruraux de la France septentrionale.
28–9 elles n'en ont qu'au rebord: elles ne s'intéressent qu'au rebord.
Jacques Réda, né à Lunéville, Lorraine, en 1929.

[120]

1   Il n'est pas inutile de dissiper quelques ambiguïtés relatives aux
'français régionaux'. Tel qu'il est actuellement employé le plus souvent, le terme ne s'applique qu'aux différences, de vocabulaire essentiellement, entre le français de l'Hexagone et ceux de la francophonie
5   extérieure: Belgique, Suisse, Québec et Canada, Afrique.

Or, au point de vue linguistique, les particularités du français de
Wallonie, du Québec, etc., ne sont ni plus ni moins intéressantes que
celles du français de Franche-Comté ou du Berry. C'est sur le plan de
la psychologie politique que ces particularités prennent toute leur
10   importance. Elles sont, en effet, par leur accumulation, en quelque
sorte à l'intersection du désir collectif d'être 'autre' – désir qui est à la
racine de toute revendication d'identité culturelle – et du désir indi-
viduel d'être 'semblable' pour s'intégrer sans déchirement à la communauté sociale.

15   On le voit bien par l'histoire idéologique du Québec de ces trente
dernières années. Avant 1960, le pays vivait, à l'égard du français,
dans une sorte de bilinguisme: les neuf-dixièmes de la communauté
québécoise parlaient et en tout cas utilisaient à l'occasion un français
du Québec que le dixième restant appelait avec mépris le 'joual' et
20   s'attachait à ignorer.

La somme des écarts phonétiques, grammaticaux, de vocabulaire,
entre le joual et le français moyen de France était assez importante
pour mettre les Québecois dans une situation angoissante d'écartèlement. Pour le camp de la tradition culturelle, le Québec devait se

montrer, dans sa littérature, plus français que les Français, précisé- 25
ment parce que cette tradition était plus menacée chez eux que chez
nous. Pour les novateurs, au contraire, l'identité culturelle du Québec
ne pouvait se dégager, se définir, que dans la rupture linguistique:
colonie économique de l'Amérique anglophone, le Québec était aussi
une colonie culturelle de la France, et c'est par l'affirmation d'une 30
langue 'québécoise' qu'il devait amorcer sa libération.

Il est certain que cette rupture était nécessaire, et qu'elle a puissam-
ment contribué à la marche du Québec vers une prise en charge de
son destin. Depuis, un équilibre satisfaisant s'est établi entre ces deux
tendances. Plus personne au Québec ou en France ne nie ni ne sous- 35
estime la réalité et la valeur du français propre au Québec. Mais plus
personne ne songe à le surestimer au point de faire de son emploi
généralisé un préalable à une nouvelle histoire du Québec. Les deux
'français', de France et du Québec, coexistent à peu près pacifique-
ment au Québec; en France même, le 'canadianisme' s'est intégré à 40
l'ensemble de notre patrimoine culturel, témoin les succès littéraires
ou de chanson des uns et des autres.

Jacques Cellard dans Le Monde Dimanche,
16 décembre 1979

7 Wallonie: partie sud de la Belgique où l'on parle français. 8 Franche-Comté,
Berry: provinces françaises. 23–4 écartèlement: *divided loyalty*. 38 préalable: *pre-
liminary condition*. 42 des uns et des autres: c'est-à-dire d'auteurs et d'artistes
québécois.

[121]

La 2 CV est une boîte crânienne de type primate: orifices oculaires du 1
pare-brise, nasal du radiateur, visière orbitaire des pare-soleil,
mâchoire prognathe du moteur, légère convexité pariétale du toit, rien
n'y manque, pas même la protubérance cérébelleuse du coffre arrière.
Ce domaine de pensées, grand-père en était l'arpenteur immobile et 5
solitaire. Grand-mère s'en sentait exclue, au point de préférer marcher
plutôt qu'il la conduise, du moins pour les courtes distances. Or la
marche n'était pas son fort, compliquée par les séquelles d'un
accouchement difficile, une déchirure, qui lui donnait cette démarche

10 balancée. Grand-père prenant le volant d'une autre voiture, elle
s'installait sans rechigner à ses côtés. Car à toutes elle trouvait du
charme, sauf à la 2 CV. Pour elle, cette voiture n'était pas adaptée au
climat océanique. A quoi rimait ce toit de toile qu'on détache pour
découvrir le ciel si le beau temps n'est pas au rendez-vous? Sans par-
15 ler de ce vent qui assomme, tourbillonne et exténue son monde.
Chaque tentative pour décapoter, les rares beaux jours, se heurtait
d'ailleurs à des ferrures rouillées, rongées par l'air salin, indécoinçables, et une toile raidie, craquante, qui refusait de s'enrouler.
D'autant qu'on n'était jamais sûr qu'il ne faudrait pas, dix kilomètres
20 plus loin, replacer le toit en catastrophe. Grand-mère n'en démordait
pas, ce faux air de cabriolet n'avait rien à faire au nord du 45e paral-
lèle. Pour traverser des déserts, escalader le Hoggar, comme les
jeunes gens s'y risquaient, parfait. Mais la Loire-Inférieure, là, c'était
une autre histoire.
25 L'inadaptation à la pluie constituait le grief principal. Quand l'eau
s'infiltrait, la troisième source de fuites après le toit et les portières
provenait du système rudimentaire d'aération, une simple grille à
maille serrée, large de trois doigts, sous le pare-brise, recouverte d'un
volet modulable qui n'assurait que partiellement l'étanchéité – et
30 d'autant moins que les joints de caoutchouc étaient brûlés. Déjà par
temps sec, l'air qui sifflait à travers le grillage suffisait à agacer
grand-mère. Comment garder son calme face à ce crachotement inces-
sant? Elle accueillait les premières gouttelettes avec des soupirs
entendus (entendez: la preuve du bien-fondé de ses théories) et s'agi-
35 tait sur son siège comme si elle cherchait à les esquiver sans vouloir
ennuyer personne avec ses malheurs. Puis, devant l'impassibilité de
grand-père, elle entreprenait de colmater les brèches à l'aide de vieux
chiffons qui traînaient dans la «boîte à gants» (une tablette sous le
tableau de bord). S'en emparait du bout des doigts, se plaignait de
40 leur saleté (ils servaient indifféremment à essuyer la jauge d'huile, le
pare-brise et même, un coin présentable, à astiquer la pointe des
souliers de grand-père), les roulait, tentait de les coincer contre la
vitre, mais ils tombaient à la première secousse. Quelques 'nom de
nom' et elle recommençait, épongeait, n'arrêtait pas de tout le voy-
45 age. Grand-père demeurait imperturbable.

Jean Rouaud: *Les Champs d'honneur*
(Editions de Minuit, 1990)

202

1 la 2CV: la deux chevaux Citroën. 2 visière orbitaire: *eyeshade*. 3 mâchoire prognathe: *protruding jaw*; pariétale: se dit des os qui forment la voûte du crâne (*parietal*). 4 cérébelleuse: *cerebellum-like*. 11 à toutes: à toutes les voitures. 13 océanique: atlantique; à quoi rimait ce toit de toile: *what was the point of this canvas roof*. 15 monde: *occupants*. 16 décapoter: *open up the roof*. 17 ferrures: *metal fittings*. 17–18 indécoinçables: que l'on ne peut pas décoincer. 19 d'autant qu'on n'était jamais sûr qu'il ne faudrait pas: *especially since one was never sure that it wouldn't be necessary*. 22 le Hoggar: région montagneuse du Sahara algérien. 23 Loire-Inférieure: ancien nom du département de la Loire-Atlantique. 29 modulable: *adjustable*. 32 crachotement: crépitement. 40 jauge d'huile: *dipstick*. 43–4 'nom de nom': euphémisme pour 'nom de Dieu'.

[122]

L'homme marié est un vestige du crétacé. Celles qui l'ont approché le   1
décrivent comme un être sournois et craintif. 'Quand on leur téléphone
le soir chez eux, ils vous appellent Raymond. Ils sont injoignables le
ouiquende, comme des chefs d'Etat. Ils vous offrent une copine pour
meubler les temps morts.' Ce sont des engagés volontaires qui   5
redoutent le retour à la vie civile. Ça leur arrive pourtant. De nos
jours, tout le monde a été, est ou sera célibataire. Mais s'ils divorcent,
c'est souvent pour se jeter sur des petites de 20 ans, phénomène inex-
pliqué par la science.

La FNAC [femme nouvelle active et célibataire] qu'ils arrivent à   10
séduire se conduit avec eux de toutes les façons: avec compréhension
souvent, avec dignité, jalousie, laxisme, tout ce qu'on voudra. Léonie,
en revanche ne veut même pas en entendre parler. 'Je préfère un truc
intense, même d'une journée, avec un mec libre, à une histoire forcément vécue à moitié.' Béatrice est enlisée depuis des lustres dans une   15
liaison sans issue avec un homme marié. Ils viennent de découvrir
que, quoi qu'il arrive, ils n'auraient plus envie de vivre ensemble.
Léa, de son côté, sort à l'instant d'un épisode douloureux avec un
homme marié qui, par un hasard funeste, était le sien. 'On n'avait
jamais divorcé. Si bien que le deuil ne s'était pas fait.' Les FNAC que   20
j'ai rencontrées ne montrent, au total, guère de cruauté envers ces
tyrannosaures. Elles n'iraient pas leur faire une scène chez eux. Il

203

paraît, dit Léa, que le genre Feydeau est l'apanage des fillettes de 20
ans. Celle de son mari lui a fait vivre 'Au Théâtre ce soir': 'Elles
25 rentrent par la fenêtre quand on les sort par la porte, m'a dit mon ex.
Alors que vous vous drapez dans votre dignité.'

L'enfant. Un désir lancinant pour beaucoup. 'Le sursaut des
ovaires. Maintenant ou jamais' (Léa). 'Mais en couple', ajoutent la
plupart. 'Faire des enfants dans le dos d'un homme, c'est un mépris
30 pour les mecs terrible' (Elodie).

De quoi s'occupent les FNAC? D'elles, si on en croit la publicité.
'Seule et bien en blanc et rien' (Huit de Dim). 'Même si je ne plais
pas à tout le monde, moi je m'aime. J'ai mon programme personnalisé
Club Jean de Beauvais.' Elles consomment, dit-on, beaucoup de
35 fringues. 'Mon jules me quitte, je m'achète un Carroll.' Ce sont de
grandes clientes des esthéticiennes, des séances d'UV, des salles de
gym où elles choisissent des machines les plus infernales. En langage
marketing: 'Les solos surconsomment les ego products.'

Leur corps est un associé à qui elles mènent la vie dure, un com-
40 pagnon à qui elles font des scènes. Il y en a qui s'entraînent comme
des gladiateurs. Elles refusent de se laisser aller, car elles n'espèrent
l'indulgence de personne. Leur corps est leur soutien de famille. 'Je
l'entretiens en attendant, comme une maison vide,' dit l'une.
'Pourtant, dit l'autre, se mettre du pschitt-pschitt comme ça pour rien,
45 autant se jeter dans la Seine.'

Il en est qui sont comme des stars à leurs propres yeux. Elles ont
'des vies d'aventures'. Elles suivent des horoscopes. 'Très important,
dit Elodie. On n'a pas de certitudes.' Léa va chez la voyante: 'Quand
t'es seule, t'as besoin qu'on te parle de toi pendant une heure trente.'
50 Elles lisent beaucoup, c'est prouvé. Elles se paient des toiles et des
stages de formation permanente. Elles vont être de plus en plus difficiles ou de plus en plus indulgentes pour les mecs. Elles ont des chats
et louent des maisons dans des îles.

Plusieurs FNAC ne sont pas des femmes d'intérieur mais des
55 femmes de terrier. Elles sont souvent dehors ou alors vraiment
dedans. Leur chez-soi est une tanière. Blessées, elles se cachent pour
lécher leurs plaies. Elles ont une passion pour leur répondeur, qui permet à la fois de dialoguer et de se cacher. 'Je dépends de mon courrier
le matin et de mon répondeur le soir. Après tout, peut-être que les
60 filles indépendantes sont dans des états de dépendance folle' (Elodie).

J'en sais qui se calfeutrent, qui n'aiment rien tant que se mettre au lit avec une tisane et un polar. Pourtant, cet aspect cosy ne les empêche pas de tout chambouler d'un coup, de mettre en caisses, de repeindre ou de foutre le camp. Leur décor n'est qu'une peau. Elle peut muer. Beaucoup de FNAC vivent la mort des choses, la brièveté 65 des temps, des aventures comme des clips. La rupture inscrite dans la promesse. Certaines ont des songeries de romans-photos. 'Il y a un goût des amours impossibles, explique Elodie. J'ai un très grand faible pour les histoires qui ne débouchent pas sur des F3. Si on voulait vraiment se maquer, on pourrait. Seulement voilà, on se cherche des 70 hommes totalement improbables.' L'une a 'quelqu'un' à Tokyo et l'autre en Australie.

Alain Schifres dans *Le Nouvel Observateur*,
23–29 octobre 1987

1 du crétacé: *of the Cretaceous period.* 3 injoignables: impossibles à joindre. 4 ouiquende: weekend. 10 la FNAC: la femme nouvelle active et célibataire (invention de l'auteur). Dans sa signification courante, la FNAC (Fédération nationale des achats des cadres) désigne le 'premier libraire de France', une coopérative de vente exploitant une trentaine de magasins (livres, disques, matériel photo, etc.) et pratiquant le rabais systématique. 15 depuis des lustres: depuis longtemps. 23 genre: scénario; Feydeau: Georges Feydeau (1862–1921), auteur de vaudevilles fondés sur le comique de situation; apanage: *speciality.* 25 mon ex: mon ex-mari. 32 Huit de Dim: marque de lingerie. 35 fringues: vêtements; jules: homme; Carroll: marque de pull. 36 UV: ultra-violet. 44 se mettre du pschitt-pschitt: s'asperger au vaporisateur. 50 toiles: tableaux. 62 polar: roman policier. 64 foutre le camp: s'en aller, partir. 66 clips: *pop videos.* 69 qui ne débouchent pas sur des F3: *which don't end up with a three-roomed flat.* 70 se maquer: se mettre en ménage.

[123]

Le jour de la distribution des prix je n'ai rien pu avaler à mon petit 1 déjeuner, rien, et pourtant je les adore les petits déjeuners que l'on prend au réfectoire du Sacré-Coeur quand on a communié à la Messe: le chocolat à l'eau servi dans des bols blancs, les galettes cuites par les soeurs de l'office, elles sont comme cirées, croustillantes et, en 5 guise de confiture, il y a de la pâte de coing découpée en losanges. La distribution des prix a eu lieu à dix heures. De neuf heures à dix heures moins dix nous avons, nous les élèves, vidé nos pupitres, échangé nos adresses d'été, bavardé dans la cour de récréation. De

10 temps en temps une Mère nous adressait la parole. Vous nous écrirez d'Hendaye, Hildegarde, n'est-ce-pas? Bien sûr, ma Mère. Sabine de Saulle devait visiter l'Italie avec ses parents, elle a promis de rendre visite aux Mères de la Trinité des Monts, à Rome.

A dix heures moins dix la cloche a sonné, mon cœur s'est pincé

15 sous mes côtes, j'ai suffoqué et puis j'ai pris une grande respiration, je voulais mes sept premiers prix, mes cheveux longs, je les aurais, j'avais tout fait pour ça, Dieu était juste, je ne Lui demandais pas Sa miséricorde, je n'en avais pas besoin, je ne suis pas une mendiante, seulement Sa Justice. Soyez équitable, mon Dieu, Sabine de Saulle est

20 plus belle que moi, ses parents l'emmènent en Italie, elle va voir le Palais des Doges, la ville de Roméo et Juliette, la Tour penchée de Pise, le Sacré-Coeur de la Trinité des Monts et le tableau original de Mater Admirabilis, celui qu'a peint la Mère Pauline Perdreau. Moi je ne réclame que la mer à Hendaye et des cheveux longs. J'y ai droit,

25 mon Dieu, j'ai droit aux mêmes cheveux que Sabine de Saulle, il n'y a pas deux poids et deux mesures, c'est Vous qui l'avez dit. Et j'ai pris ma place dans les rangs, nous étions rangées par classes et par ordre de taille, j'ai rejoint les élèves de quatrième et je me suis mise au bout du rang, je suis la plus petite de ma classe. Dans les corridors,

30 pendant quelques minutes, on n'a entendu que le piétinement des élèves et le bruit sec des claquoirs que les Mères faisaient crépiter. Nous avions revêtu nos uniformes blancs: jupe et marinière de piqué, bas et gants de fil, chaussures à barrettes en chevreau glacé. J'ai vu passer mon image dans la vitre des fenêtres: la frange de cheveux sur

35 mon front avait bien repoussé, on ne voyait plus du tout les lobes de mes oreilles, je ne me plaisais pas encore mais je ne me détestais plus, j'étais remplie d'espérance, c'est la vertu théologale que je préfère, l'Espérance.

Nous sommes entrées dans la grande salle où avait lieu la distribu-

40 tion des prix. A un bout les chaises de la communauté; à l'autre les bancs des élèves, toujours rangées par classes et par ordre de taille. Les Mères sont arrivées les unes après les autres mais elles, elles étaient rangées par ordre d'importance: au milieu, Mère de Vandeville, la Mère supérieure. A sa droite, la Maîtresse générale, à

45 sa gauche, la Maîtresse des études. Derrière, les maîtresses de pen-

sionnats et de classes, Mère Jacquin, Mère Gruau, Mère de la Biche, Mère Dastier, et toutes les autres, la Mère économe, la Mère de la porterie. J'ai pensé je les aime, j'aime le costume qu'elles portent, il vient de leur fondatrice, sainte Madeleine Sophie Barrat, c'est le costume bourguignon, Madeleine Sophie, Sainte Enfant de Joigny, jupe noire qui frôle le sol, pèlerine où brille une croix d'argent, coiffe noire qui couvre la moitié du front, bonnet gaufré, voile comme taillé dans le crépuscule: je me racontais tout ça pour ne pas penser au reste, aux prix, aux sept que je voulais, mon coeur devenait fou, j'avais soif, faim, chaud, froid, envie de chanter, de courir, d'avoir sept premiers prix.

C'est la Maîtresse des études, Mère de Cheppe, qui a lu le Palmarès. Debout. Sa jolie voix de vêpres, fine et solennelle, un filet mais tendu comme une voile dans le vent. Elle a commencé par les rubans de mérite: roses pour les petites, verts pour les moyennes, bleus pour les grandes. Il faut être silencieuse et pieuse et modeste pour recevoir un ruban. Celles qui ont été nommées se sont avancées en demi-cercle jusqu'à la Mère supérieure et elles sont revenues à leurs places, la poitrine barrée, en diagonale, de rose, de vert ou de bleu. Je les ai admirées, je ne les ai pas enviées, je ne voulais pas de ruban, je voulais des prix, j'en voulais sept. Sept, sept, sept.

Les prix, vite, mon Dieu, de grâce, les prix. Mère de Cheppe commence par le petit pensionnat. Onzième, dixième, neuvième, huitième, septième. Nadia est nommée trois fois, Gisèle deux, elles se lèvent, font la révérence et avancent avec les élèves de leurs classes jusqu'à la Mère supérieure qui leur donne à chacune deux livres attachés par un ruban. Elles me cherchent des yeux en regagnant leurs places, Nadia a un beau sourire brèche-dent, elle tient ses livres de prix serrés sous le menton. Sixième, cinquième. Des noms s'envolent comme des papillons, des jolis, des moins jolis, des Gertrude, des Eléonore, des Laetitia, mais aussi des Simone et des Paulette, je laisse filer, je suis ailleurs, je suis. Quatrième. Nous y voici. Des cloches muettes envahissent ma tête, il me semble que la voix de Mère de Cheppe s'est amincie, elle devient séraphique. Là-bas la communauté, la grande vague noire et immobile qu'elle compose, et l'écume c'est la théorie des bonnets gaufrés. Mon sang court, court, court, je n'arrive pas à suivre sa course. Premier prix d'Histoire sainte, Premier prix de Composition française: Hildegarde Bertaud-Barèges. Mon prénom en forme de forteresse devient papillon à son tour, et fumée d'encens et

85 nuage et arpège et clairon où soufflent des anges. Premier prix de
    Grammaire. Premier prix de Latin. Premier d'Histoire. Ça y est, mon
    Dieu, j'en ai déjà cinq, Vous êtes équitable, divinement équitable.
    Premier prix d'Anglais: Hildegarde Bertaud-Barèges. Six, oh. Premier
    prix de Géographie, oh. Oncle Boy, j'en ai sept. Sept premiers prix,
90 des cheveux de sirène. Je serai jolie, je veux être jolie. Second prix
    d'Algèbre, Hildegarde Bertaud-Barèges. C'est trop. Sept premiers
    prix, un second prix, cessez mon Dieu, je ne Vous ai pas demandé ce
    second prix.

    Je suis debout mais je n'ai plus de jambes. J'avance quand même
95 avec les élèves de ma classe, nous formons un demi-cercle, Sabine de
    Saulle est à côté de moi, elle a trois prix, elle me sourit. Bravo,
    Hildegarde. Son sourire, ses cheveux. Je m'approche de Mère de
    Vandeville. Son visage, au fond du bonnet gaufré est d'une lumineuse
    pâleur, ses lèvres sont très blanches, elle se penche vers moi et me
100 tend une pile de livres retenus par un ruban rouge. C'est très bien,
    mon enfant, vous avez été une élève consciencieuse. Je dis merci, ma
    Mère, et je plonge dans une révérence que je voudrais éterniser, un
    mot me vient à l'esprit: diaphane. Mère de Vandeville est diaphane,
    peu-être qu'elle sera sainte un jour, comme sainte Madeleine Sophie,
105 j'aurai connu une sainte. Moi je serai sirène, il me semble que mes
    cheveux s'allongent tandis que je regagne ma place, le banc des
    élèves de quatrième, je jubile, je serai jolie, tous ces *j*, quelle joie,
    Jésus, quelle joie.

Christine de Rivoyre: *Boy*
(Grasset-Fasquelle, 1973)

6 pâte de coing: *quince paste*. 11 Hendaye: station balnéaire sur la côte basque près
de la frontière espagnole. 13 Trinité des Monts: Trinità dei Monti, église française
du couvent du Sacré Coeur, sur le mont Pincio. Elle est traditionnellement la
'paroisse romaine' de l'archevêque de Lyon, primat des Gaules. 25–6 il n'y a pas
deux poids et deux mesures: la justice est la même pour tout le monde.
31 claquoirs: *clappers*. 32 marinière de piqué: *ribbed cotton smock*. 33 chaussures
à barrettes en chevreau glacé: *shiny patent leather shoes with a strap*. 40 communauté: communauté religieuse. 47–8 porterie: loge du portier. 52 bonnet gaufré:
goffered cap. 73 beau sourire brèche-dent: *lovely smile that reveals the gap in her
teeth*. 81 théorie: cortège. 103 diaphane: *diaphanous*.

Index (authors and sources)

The numbers refer to passages.

Abadie, Michel   110
Aïchoun, Farid   42
L'Amant   34
Ambroise-Rendu, Marc   92, 94, 98
L'Amour en relief   46
Aube africaine   26
Autoportraits   72
Autrement dit   20
Autrement Revue   21, 40

Barozzi, Jacques   71
Belrami, Rabah   56
Besson, Patrick   16
Betbeder, Marie-Claude   32
La Bête à bon Dieu   84
Boelle, Jean-Marie   74
Boissonat, Jean   12
Bolon, Patrice   76
Bonazza, Patrick   53
Bonnefoy, Yves   107
Boudon, Raymond   103
Boy   123
Broussard, Philippe   82
Brunet, Jean-Baptiste   83
Buyse, Nicole   2

Cadou, René-Guy   96
Le Canard Enchaîné   63
Cans, Roger   14
Cardinal, Marie   20
Casarès, Maria   75
Caviglioli, François   47
Cellard, Jacques   120
Les Champs d'honneur   121
Chemin de la lanterne   93
Cherokee   78
Les Choses   108
Le cimetière du Père-Lachaise   71
Colombani, Christian 45

Condé, Gérard   109
Couleur du temps qui passe   55, 100
Cournot, Michel   64
La Croix   12

Darmon, Richard   79
Le Dauphiné Libéré   35
Davin, Xavier   35
Déjà vu   115
Delwasse, Liliane   19
Denuzière, Maurice   70, 104
Depestre, René   88
Dib, Mohammed   15, 62
Dimanches d'août   22
Domenach, Jean-Marie   38
Duras, Marguerite   34

Ebony, Noël X.   115
Echenoz, Jean   78
Emmanuelli, Xavier   117
Entretiens avec Claude Rostand   60
Epitomé   81
Ernaux, Annie   3
L'Eté   91
Europe: le défi culturel   38
L'Evénement du Jeudi   106
L'Express   37, 76

Fall, Malick   8
Favereau, Eric   101
Une Femme   3
La Femme de proie   6
Femmes dans la nuit   23
Fenwick, Jean-Noël   66
Fermigier, André   116
Feu beau feu   15
Le Figaro   11, 24, 44, 61, 74, 103
Le Figaro Magazine   41
Une fille cousue de fil blanc   30
Fléouter, Claude   33
Fleuret, Maurice   27

Floch, Jacques   112
Fodéba, Keita   26
Frappat, Bruno   69

Gallois, Claire   30
De Gaulle, 3: Le Souverain   114
Gaussen, Frédéric   17, 85
Gautier, Charles   41
Giroud, Françoise   28, 49
Godard, Colette   105
Gordon, Elisabeth   80

Hamelin, France   23
Hanotel, Valérie   10
Hélène ou le règne végétal   96
Henry, Michel   13
L'Herbe des talus   119
Hocquenghem, Guy   46
Huser, France   68

Jaccottet, Philippe   48
Jardin, Pascal   84

Kristeva, Julia   118

Lacouture, Jean   114
Lalonde, Michèle   52
Lapergue, Maryse   21
Laurent, Jacques   87
Leçons particulières   49
Le Horsain, Bernard-Alexandre   59
Le Vaillant, Yvon   36
Lévy, Jean-Paul   83
Libération   2, 13, 29, 101, 118

Macé, Gabriel   63
Madame Figaro   10
La Maison du jeune homme seul   16
Marescot, Patricia   50
Marie-Claire   4, 25
Le Matin   51, 67
Maulnier, Thierry   44
Mazzolini, Andrée   106
Merlin, Olivier   102
Les Météores   43
Mitterand, Henri   37

Modiano, Patrick   1, 22
Le Monde   7, 9, 14, 17, 19, 45, 64, 65,
   77, 80, 82, 83, 87, 90, 92, 94, 95, 102,
   104, 105, 111, 112, 113, 116, 117
Le Monde Dimanche   32, 69, 79, 85, 86,
   98, 110, 120
Le Monde Dossiers - Documents   33, 89
Le Monde, supplément radio-télévision
   109

Norge, Géo   31
Nouchi, Franck   80
Le Nouvel Observateur   27, 28, 36, 42,
   47, 68, 122
Nucera, Louis   93

Ombre gardienne   62
d'Ormesson, Jean   61

Les Palmes de M. Schutz   66
Parison, Christian-Luc   65
Perec, Georges   18, 108
Petitpas, Jocelyn   24
Pierre écrite   107
Le Plaisir des yeux   58
Poète à Cuba   88
Le Point   53
Poulenc, Francis   60
Pour amuser les coccinelles   70
Préfecture de Paris   97

Les Quatre vérités   31
93 ans de BD   73
Que Choisir   50

Réda, Jacques   119
Regard blessé   56
Réka, Lili   25
Remise de peine   1
Résidence privilégiée   75
de Rivoyre, Christine   123
Rouart, Jean-Marie   6
Rouaud, Jean   121

Sadoul, Jacques   73
Schifres, Alain   122

La Semaison   48
Siclier, Jacques   95
Sillard, Bruno   51
Solé, Robert   77, 89
Speak White   52

Tchicaya U Tam'Si   81
Tenoux, Jean-Pierre   29
Théolleyre, Jean-Marc   86, 90, 113
Tibouchi, Hamid   39
Tournier, Michel   43, 54
Truffaut, François   58

Uguay, Marie   72

Le vent Paraclet   54
Secrétariat national des Verts   5
Viansson-Ponté, Pierre   55, 100
La Vie mode d'emploi   18
Vilar, Jean   99
Jean Vilar au Présent   99
Vivre et survivre en Pays de Caux   59

Weingarten, Romain   91
Winock, Michel   111

Index (subject matter)

The numbers refer to passages.

administrative language   97
Africa   8, 26, 36, 81, 115
Afro-Caribbean   88
AIDS   83, 101
airline safety   14
Algeria   42, 56
Algerian war   62
Algerians in France   4
alternative medicine   50
animal rights   29
anticlericalism   63
antisemitism   23
apples   110
apprenticeship   32
arranged marriages   56
art nouveau   116
Atlantic climate   121
Avignon festival   105

bandes dessinées   73
barter   104
Belgium   116
Beaujolais   51
blindness   46
boars   29
Bonnard, Pierre   60
'Bonnie and Clyde'   13
boules   55
Boulez, Pierre   76
Brittany   36
Braque, Georges   68
Brussels   116
bureaucracy   29, 87
Burgundy   51

cadres   19, 65
California   46
Canada   52, 120
career demands   19

cats   91
cemeteries   71
censuses   7
Cévennes   94
Channel Tunnel   2
chasse   35
cheese   80
Chernobyl   5
childhood   1, 115
cinema   58, 95
Citroën 2CV   121
Claudel, Paul   75
clothes   108
comic strips   73
commerçants   85
commuter marriages   19
competitiveness   123
concierges   18
condoms   118
convent education   123
Corsican nationalism   106
Côte d'Azur   22
crime   13
cubism   68
Curie, Pierre and Marie   66
cycling   51, 86

death   3, 8, 40
débrouillardise   79
La Défense   104
delinquency   17
dogs   35, 57
drama festivals   99
drop-outs   25
drug addiction   25

ecology   5, 44, 94
elopement   31
eloquence   115
England   2, 102
environmentalism   5

ethnic minorities   52, 106
Europe   114
Eurotunnel   2
euthanasia   40

family   3, 8, 21, 30, 69, 70, 84
fantasy   43, 91
fashion   108
female sexuality   118
feminism   20
fiddle   79
fig trees   48
flat-dwelling   18, 57
flics   100
flies   119
Foire du troc   104
foreigners in France   7
forest fires   41
forests   41, 94
forgotten fruit   110
France profonde   11, 35, 55, 63, 69, 119
Franck, César   109
franglais   37
fraud   53
freewheeling   46
French Communist Party   20
French language   37, 61, 120
French Riviera   22
French spelling   61
fringe theatre   105
fruit growers   110
funerals   3

gardens   102
de Gaulle, Charles   49, 114
Germany   24
graffiti   82
Great Britain   114
Greyhound buses   46
Guitry, Sacha   64

hair   16
Haute Provence   48
higher education   103
hill farming   69

holiday homes   70
home improvement   70
homelessness   25
horses   32
hospitals   101

identity cards   87
immigration   7
Indo-China   34
industry   65
international trade   12
islamic fundamentalism   42

Japan   12
jealousy   6

law courts   13, 29
Léaud, Jean-Pierre   58
Léopold II   116
Le Pen, Jean-Marie   111
letters of complaint   9, 57
listeria   80
local government   36
London   108

magpies   63
male chauvinism   16
Marchais, Georges   20
marché aux puces   108
marginaux   25
marriage problems   21
May 1968   59
Médecins sans frontières   117
medicine   40, 50, 101
Mediterranean   41, 93, 106
Messiaen, Olivier   76
Métro   82
Midi   55, 93, 94, 119
militancy   20, 52, 106
military service   24
missing persons   11
mixed marriages   77
Montreal   72
Morrison, Jim   71
museum attendants   47
museums   27, 47

mushroom-picking 11
music 60, 76, 109

Nantes 112
neighbours 57
new towns 95
new woman 122
Nice 93
Normandy 59
nuclear energy 5
nuns 123

old age 40
oysters 74

painting 60, 68
parents 30
Paris 27, 43, 71, 78, 92, 97, 104, 108
Paris taxis 10
patois 59
Père-Lachaise 71
périphérique 92
personal space 21
pétanque 55
pets 29, 57
petty crime 17
Picasso, Pablo 68
pigeons 97
pilfering 79
plays 66, 91
poems 8, 15, 26, 31, 39, 52, 62, 72, 81,
    88, 96, 107, 115
police 100
politics 111, 114
pop groups 33
Poulenc, Francis 60
priests 59, 63
prize-givings 123
public libraries 90

Quebec 52, 120

race 77
racial integration 4, 36
reading 28, 90
relationships 16, 22, 46, 72, 95, 122

religion 4
Résistance 49
resourcefulness 79
right-wing extremism 111
Rohmer, Eric 95
roman d'anticipation 43
roman policier 78
rumours 67
rural France 11, 21, 35, 36, 59, 63, 69

satellite television 42
school 1, 4, 54, 123
schoolchildren 29, 45
scientific discovery 66
science fiction 43
sea voyages 34
Second World War 23, 49, 113
senior citizens 98
sewing machines 88
sex since AIDS 118
sexuality 98
shooting 35
shopkeepers 85
shoplifting 45
slang 37
slavery 81
small restaurants 119
snakes 67
social engineering 112
social problems 25, 45, 82, 89
Sunday mornings 86
surfing 46
Sussex 102

tagging 82
teachers 54
teenagers 32
telephone conversations 6
television 9, 28, 38, 42
TGV 19
theatre 64, 75, 99, 105
Third World poverty 117
traffic 92
transatlantic culture 38, 82
troisième âge 98
Truffaut, François 58

214

truffles   53

unemployment   65
universities   103
urban environment   89, 112
USA   38, 46

vendanges   51

Vilar, Jean   99
vineyards   51

war criminals   113
weddings   56
writing   84

xenophobia   100